한국 근대 산업디자인 교육의 역사적 시원

개항기부터 해방 직후까지

서희정

한국 근대 산업디자인 교육의 역사적 시원

개항기부터 해방 직후까지

서희정

도서출판 월인

목차

제2부. 일제강점기 바우하우스와 만난 조선인

제3부. 해방직후 식민지 교육의 잔재 청산

들어가며

개항 이후 바람에 흔들리면서도 피워보려 했던 근대화의 싹

이 책은 1876년 서구열강에 개항한 이래 구한말부터 들어오는 직접적 혹은 간접적인 서구 문명의 유입과 이를 통해 근대화되어가던 조선의 일상생활의 변화에 주목하고 있다. 1876년 조일수호조규, 즉 강화도 조약으로 개항한 이후, 조선은 계속하여 1882년에는 미국, 1883년에는 독일과 영국, 1884년에는 러시아와 수호통상조약을 맺으며 문호를 개방하였다. 그리고 해외로부터 외국인 선교사와 공관들이 드나들기 시작하면서 근대적 서구문물의 도입과 근대적 산업체제에 관심을 두기 시작하게 되었다. 그렇다면 서구 문명의 유입으로 변화하게 된 조선의 새로운 일상생활의 경험이란 어떤 것일까? 예를 들어 부엌에서 상을 차려 안방으로 상을 날라 온돌방의 바닥에 몸을 대고 앉아 식사하던 한옥의 좌식생활을 하던 조선인들에게 서구식 가구인 식탁을 사용하면서 방에 고정된 가구를 놓고 의자에 앉아서 식사하기 시작한 것은 새로운 경험이었을 것이다. 따라서 점차 새로운 기능을 가진 입식가구를 디자인하고 제작해야 할 필요성이 대두되게 되었다.

대한제국기에 들어서 고종황제는 서구의 문물을 받아들이며 근대적 산업화의 기반을 다지고 나라를 부강하게 하기 위한 실업교육의 중요성을 인지하였다. 그리하여 1899년에 상공학교(商工學校)를 세우는 등, 지금까지의 가내수공업으로 제작하던 방식에서 벗어나 기계에 의해 표준화된 대량생산을 통해 산업기물을 생산하기 위한 교육에 큰 관심을 가졌다. 이러한 산업기물의 형태를 제작하기 위해 근대 산업디자인의 모태라고 할 수 있는 용기화(用器畵)와 도화(圖畫)교육이 시작되게 된 것이다. '용기화'는 자, 각도기, 컴퍼스 따위의 기구를 써서 물체를 점이나 선으로 나타내는 기하학적 그림으로 기계에 의한 표준화된 대량생산으로 기물의 형태를 제작할 때 필요한 도면이나 설계도를 제작하는 데 필요한 것이었다. 그리고 1899년에 설립된 상공학교에서 '도화'를 교과목의 하나로 채택하면서 서구식 미술 개념과 미술교육을 도입하고 도안(圖案)술이나 제도술 같은 실용적인 내용으로 공학에 필요한 내용을 가르쳤다. 그러나 오히려 일제강점기인 1911년 조선교육령에 따라 보통학교(지금의 초등학교)에서 도화를 교과목으로 채택했을 때는 주로 사물을 사실적으로 그리는 방법을 익히는 임화교육이 도화과목의 주요 교과과정으로 구성하게 되었다. 이 책에서는 한국의 근대 산업디자인 교육의 역사적 시원을 주로 '용기화'와 '도화'의 교육 양상을 통해 살피고자 하였고, 시대적 배경을 반영하여 디자인이라는 용어가 1980년대 정착하기 전까지 사용되었던 '용기화'와 '도화', 그리고 '도안'이라는 용어를 그대로 사용했다.

또한 필자는 개항 이후부터 일제강점기 전까지의 조선은 국가적 차원에서든 개인적 차원에서든 주체적인 근대화를 통한 부국강병의 의지가 있었다고 본다. 1910년부터 1945년이라는 35년간의 일제강점기 동안 일제의 식민지근대화 사업의 일환으로 도시와 산업이 개발된 부분이 있었다고 하더라도 1876년의 개항 이후 1894년의 갑오개혁을 거쳐 1897년의 고종의 근대화 의지를 담아 실시된 광무개혁의 과정 또한 외세의 간섭에 흔들려가면서도 조선인이 주체가 되어 진행된 34년간의 근대적 변화가 있었음을 잊어서는 안 될 것이다. 이것은 1910년부터 1945년까지 35년간의 일제강점기의 기간과 맞먹는 기간이다. 따라서 일제강점기를 중심으로 한국의 근대화를 동일화하여 바라보던 시야에서 벗어나 어떻게 조선인 스스로 근대적 서구화의 물결에 대응해보려고 했는지 수탈과 저항의 이분법에서 벗어나 성찰해야 할 필요가 있다. 왜냐하면 지식층 개개인의 조선인들을 살펴보면 외세의 간섭과 식민지시대의 불운한 조선의 운명 속에서도 어렵게 일본이나 서구권의 유학의 길을 떠나거나 새롭게 입수된 일본 서적 및 서양 서적을 찾아가면서 민족의 자주성을 염두에 둔 근대화를 마음속에 간직한 채 자기 계발에 매진한 경우도 적잖게 역사에서 발견할 수 있기 때문이다. 그리하여 조선인이라는 주체성으로 때로는 제도권 밖에서 외롭게, 때로는 식민상황에 저항하며 풀뿌리처럼 조금씩 만들어낸 이들의 근대적 성과물들에 대해서도 사료를 통해 주목해야 하는 것이다.

한국 근대 디자인사의 주체적 읽기

한국사학계에서 근대사연구의 주류경향은 1960, 70년대부터 지금까지 '식민지수탈론'이라고 언급된다. '식민지수탈론'은 민족주의를 지향하며 민족해방운동이 자주적 근대화의 기본동력이라고 보고 일제의 침략 만행과 수탈을 비판하는 논의이다. 개항 이전의 한국사회는 정체된 사회가 아니라 자본주의 싹이 발생하는 등 역동적인 사회로 자주적 근대화를 달성할 수 있는 가능성이 있었으나 일제의 지배로 인해 압살되고 민족차별에 의해 수탈되어 민족경제권이 축소, 왜곡되었다고 해석되고 있다. 한편 1980년대부터 해외에서부터 '식민지근대화론'이 불기 시작하였다. 민족의 해방 없이는 민족경제는 파괴될 수밖에 없었다고 보는 '식민지수탈론'과 달리 '식민지근대화론'은 식민지개발자로서 일제를 주목하고 일제에 의해 식민지 개발로 보급된 근대적 제도의 개발의 성과를 한국인도 자극을 받아 적극적으로 수용하고 그것이 해방 이후 1960, 70년대 경제발전의 역사적 기반과 인적자산이 되었다고 논하고 있다. 그리하고 1980년대 이후 '식민지근대화론'이 논의되기 시작하면서 '식민지수탈론'과 대립하며 한국 근대 관련된 연구 방향이 팽팽하게 맞서게 된 적이 있었다.[1]

식민지 시기를 포함한 한국 근대의 변화양상을 어떻게 볼 것인가에 대한 이 두 가지의 대립된 관점은 한국의 근대도화교육에 대한 해석의 논지를 어떻게 다루어야 할 것인가에 대해 고민하게 만드는 부분이기도 하다. 이 책의 구성에서 보여주고 있듯이 필자는 한국의 근대 산업디자인 교육의 역사적 시원을 대한제국기 관립공업전습소를 세운 고종과 그 안에서 공업연구회를 결성한 조선인 신규식과 박찬익의 활동에서부터 보고자 하는데, 이는 일제의 식민개발에 의한 근대화 이전에 민족의 부국강병에 뜻을 두고 자주적 근대화를 이루고자 했던 기본동력이 있었음을 이 책의 역사 인식의 출발점으로 두고자 했기 때문이다. 동시에 제국 일본과 식민지 조선이라는 이분법과 한국의 근대기에 일어난 수탈되고 왜곡된 것은 무엇인가를 파헤치던 기존의 수탈론적 입장에서 조금 새롭게 한국의 근대화를 바라보고자 한다. 분명 당시 근대적 생활 기물을 제작하기 위해 새로운 도안이 필요했고 일본의 대학 수준의 고등미술학교에 유학을 다녀와서든 국내의 조선총독부 산하의 관리되었던 근대적 학교교육의 도화교육을 통해서든 전통문양과 수공예를 벗어난 대량생산과 산업화를 위한 디자인교육이 조선땅에 자리를 잡아가고 있었다. 이것에 대해 '식민지수탈론'의 관점에 따라 일제의 식민지 개발을 전제로 고급기술직의 자리에 있는 일본인 관리에 의해 수탈되고 차별된 하급디자이너로서의 조선인의 경제적 불평등만을 언급하는 것은 거대담론으로 묶어 미시적 관점에서 볼 수 있는 다채로운 해석을 놓치는 부분들이 있을 것이다. 필자는 이러한 기존의 식민지수탈론의 관점의 한계를 넘어 어떻게 한국의 근대 역사를 바라볼 수 있을까를 고민하며, 2010년대에 발표된 정연태 교수의

---

1 정연태 교수의 『한국근대와 식민지근대화 논쟁』의 제1부 1장 「식민지근대화 논쟁의 전개」를 보면 식민지 수탈론과 식민지 근대화론의 논쟁점과 한국사학계에서 논쟁이 되었던 흐름에 대해 면밀하게 검토되어 있다. (정연태, 『한국 근대와 식민지근대화 논쟁: 장기근대사론을 제기하며』, 푸른역사, 2011, 22-68쪽.)

『한국근대와 식민지 근대화 논쟁 – 장기근대사론을 제기하며』를 살피게 되었다. 정연태 교수의 '장기근대사론'은 수정적 식민지근대화론과 식민지 수탈론의 양쪽 관점을 두루 살피며 복선적 역사 인식을 새롭게 제안하고 있었다. 필자는 어떻게 개항기부터 해방공간까지의 근대적 역사의 변화에서 한국인 개개인의 주체적 노력을 주목해 볼 것인가라는 질문에 대해 정연태 교수의 '장기근대사론'의 다음과 같은 논지를 통해 이 책의 역사인식의 방향을 설정하는데 이론적 시사점을 두고자 한다.

> 식민지 지배의 유산이 대중 빈곤과 자치역량의 부족을 초래하였다고 하더라도 한편, 식민지 개발의 유산, 독립운동세력, 산업기술 인력을 포함하여 그 와중에 소수의 한국인의 인적역량과 자기개발의 성과, 잠재적 역량도 성장하여 해방후 자치 역량의 형성에도 기여하였으므로 '복안적 시각'으로 보는 것은 식민지사회의 실상에 좀 더 다가설 수 있다고 본다.[2] …… 특히 한국인들도 일방적으로 수탈당하기만 한 것이 아니라 수용과 자기 개발을 통해 경제적으로 성장했고, 그 결과 식민지기 사회경제적 변화가 일제 지배의 결과만이 아니라 한국인의 주체적 대응의 산물이기도 한 점을 밝힌 것은 주목된다.[3]

이 책은 위와 같은 관점에서 한국 근대 산업디자인 교육의 역사적 시원으로서 근대적 도화교육의 양상을 살피고자 한다. 즉 지금까지 식민지 수탈론, 식민지근대화론이라는 거대담론을 통해 가려져 있었던 소수의 '한국인 한명 한명'의 인적역량과 주체적인 자기 개발을 위한 노력이란 무엇이었는지를 중심으로 하여 사료를 조사하고 수집하여 연구한 것이다. 그리하여 개항기부터 해방공간까지라는 역동적인 역사의 흐름에서 '한국

---

2 정연태, 위의 책, 247쪽.

3 위의 책, 61쪽.

인 한명 한명'은 한국의 근대적 산업의 시작을 어떻게 바라보고 이를 위한 근대적 산업디자인 교육을 위해 무엇을 일구어 나가고자 했는지 서술하고자 했다.

마지막으로 이 책의 주제를 연구하게 된 계기를 회고해 보고자 한다면, 지금부터 23년 전인 2001년으로 시간의 타이머를 돌려야 한다. 독일의 근대적 디자인교육방식을 도입하여 일본식 바우하우스교육의 커리큘럼을 재구성한 일본은 그것을 '구성교육(構成教育)'이라고 새롭게 명명하였는데, 이러한 역사적 전통을 토대로 설립된 곳이 일본의 국립츠쿠바대학교(筑波大学)의 구성학(構成學) 분야였다. 근대기 미술과 디자인사를 공부하고 연구하고자 했던 필자는 국립츠쿠바대학교에서 일본식 바우하우스인 구성교육에 관한 역사를 접하게 되었고 왜 일본은 근대기 바우하우스에 열광하고 지금도 그 전통을 계속하여 기리며 일본의 유명 디자인학과의 커리큘럼에 계속하여 그 영향력을 남기고 있는가를 생각하게 되었다. 동시에 같은 시기 일제강점기의 전후로 한국은 근대적 산업의 시작을 어떻게 바라보고, 당시 일본이 열광하며 근대식 디자인교육의 기초로 도입하고자 했던 바우하우스교육을 조선에서는 어떻게 접하고 있었을까 하는 의문점을 갖기 시작했다. 물론 현재 바우하우스의 디자인 예비과정의 전통을 이어보고자 했던 국립츠쿠바대학의 구성학 분야의 전통은 2000년대 초반과 비교하여 많은 변화가 있었고 바우하우스식의 기초조형교육의 커리큘럼의 색채도 예전만큼 강하게 드리워 있어 보이지 않는다. 하지만 2000년대 초반만 해도 국립츠쿠바대학교에서는 모홀리나기의 포토그램와 관련된 커리큘럼을 워크숍 수업으로 열어 직접 그 바우하우스식 교육과 전통을 체험하고 기리던 시기였다.

그리하여 2007년에 바우하우스의 교육방식 중 모홀리나기의 빛공방에 관한 역사연구로 박사학위를 받은 후, 필자는 이를 토대로 동아시아로 눈을 돌리게 되었다. 서구의 문물을 도입하고 자기 나라의 사정에 맞게 토착화하고 개발해 나가는 것이 동아시아의 근대화의 프로세스라고 볼 때, 과연 일제강점기를 전후로 한국은 근대적 산업생산과 함께 시작된 근대적 디자인교육을 어떻게 인식하기 시작했는지, 일제강점기를 통해 바우하우스교육은 어떻게 조선인들이 접하게 되었는지 한국과 일본을 오가고, 이와 관련된 한국인의 유족을 수소문하여 만나며 사료를 조사하고 모아 17년간에 걸쳐 연구가 하나씩 완성될 때마다 학회지에 발표해 왔었다. 이 책은 2007년 이후 발표된 글을 모아 책 형식과 구성에 맞추어 수정, 보완, 재구성한 것이다. 각 장별 원전 목록은 이 책의 부록으로 제시하였다. 특히 이 책에서는 대한제국기의 고종, 신규식과 박찬익, 그리고 일제강점기의 김재석과 최유련, 마지막으로 해방공간의 박휘락이라는 7명의 한국인 이름 석 자를 목차에 제시하고 그들이 주체적으로 무엇을 일구어 나가고자 했는가를 서술하고자 했다. 이는 앞서 언급했듯이 개항기부터 일제강점기를 거쳐 해방공간까지 이어지는 역동적인 역사의 흐름 속에서 근대적 디자인과 도안을 고민해온 한국인의 주체적 자기계발의 사례가 가지고 있는 역사적 가치를 주목하고자 한 것이다. 이 책을 통해 식민지기의 거대담론에서 주목되지 못했던 한국인 개개인의 인적역량과 능동적 노력의 산물이 무엇인지 한국의 근대적 디자인역사를 통해 조금이나마 새롭게 바라볼 수 있는 계기가 되기를 바란다.

대한제국, 일제강점기, 해방공간의 역사적 흐름과 근대적 도안교육

이 책은 개항 이후 외세의 간섭에 흔들리면서도 주체적인 근대화를 시도하기 시작했던 대한제국기에서부터 시작하여 일제강점기를 거쳐 해방 직후 1950년대 식민지 교육의 잔재를 청산하며 새롭게 민주주의 독립국가로 대한민국을 건국하여 새로운 시대를 건설하고자 했던 해방공간까지 크게 3부로 나누어 구성했다. 제1부는 대한제국, 제2부는 일제강점기,

제3부는 대한민국의 1950년대 해방공간으로 나뉜다.

제1부에서는 대한제국의 근대적 산업디자인 교육의 뿌리와 태동을 살피며 1장에서는 고종의 관립공업전습소, 2장에서는 조선인 신규식과 박찬익이 이끌어 갔던 공업연구회의 활동에 주목했다. 제1부의 1장에서는 1907년에서 1909년까지 고종의 광무개혁의 연장선에서 대한제국의 농상공부 소관으로 개교한 공업전습소의 『관립공업전습소일람』(1909년 출판, 김달진미술자료박물관 소장)과 1910년에 한일합방에 의해서 일제강점기가 시작되며 조선총독부 소속으로 재편성되어 운영된 공업전습소의 『조선총독부 공업전습소일람』(1915년 출판, 서울대학교 중앙도서관 소장)을 비교, 검토하여 지금까지 알려져 오지 않았던 한일합방 이전 대한제국 시기의 관립공업전습소의 역사적 실체에 대해 밝혀보고자 했다. 이를 통해 일제강점기의 조선총독부 산하로 재편성되기 이전의 관립공업전습소는 갑오개혁의 개화사상의 부국강병을 위한 목적으로 설립되었으며, 고종은 용기화교육에 대해 큰 관심을 가지고 근대적 과학기술의 도입과 인재양성에 큰 그림을 그렸음을 관립공업전습소의 커리큘럼을 통해 분석해 보았다.

제1부 2장에서는 같은 맥락에서 일제강점기 이전에 설립된 관립공업전습소의 애국계몽과 부국강병의 신념으로 한일합방 초기까지 공업전습소에서 공부한 조선인학생들이 모임인 '공업연구회' 활동과 매월 1회 발간되었던 회보인 『공업계(工業界)』(1909～1910)를 분석했다. 1909년 공업연구회가 설립될 당시 조선인 학생들은 근대적 공업기술을 앞장서서 배우고 있다고 하는 큰 자부심을 가지고 근대적 공학기술과 산업에 대한 지식을 서로 교류하고 발표하여 대중계몽에 앞장서보고자 했다. 1909년부터 1910년에 걸쳐 발간된 『공업계』는 현재 국내에 총 5권이 소장되어 있으며 이것은 지금까지 '조선총독부공업전습소'의 사료를 중심으로 고찰되면서 정리되지 못했던 애국계몽과 국권회복의 취지로 운영되었던 관립공업전습소와 조선인학생들의 공업연구회의 문맥에서 한국의 근대적 산업디자

인의 시원을 살펴볼 수 있게 해 준다. 근대적 산업디자인의 시원에서 필자는 의생활과 주생활의 개량과 관련된 조선인 학생들의 글을 중심으로 살펴보았으나 본 책의 부록자료로 공업계의 권별 필자와 목차를 모두 현대 한국어로 번역하여 자료화했기 때문에 계속하여 다른 분야의 연구에서도 국권회복과 애국계몽을 취지로 시작했던 한국의 근대적 산업의 시원에 대해 연구할 경우, 중요한 참조자료가 될 수 있기를 기대한다.

제2부에서는 일제강점기 일본의 주도하에 식민지교육이 시작되면서 일본의 근대적 디자인교육인 바우하우스교육이 어떻게 조선에서 소개되었는지 살폈다. 제2부 3장에서는 동경 유학을 통해 일본식 바우하우스 교육을 접한 김재석의 행보를 살폈다. 일본식 바우하우스교육의 기초디자인 교육은 1935년 당시 바우하우스에서 유학하고 돌아온 야마와키 이와오(山脇巖)가 제국미술학교에 강사로 재직하기 시작하면서 바우하우스식 기초교육의 영향 아래 새롭게 개편되었는데 당시의 제국미술학교의 도안과에 재학했던 몇 명 안되는 조선인 유학생들이 과목을 수강했을 것으로 보인다. 필자는 도안과에 정규학생으로 입학하고 과정을 모두 수료하여 졸업한 후 활동했던 조선인 유학생들의 행보를 추적하였고, 그중 김재석이 유일하게 도안과를 정식졸업한 후 국내로 귀국하여 활동한 것을 확인할 수 있었다. 김재석 유족의 협조로 자료를 모으고 정리하며 현대적 도예디자인 분야에서 활동한 김재석의 작품에서 그 영향을 찾아볼 수 있었다.

제2부 4장에는 국내에서 일본식 바우하우스 교육을 홀로 독학으로 접하며 탐구한 최유련의 행보를 살폈다. 최유련은 당시 조선인 인재들이 입학하던 대구사범학교에서 공부한 인재로 미술에 재능이 있던 초등학교 교사였다. 서구식 미술에 대한 정보가 활발히 들어오던 근대화된 대구의 환경 덕에 일본으로부터 수입된 도화교육서적을 구매하여 독학으로 공부할 수 있었고, 대구사범학교 부속소학교의 교사로 재직하던 당시 일본의 〈동광회(同光會)〉에서 주최한 단기 도화과 하계 교사연수에 참여하면서 일

본의 구성교육과 바우하우스교육에 대해 알게 된 것으로 보인다. 이후 최유련은 대구사범학교 부속소학교에서 『도화과지도세목(圖畫科指導細目)』(1938)이라는 실험적인 교사지도안을 남겼으며, 일본의 구성교육을 참조로 하되 조선의 사정을 살피며 농촌의 주거환경 개량과 관련된 과제를 제시하거나 모홀리나기의 조형이론인 '빛'을 재료의 표면처리로 다루는 교육안을 개발한 것은 일본의 구성교육에서는 볼 수 없는 최유련만의 독자적이고 혁신적인 교육안이었다.

제2부 5장에서는 지방의 작은 농촌도시에서 근대적 도화교육이 실제로 어떻게 진행되고 보급되었는지 식민권력에 의한 지방도시의 개발을 살폈다. 당시 근대미술교류가 활발했던 큰 지방도시였던 대구와 작은 농촌도시였던 용인의 근대적 도화교육의 실질적 양상에 대해 관련된 사료를 조사하여 비교, 분석하였다. 조선인 인물의 개인적인 행보를 살핀 것이 아니기에 책의 전체적인 구성의 통일성에서 약간 벗어나 보이겠으나 대구사범학교 출신의 최유련이라는 조선인이 어떻게 근대적 바우하우스 서적을 독학으로 공부할 수 있었는지 대구라는 도시의 환경적 특수성을 명료히 인식할 수 있게 해준다. 또한 큰 도시 중심으로 근대화의 전체적인 시대상을 보던 시야에서 벗어나 지방도시의 식민권력에 의한 도시개발과 함께 동반된 근대적 학교교육과 도화교육의 보급의 전체적인 지도를 그려 그려보는 데 중요한 연구라고 본다.

제3부의 6장에서는 식민지 시대가 끝나고 해방된 직후 식민지 교육의 잔재를 청산하고 새롭게 민주주의 대한민국을 건설하며 일제의 도화교육 방식에서 어떻게 새로운 방향을 모색하고자 했는지 당시 새교육과정을 이끌어 갔던 박휘락 교수의 행보를 추적하여 연구했다. 이를 통해 일제강점기 이후의 대한민국의 도화교육의 방향의 전환과 민주주의 독립국가인 대한민국의 건국이념이 어떻게 반영되었는지 확인할 수 있을 것이다. 개항기 이후 외세에 흔들리며 일제강점기를 거쳐 근대화를 향해 치열하게

노력해 왔던 한국인의 개인적인 역량에 대한 고찰을 해방공간의 새교육과정과 박휘락의 행보로 마무리 짓고자 함은 개항기와 일제강점기라는 역동적이고 어두웠던 근대사의 끝의 역사의 주인공은 바로 다시 한국인이 주체라는 점을 시사하고자 하는 필자의 의도가 담겨 있기도 하다. 일제강점기 근대화에 대한 개인적 차원에서의 자기계발의 열정은 바로 해방공간에서 식민지유산을 청산하고 민주주의교육과 독립국가의 건설이라는 건국에 대한 열정으로 이어져 현대사로 그 에너지가 이어져 갔음을 주목하며 미래를 향해 역사의 방향을 열어두면서 이 책을 마무리하고자 했기 때문이다.

이 책을 쓰면서 지난 2000년대 초반부터 지금까지의 긴 시간이 인생의 드라마처럼 그려지며 감사해야 할 분들이 떠오른다. 일본의 구성교육에 대한 역사적 방향을 언지해주셨던 국립츠쿠바대학의 사사모토 준(笹本純) 교수님, 그리고 박사과정을 졸업한 이후 막연했던 일본의 구성교육의 역사에 대한 선행연구와 자료수집에 대해 도쿄대학교 문화재자원학과의 객원연구원으로 초청해주시며 지원해주셨던 키노시타 나오유키(木下直之) 교수님, 일제강점기 한국의 바우하우스 도입이라는 막연한 주제를 가지고 자료조사를 하던 중 최유련의 『도화과지도세목』이라는 교수세목에 대해 안내해주시고 해방이후 식민지교육 청산과 관련하여 대한민국 건국과 민주주의 교육에 대한 새로운 교육이념에 대해 말씀을 주셨던 박휘락 교수님, 『도화과지도세목』의 원본을 볼 수가 없어 수소문하던 중 자신의 박사논문으로 바우하우스교육과 조선총독부 시학관 제도를 검토하여 고베예술공과대학에서 박사학위를 받으셨던 손영범 박사님께 복사본을 건네받으며 설레었던 기억, 그리고 아버님에 대한 어릴 적 막연한 기억으로 유품을 꺼내 저와 함께 찬찬히 살펴주셨던 김재석 선생님과 최유련 선생님의 유족분들, 용인의 오래된 초등학교 자료관의 오래된 기록 열람을 흔쾌히 협조해 주신 여러 용인의 초등학교 교수부장님들, 장기근대사 세미나를 하며 한국의 근대 연구의 미시적 연구방향에 대해서 같이 논의했던 조혜영 교수님, 강혜승 박사님, 차근차근 연구를 밟아서 발표할 수 있는 연구환경을 제공하고 지지해 주신 성신여자대학교 인문과학연구소, 출판을 흔쾌히 받아주시고 지지해주신 월인출판사에 감사의 마음을 드린다. 나의 30대와 40대의 인생은 일본과 한국의 바우하우스교육의 무엇일까 하는 여정에서 시작되었고 덕분에 소중한 만남과 많은 나눔과 대화를 통해 연구와 함께 젊은 날의 인생이 채워진 것 같다. 인문학 연구자로서 역사와 문화를 살피고 글을 쓰는 것은 살아가는 일상이자 인생 그 자체라는 생각이 들기도 한다.

2024년 9월

서희정

제1부

대한제국의 산업디자인 교육의 뿌리

제1장
개항기 고종의 관립공업전습소, 부국강병을 꿈꾸며 시작한 근대 도화교육

1876년 개항 이후 한국은 실학사상을 토대로 서구의 문화와 제도를 참조하여 1894년의 갑오개혁을 거쳐 주체적 근대화를 시도했고 이 책에서는 식민지시기 이전 한국인이 주체가 되어 움직였던 근대화의 활동에 대해 주목하고자 한다. 지금까지 한국의 근대화에 대한 연구는 1920년대 일제강점기의 무단통치 이후를 중심으로 분석되어 1910년 한일합방 이전, 즉 일제의 식민화되기 이전의 개화를 위한 한국의 자주적인 노력이 반영된 한국의 근대화과정에 대해 고려되지 않은 경우가 많았다. 그 중 대표적인 예로 개화기 신교육으로 실업교육에 대한 신념을 바탕으로 설립된 고종의 '관립공업전습소'를 들 수 있다. 관립공업전습소의 교육과정에는 근대적 실업교육으로서의 용기화교육에 대한 당시 고종의 깊은 관심이 반영되어 있는데, 지금까지 한일합방 전인 1909년 농상공부소관으로 발행되었던 『관립공업전습소일람(官立工業傳習所一覽)』에 대한 문헌검토가 부재한 채로 한일합방 이후 1915년에 발행된 『조선총독부공업전습소일람(朝鮮總督府工業傳習所一覽)』을 중심으로 문헌고증이 되어왔다.

1894년 갑오개혁 이후 1899년에 신식교육체계가 정비되면서 당시의 용기화교육에 대한 고종의 높은 관심이 반영되며 밑그림 그려진 관립상공학교의 교육과정이 정비되었다. 그리고 그 뒤를 이어 1907년에 관립공업전습소라는 이름으로 개교되어 한국인들의 근대적 산업기술교육에 대한 열망을 계속하여 반영하며 운영해보고자 하였다. 1905년에 일제의 통감부가 설치된 이후 대한제국 시기에 설치된 많은 광무학교, 전무학교, 철도학교 등의 근대적 기관이 폐지되었다. 그러나 관립공업전습소만은 일제의 침략을 받기 이전부터 한국인의 근대적 산업기술교육에 대한 열망이 열렬히 반영된 기술교육기관이었기 때문에 한국인들의 저항을 무마하고 환심을 사기 위해서라도 그대로 유지시킬 수밖에 없던 것으로 해석되고 있다.[4] 이러한 역사적 배경에도 불구하고 관립공업전습소는 1910년 이후의 조선총독부 공업전습소를 위주로 연구되어 1907년 고종의 폐위 이전[5] 근대적 산업기술과 관련된 인재양성을 목표로 운영해보고자 했던 관립상공학교의 연장선에서 검토되지 못해왔다.

1899년에 설립된 관립상공학교는 1907년에 '관립공업전습소'라고 이름을 바꾸어 일상의 생활양식을 근대양식으로 개량하겠다는 목표 아래 실업교육의 차원에서 근대적 도안교육을 실시하고자 했다. 공업전습소의 교육체제에 대한 지금까지의 선행연구를 보면 『조선총독부공업전습소일람』(1915)을 참조하여 그 교육체계를 검토하고 연구해 왔다. 1915년이라 함은 1910년 한일합방 이후의 일제강점기에 조선총독부소속으로 재편성된 조선총독부 공업전습소에 관한 학교체계의 일람으로 일제강점기 조선총독부의 관리하에 운영되었던 공업전습소에 대한 문헌만을 주축으로 하여 한일합방 이전 대한제국 시기의 관립공업전습소의 운영과 변별없이 해석되었음을 의미한다. 그러나 1910년 한일합방 이전, 1897년의 고종의 광무개혁[6]의 연장에서 대한제국의 농상공부에 소속되어 짧게나마 실시되

4 김근배, 「대한제국기 - 일제초 관립공업전습소의 설립과 운영」, 『한국문화』 제18집, 1996, 436쪽.

5 1907년에 고종은 헤이그만국평화회의에 밀사를 파견해 일본의 조선 침략에 대한 부당성을 세계에 호소하고자 하다가 이 사건으로 일본에 의해 강제폐위를 당하며 아들인 순종이 대한제국 2대 황제에 즉위하게 되었다.

6 광무개혁은 1896년부터 고종 및 대한제국 정부의 개명(開明)된 집권층이 주도한 근대적 개혁이다. 1897년 고종이 황제에 등극하고 대한제국을 선포한 후 이 개혁이 집중적으로 진행되었기 때문에 고종황제의 연호인 '광무(光武)'를 따서 '광무개혁(光武改革)'이라고 부른다.

었던 공업전습소는 1909년에 발행된 『관립공업전습소일람』에 교육과정과 체계가 기록되어 있으며 국내에 소장되어 있다. 『관립공업전습소일람』을 보면 조선총독부 공업전습소와 달리 한국인이 주체가 되어 운영하고자 했던 교육 방향과 이념이 담겨있다.

따라서 본 연구는 1907년에서 1909년까지 고종의 광무개혁의 연장선에서 대한제국의 농상공부 소관으로 개교한 공업전습소의 『관립공업전습소일람』(1909년 출판, 김달진미술자료박물관 소장)과 1910년에 한일합방에 의해서 일제강점기에 들어서면서 조선총독부 소속으로 재편성되어 운영된 공업전습소의 『조선총독부 공업전습소일람』(1915년 출판, 서울대학교 중앙도서관 소장)을 비교, 검토하여 지금까지 알려져 오지 않았던 한일합방 이전 대한제국시기의 관립공업전습소의 역사적 실체에 대해 밝혀보는 것을 목적으로 한다. 이를 통해 일제강점기의 조선총독부 산하로 재편성되기 이전의 관립공업전습소는 갑오개혁의 개화사상의 연장선에서 근대적 도안교육으로서 용기화교육에 대해 큰 관심을 가지고 주체적으로 근대적 과학기술의 도입과 인재양성에 큰 그림을 그리며 시작되었음을 논증해 볼 수 있을 것이다. 이로써 지금까지 조선총독부를 중심으로 일제의 수탈대상으로 해석해오던 공업전습소에 대해 갑오개혁의 개화사상의 연장선에서 대한제국의 근대적 실업교육에 대한 주체적 교육이념을 근거로 새롭게 바라볼 수 있을 것이다. 동시에 개화기 이후 일제강점기를 거쳐 실시된 공업전습소에 대해 일관성없이 기록되었던 역사적 연도와 도면 또한 면밀한 문헌검토를 통해 바로 잡아 보고자 한다.

(한국민족문화대백과, “갑오개혁” 참조 https://terms.naver.com/entry.naver?docId=524224&cid=46623&categoryId=46623/, (검색일: 2021년 12월 24일))

1. 개화기 신교육으로서의 실업교육과 관립공업전습소 설립

지금까지 한국 근대화에 대한 연구는 일제강점기 일제의 식민지 정책의 영향 아래에 설립되고 운영된 기술학교와 공업전습소, 그리고 도안교육에 대해 주로 논의되기도 했다. 그러나 1993년에 홍덕창은 「개화기의 실업교육」에서 한국의 갑오개혁에 행해진 근대적 학제개혁을 일본의 지도하에서 일본학제를 모방했다고 하는 일본의 주장에 반박한 바가 있다. 그 근거로 홍덕창은 1908년(융희2년)에 학부(學部)의 명의로 발행된 『한국교육(韓國敎育)』의 문헌을 참조하여 조선의 소학교령을 비롯한 교육에 관한 법률은 "개국 504년 서정의 개혁과 함께 뜻을 교육의 개선이 두어 소학교령을 비롯하여 교육에 관한 제반 법규를 분포하고 경성에 관립의 사범학교…(생략)…각도에 공립소학교를 신설하였다. 그러나 그 제도는 외국법령의 참작에 있어서 그도를 넘었으며 당시의 국정에 맞지않고 또 시설을 쉽게 얻을수가 없어…(생략)…이유로 유명무실로 끝났으며…(생략)…"[7] 라는 문구가 기록되어 있음을 지적하였다. 이를 통해 홍덕창은 한일합방 이전 조선의 근대적 교육개혁은 일본법령이 아닌 미국이나 영국, 독일, 프랑스 등의 외국법령을 참조했음을 의미하는 것이라고 논하였다. 또한 갑오개혁 당시 대한제국 정부가 한성사범학교 관제를 공포하면서 새로운 학제가 일본학제를 모방하여 개혁하였다고 하는 일본의 주장은 1926년에 조선총독부에서 발행한 『조선교육요람(朝鮮敎育要覽)』에서 처음 언급된 것임을 논증하였다. 따라서 갑오개혁에서 일본의 지도하에 일본학제를 모방했다고 하는 일본의 주장은 일본이 한국의 식민지침략을 정당화하려는 식민사관에 의한 것이며 1945년 해방이후에도 한국에서 아무런 검토없이 되

---

7 學部, 『韓國敎育』, 1908; 홍덕창, 「개화기의 실업교육」, 『한국교육사학』 제15권, 1993, 48-69쪽, 여기서는 57쪽 재인용.

풀이하여 사용되어왔음을 점을 지적했다.[8] 하지만 1993년에 한국의 갑오개혁 이후 실시한 학제개혁의 주체성을 논증하였던 홍덕창의 「개화기의 실업교육」이 발표되었음에도 불구하고 2000년대까지 여전히 한국의 근대화 시기를 일제강점기를 중심으로 일제의 식민지정책에 대한 연구가 중심이 되어 식민지수탈론적 입장에서 논의한 한국의 근대사연구가 주를 이루었다.

그러던 것이 2000년대 이태진의 『고종시대의 재조명』이라는 연구가 발표되면서 고종과 대한제국 전후의 조선의 주체적 근대화의 움직임이 존재하였고 고종의 암약설(暗弱說)은 일제의 주권 해체 명분으로 내세워진 역사적 왜곡임이 논증되었다.[9] 이태진의 『고종시대의 재조명』이라는 연구 이후 계속하여 개화기 고종의 주체적인 부국강병론과 근대교육에 대한 주체적인 인식과 시도에 대한 연구가 발표되었다. 예를 들어 2010년 박소영의 『한국근대(1897-1945) 미술교육에서의 용기화교육 연구』에 대한 연구에서도 1897년 대한제국기 고종황제가 부국강병책으로 산업화정책을 추진하였고, 1899년에 상공학교를 설립하였으며, 중등학교와 실업학교에 근대산업화에 없어서는 안 될 용기화수업을 매우 중요한 수업으로 편성하여 가르치도록 했음을 지적했다. 그리하여 일제강점기에 앞서 1876년 개항기부터 시작하여 대한제국이 끝나는 시기인 1910년까지에도 근대 과학기술체제 마련을 위한 주체적 노력을 기울였고 따라서 개항 이후부터를 한국의 근대적 태동기로서 주목해야 한다고 언급했다.[10] 본 연구 역시 1897년의 갑오개혁 이후의 대한제국기(1897~1910년)를 거쳐 조선은 근대적 교육체계의 주체적 노력을 기울이기 시작했음에 주목하며, 이와 같은

8 홍덕창, 위의 논문, 56-62쪽 참조.

9 이태진, 『고종시대의 재조명』, 태학사, 2000.

10 박소영, 『한국근대(1897-1945) 미술교육에서의 용기화교육 연구』, 서울대학교 대학원 미술교육전공 박사논문, 2010.

배경에서 고종의 근대적 산업화를 배경으로 큰 관심을 두었던 용기화교육의 신념을 본 연구논의의 출발점을 두고자 한다.

한국의 근대적 교육의 시기는 크게 2개의 방향을 그 뿌리를 두고 있다고 본다. 하나는 1882년 한미수호조약 이후 조선에 입국하여 포교 활동을 하였던 서양의 선교사들을 통해 세워진 기독교계 근대학교이며, 다른 하나는 성호학파와 북학파에서 시작한 실학운동을 뿌리를 둔 개화파를 중심으로 일어난 1894년 갑오개혁과 이를 계기로 1899년에 국가의 관리아래 세워진 중학교와 관립상공학교이다.

먼저 한국의 근대교육의 시작은 1883년에 세워진 일종의 통역관 양성소였던 통변학교와 1886년에 양반자제를 대상으로 영어, 수학, 자연과학, 지리, 경제학 등 신교육을 실시했던 육영공원이다. 이후 1894년 갑오개혁까지 10년간 배재학당(1885), 경신학교(1885), 이화학당(1886), 육영공원(1886), 의학교(1886), 정신학교(1887)의 7개 학교가 세워지고 모두 기독교계 학교이거나 학교설립에 선교사가 관련되어 있다. 이 시기에 있어서 미국인 선교사들은 선교 활동을 비롯하여 교육, 의료사업을 전개하며 선구적 구실을 하며 큰 도움을 주었다. 기독교 선교사인 언더우드(Horace Grant Underwood)에 의해 설립된 경신학교는 양반뿐만 아니라 고아들까지도 계급과 상관없이 서구의 근대교육을 보급하고자 했다. 이는 사회적 계급과 상관없이 모든 인간은 평등하고 존엄하다는 기독교계 교육기관의 신념을 보여주는 것이다. 동시에 노동과 직업을 중시하였던 기독교계 교육사상은 노동을 천시하며 과거의 유교 교육에 따른 관리양성을 주된 목적으로 하던 조선의 전통적인 교육방식에서 벗어나 조선에 근대적 실업교육이 도입되도록 이끌었다.

예를 들어 선교사인 아펜젤러(Appenzeller)가 설립한 기독교계 학교인 배재학당(현재 배재대학교)에서는 학교의 규칙 제2조에서 학자금이 없는 학생들에게 자신의 힘으로 공부할 것을 명시하여 학교에 공업부, 인쇄소, 제본소 등을 설치하고 실업교육으로서 기술을 가르치고 스스로 학자금을 벌어 공부하도록 독려했다.[11] 최근 2019년에 발표된 신준섭의 「대한제국기 미국선교사들의 실업교육 도입에 관한 연구」를 보면, 1876년 개항 이후 서구의 기독교 선교활동을 중심으로 조선에 근대학교가 설립되고 교육사상에도 큰 역할을 이바지했음을 논증했다. 신준섭은 당시 일제의 통감부와 조선총독부가 초등 수준의 실업교육을 실시하며 자신들의 한국 식민통치에 활용하고자 했던 반면, 미국선교사들은 기독교적 교육신념을 기반으로 한국의 지식인들이 주장했던 구국교육과 이용후생의 실학사상을 토대로 한 실업교육을 실시했다고 논했다.[12]

한편 대한제국기의 고종황제는 부국강병책으로 식산흥업정책을 펼쳤고, 1894년 갑오개혁 이후 근대교육 시행을 위한 법제를 새롭게 정비했다.

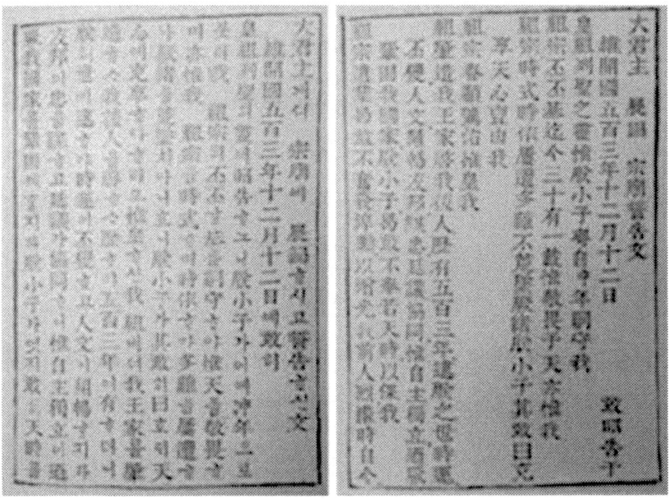

[그림 1] 1895년 7월 1일 선포된 '홍범14조'. 출처: 부산일보.

---

11 배재대학교 홍보 홈페이지: https://www.pcu.ac.kr/www/01_intro/intro_0403.html (검색일: 2021년 11월 8일)

12 신준섭, 「대한제국기 미국선교사들의 실업교육 도입에 관한 연구」, 고려대학교 대학원 한국사학과 석사논문, 2019, 1–56쪽.

갑오개혁을 시작으로 학사를 관장하던 예조(禮曹)를 폐지하고 교육을 담당하는 학무아문(學務衙門)을 1894년 7월에 설치하면서 과거제를 폐지했다. 1895년 학무아문의 고시에 이어서 한국 최초의 근대적 헌법이라고도 볼 수 있는 1895년 1월 7일 '홍범14조(洪範14條)'〔그림1〕가 선포되었다. 홍범14조의 내용을 보면 자주독립의 확립, 조세 법률주의와 예산 편성, 지방관제의 개혁, 선진 외국의 학예와 문화 수입, 입법과 국민의 생명 재산 보호, 징병과 군대의 양성, 학부관제 제정 등 비록 일본의 간섭이 있었다고 하는 역사적 해석도 있지만, 근대교육을 실시하고자 했던 고종의 의지가 나타나 있다. 갑오개혁에 대해 주한일본공사 이노우에(井上馨)와 내부대신 박영효(朴泳孝)의 권고에 따라 선포된 것이라 하는 것이 일반적인 해석이었지만, 갑오개혁 당시 고종은 서양제국인 영국과 독일에 고문을 파견해 줄 것을 요청하였다고 하는 외교문서의 기록이 있으며, 이를 근거로 갑오개혁 당시의 교육제도는 일본의 관여나 모방이 아닌 조선의 실학사상을 바탕으로 서양제국의 법령을 참조하여 만든 것이라는 주장이 있기도 하다.[13]

특히 대한제국기 식산흥업정책의 일환으로 1899년에 한국교육사상 최초의 실업교육을 위한 상공학교 관제를 공포했는데 실제로 학교가 설

13 3차에 걸친 갑오개혁의 시기와 주체를 보면, 제1차 갑오개혁은 군국기무처 주도하에 1894년 7월 27일부터 1894년 12월 17일까지 추진, 제2차 갑오개혁은 1894년 12월 17일부터 1895년 7월 7일까지 김홍집·박영효(朴泳孝)의 연립내각에 의하여 추진되며 당시 청일전쟁에서 승기를 잡은 일본정부는 현직 내무대신인 이노우에(井上馨)를 조선주차특명전권공사(朝鮮駐箚特命全權公使)로 임명하여 조선의 보호국화를 실현시키고자 하였으나 조선왕실의 거일인아책(拒日引俄策: 일본을 배격하고 러시아를 끌어들이는 정책) 등이 크게 작용하여 일본인 이노우에의 권고를 무시하면서 김홍집 일파를 내각에서 퇴진시켜 독자적인 개혁을 추진해 나갔다. 제3차 갑오개혁은 1895년 8월 24일부터 1896년 2월 11일까지 일본세력의 퇴조에 따라 박정양(朴定陽)을 위시한 친미·친로파가 우세하며 진행되었다고 정리되고 있기도 하다. (한국민족문화대백과, "갑오개혁" 참조 (검색일: 2021년 11월 4일) https://terms.naver.com/entry.naver?docId=581994&cid=46623&categoryId=46623); 고려대학교 아세아문제연구소(편)의 구한국 외교문서 번호 1062호(1893.7.28.), 외교문서 번호 1439호(1893.7.28.); 홍덕창, 앞의 논문, 62쪽 재인용.

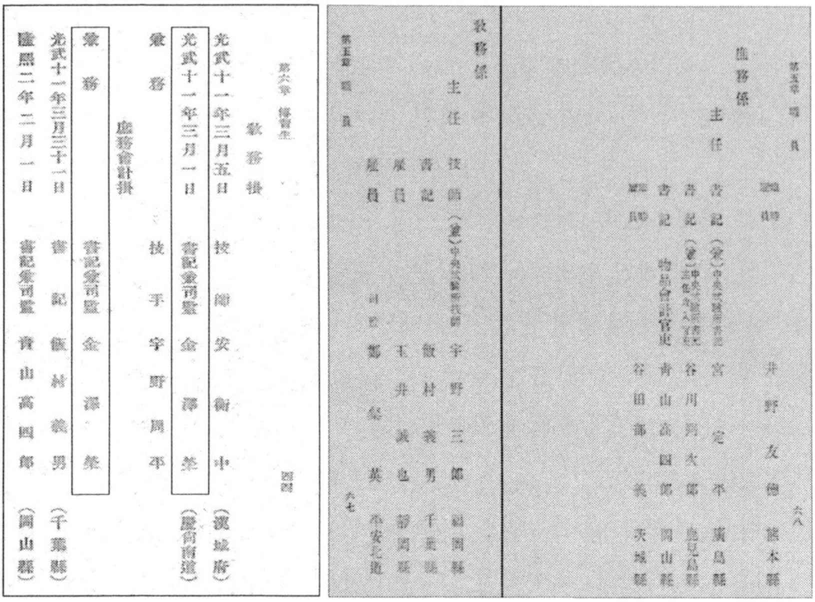
第六章 職員

教務掛

光武十一年三月五日 技師 安衛中 (漢城府)

兼務 光武十一年三月一日 書記兼司監 金澤榮 (慶尙南道)

庶務會計掛

兼務 技手 宇野周平

兼務 書記兼司監 金澤榮

光武十一年三月三十一日 書記 飯村義男 (千葉縣)

隆熙二年二月一日 書記兼司監 青山高四郎 (岡山縣)

四四

[그림 2] (왼쪽) 관립공업전습소 교무계와 서무회계계 직원명. 출처: 『관립공업전습소일람』, 44쪽.
(오른쪽) 조선총독부공업전습소 서무계와 교무계 직원명. 출처: 『조선총독부공업전습소일람』, 67-68쪽.
(검은색 사각형은 필자 표시)

립된 것은 1900년 12월이라고 보고 있다. 상공학교는 1900년 12월에 설립되었지만 관립상공학교 규칙이 공포되지 않았는데 이는 그때까지도 실업교육이 제대로 이루어지고 있지 않았다는 의미로 논해진다. 그리고 1904년에 이르러서야 상공학교를 농상공학교로 개편하고 관제와 함께 규칙을 발표한 것은 비로소 실업교육이 실제로 상당히 발전하게 된 것이라 볼 수 있다. 농상공학교는 농업, 상업, 공업과로 설치되었으며, 수업연한은 4년이고, 예과 과목으로 '도화과목'이 편성되어 있었다. 그러나 1905년 8월까지 학생정원이 미달이었다고 한다.[14] 1907년에 농상공학교는 첫 번째 졸업생도 배출하지 못한 채, 다시 공과를 중심으로 공업전습소(1907), 상과를 중심으로 선린상업학교(1906), 농과를 중심으로 수원농림학교(1906)로 각

14 칙령 제16호, 농상공학교 관제, 구한국관보 광무8년(1904), 6월11일자, 학부령 제16호 관립농상공학교규칙 구한국관보 광무8년(1904) 8월22일자; 홍덕창, 앞의 논문, 64쪽 재인용.

각 설립되었다. 따라서 1907년에 개교한 공업전습소는 갑오개혁의 근대화에 대한 의지를 기초로 하여 설립된 한국의 실업교육의 전통에서 해석할 수 있겠다.

덧붙여서 [그림2]에서 볼 수 있는 관립공업전습소와 조선총독부공업전습소의 학교운영과 관련된 교무계와 서무계의 행정직원의 구성을 보더라도 관립공업전습소의 경우 교무계에서는 안형중과 김택영, 서무회계계에서는 서기 겸 사감으로 김택영이 중심 행정직원으로 보인다. 안형중의 경우 1869년 고종의 과학기술발전에 대한 기대와 인재양성을 위해 실시한 관비유학생제도를 통해 일본의 동경공업학교에 유학하여 졸업한 인물이었다.[15] 특히 김택영은 고종의 신임을 얻고 1895년에 중추원서기관으로 임용, 1905년에는 학부(學部) 편집위원을 역임한 문필가이자 일제 침략에 반대하고 애국투쟁을 적극적으로 지지한 애국시인이었다.[16] 1905년 을사조약[17]으로 국가의 미래를 통탄하다가 1905년 혹은 1908년에 중국으로 망명하였다고 분분하게 논해지는데 관립공업전습소의 교무계와 서기회계계 양쪽 모두 '서기(書記)'와 사감을 담당했다는 [그림2-왼쪽 사진]의 기록을 보면 1909년 한일합방 전후 망명한 것으로 생각된다. 고종의 큰 신임을 받고 이전에 중추원의 서기관을 역임했던 경력으로 봐서 김택영이 관립공업전습소의 교무계와 서무회계계의 서기를 모두 도맡는 동시에 사감의

---

15 김근배, 앞 논문, 438쪽.

16 한국민족문화대백과, "김택영" 참조 (검색일: 2021년 11월 30일) https://terms.naver.com/entry.naver?docId=553797&cid=46644&categoryId=46644
표준국어대사전, "김택영"참조 (검색일: 2021년 11월 30일) https://ko.dict.naver.com/#/entry/koko/ba840fba14e4488981d7b4a33e4b7ed0

17 1905년 일본이 한국의 외교권을 박탈하기 위해 강제로 체결한 조약이다. 원명은 한일협상조약이며, 제2차한일협약, 을사5조약, 을사늑약(乙巳勒約)이라고도 한다.
(한국민족문화대백과, "을사조약"참조 (검색일: 2021년 11월 30일) https://search.naver.com/search.naver?where=nexearch&sm=top_hty&fbm=1&ie=utf8&query=%EC%9D%84%EC%82%AC%EC%A1%B0%EC%95%BD)

위치에서 주요 행정관리인력으로 배치되었음은 한일합방 전 관립공업전습소의 주체적 위상을 짐작해 볼 수 있게 해준다. 즉 일본의 주도로 식민지경영을 위해 운영되었다기보다 주체적 근대화의 큰 뜻을 가지고 있던 조선의 애국지사를 중심으로 행정인력이 구성되었기 때문이다. 반대로 [그림2-오른쪽 사진]을 보면 조선총독부공업전습소의 서무계와 교무계의 서기와 고문의 이름에 조선총독부 중앙시험소와 겸직하며 구성된 일본인들이 중심이 되어 배치되었음을 확인할 수 있다. 이때부터 학교운영과 관리의 주도권은 일제로 넘어가게 되고 식민지경영을 위한 조선총독부산하의 한 기관으로 운영되기 시작한 것을 확인할 수 있겠다.

2. 두 개의 시선: 1907년 관립공업전습소와 1910년 조선총독부공업전습소

1) 공업전습소에 관한 기존연구 검토

지금까지 한국의 근대사 해석은 조선의 자주 근대화의 가능성이 일제의 지배로 인해 압살되고 식민지 수탈과 민족 차별을 받았다는 식민지수탈론의 관점이 주를 이루었다. 그러나 1980년대부터 해외에서 국내로 확산된 식민지근대화론은 한국의 근대사 연구에 있어서 식민지수탈론에 팽팽하게 맞서 논의되기도 했다. 2000년대에 들어서는 내재적발전론과 식민지근대화론을 비롯하여 '장기근대사론'[18] 등 한국의 근대사에 대해 다양한 연구시각과 연구방법론이 논의되기 시작했다. 그러나 공업전습소에 대한 선행연구의 경우에는 식민지수탈론을 기반으로 한 해석이 대부분으로 일제의 식민지경영을 위한 공업정책 수립에 필요한 조사 및 시험에 관한 일

---

18 예를 들어 정연태는 식민지수탈론과 식민지근대화론의 오랜 논쟁의 경험과 성과를 토대로 식민지수탈론, 식민지근대화론, 탈근대로의 합리적 문제제기와 연구방법론을 비판적으로 수용하며 한국근대사의 새로운 인식과 방법론을 모색하고자 했다. 그리하여 2011년에는 『한국근대와 식민지 근대화논쟁-장기근대사론을 제기하며』라는 책을 집대성하여 발표하여 한국의 근대성 연구의 인식의 틀로 '장기근대사론'을 제시했다.

을 담당하면서 한국 가내공업의 전반적인 실태를 조사하고 그 생산품들을 대상으로 각종 정책을 수립한 곳으로 논의되었다. 이것은 한국의 근대 디자인사 연구에 있어서 연구방법론이 아직 다각화되지 않았음을 보여주는 것이라 생각된다.[19]

한국의 근대기 도화교과서에 대한 기존의 연구 또한 1876년 개항 이후 한국의 실학사상을 토대로 서구의 문화와 제도를 참조하여 1894년의 갑오개혁을 거쳐 발전해 나간 주체적 근대화의 흐름에 대한 검토없이 바로 일제 식민지시기의 조선교육령에서부터 '한국근대기'의 주된 연구범위가 설정되어 검토되기도 했다.[20] 그러나 개항이후 1876년부터 1910년까지는 34년간의 시간이 존재하며 이것은 1910년부터 1945년까지 35년간의 일제강점기와 거의 같은 정도의 기간이다. 따라서 한일합방 이전까지 조선의 이름 아래에 주체적인 근대화의 여러 시도들이 있었음을 주시하고 그 흐름의 연장선에서 한국의 근대화 및 근대적 도안교육과 관련된 역사적 해석을 시작해야 할 것이다.

---

19 본연구에서 검토한 공업전습소에 대한 선행연구로 다음과 같다. 김근배, 「대한제국기-일제초 관립공업전습소의 설립과 운영」, 『한국문화』 제18집, 1996, 423-465쪽.; 최공호, 「관립공업전습소 연구」, 『한국근현대미술사학』 제8집, 2000, 153-188쪽(이후, 2008년에 『산업과 예술의 기로에서: 한국근대공예사론』으로 재집성되어 출판됨); 박소영, 『한국근대(1897-1945) 미술교육에서의 용기화교육 연구』, 2010, 서울대학교대학원 미술교육 박사논문을 주로 검토하였다. 박소영의 논문의 경우 근대기 중등교육의 용기화교과서에 대해 연구하며 관립공업전습소의 설립경위와 변천에 대해서 비중있게 논하였다.

20 지금까지 한국의 근대기라고 하는 제목으로 지금까지 발표된 연구들에서 '한국근대'라고 하는 설정은 모호하다. 예를 들어, 2003년에 황혜정의 『한국 근대 도화교과서 연구』, 홍익대학교대학원 석사논문을 보면 연구범위를 '한국 근대'로 설정하였으나 일제강점기이후 조선교육령과 관련된 내용에서부터 검토가 시작된다. 그러나 '한국 근대'라 함은 일제강점기가 시작된 후에 서구의 문물이 들어오면서 비로소 근대화가 시작된 것이 아니라 1876년 개항 이후 1910년 한일합방까지 34년간의 여러 시도와 노력이 있었다. 따라서 일제강점기의 조선교육령을 중심으로 검토한 선행연구들의 경우, '한국 근대'라는 연구범위와 명칭보다는 '일제강점기'라는 시대적 설정으로 다루어져야 할 것이다. 지금까지 한국의 근대화 및 한국 근대라고 하는 연구시기에 대해 일제강점기 이전에 대한 인식과 연구가 미흡했으며 향후 1876년 개항기 이후의 한국의 근대적 변화의 연장선에서 일제강점기 이후 진행된 근대적 제도에 대해 비교, 고찰해야 할 것이다.

따라서 본 연구에서는 실업교육을 위한 교육기관으로서 개교한 고종 시대의 농상공부소관의 관립공업전습소의 교육체계와 활동에 주목하고자 한다. 농상공부소관의 관립공업전습소는 1910년 조선총독부소속으로 편성되기 이전 광무개혁의 연장선에서 고종의 실학사상과 근대화의 열망으로 시작된 1899년의 상공학교의 관제를 토대로 설립된 것이기 때문이다. 무엇보다도 지금까지 공업전습소에 대한 선행연구는 한일합방 이전 1909년에 발행된 농상공부소관의 『관립공업전습소일람』이라는 문헌에 대한 검토가 부재한 채, 한일합방 이후 조선총독부 산하에서 1915년에 발행된 『조선총독부 공업전습소일람』을 주요 문헌으로 삼아 한일합방 이전의 농상공부소관의 관립공업전습소의 운영체계까지 아울러 연구되어 왔다. 그리하여 고종 시대의 상공학교 관제를 토대로 주체적으로 실업교육과 용기화교육을 실시해보고자 했던 관립공업전습소의 존재가 제대로 주목받아 고찰되지 못했다.

예를 들어 『관립공업전습소일람』으로 지칭되거나 1910년 이전 한일합방 이전의 관립공업전습소에 대해서 언급하면서도 그 근거로 1915년에 발행된 『조선총독부공업전습소일람』을 참조한 경우가 종종 존재한다.[21] 이것은 앞서 본 책에서 언급하였듯이 한일합방이전 고종시대인 1899년의 관립농상학교 관제공포의 연장에서 설립된 『관립공업전습소일람』이라는 문헌의 검토가 부재하여 일제강점기 조선총독부 소속으로 재편성된 조선

21 지금까지의 공업전습소에 대한 선행연구에서는 1909년에 발행된 농상공부소관의 『관립공업전습소일람』이 참고되지 않아 관립공업전습소의 설립과 관련된 시각자료와 배치도면 등이 조선총독부 공업전습소의 자료와 함께 구별되지 않고 제시되었다. 공업전습소의 존재 역시 조선총독부 공업전습소의 위상을 중심으로 식민지수탈을 위한 경영의 대상으로 해석되어 설립 당시 한국인의 근대과학기술에 대한 열망과 기대가 있었음에도 불구하고 명료하게 언급되지 못하였다. 갑오개혁 이후 고종의 근대적 과학기술을 위한 인재양성과 실업교육의 신념을 토대로 시작된 관립공업전습소의 역사전 연장선을 『관립공업전습소일람』의 문헌을 통해 재고해 봐야 할 것이다. 미술자료실의 소장자료열람을 제공해주신 김달진미술자료박물관에 깊은 감사의 뜻을 전한다.

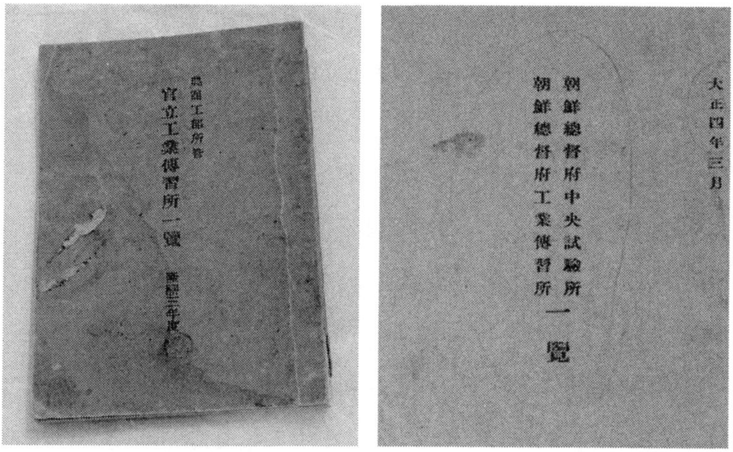

[그림 3] (왼쪽) 『관립공업전습소일람』 표지, 1909년. 소장: 김달진미술자료박물관. (필자 촬영)
(오른쪽) 『조선총독부공업전습소일람』 표지, 1915년. 소장: 서울대학교 중앙도서관. (필자 촬영)

총독부공업전습소와 구별없이 조선총독부공업전습소에 관한 자료를 중심으로 아울러 고찰한 데서 온 오류라고 본다.

순종의 재위기간인 융희3년인 1909년에 출판된 농상공부소관의 『관립공업전습소일람』은 [그림3-왼쪽 사진]의 가로 12cm, 세로 18.5cm의 작은 소책자이다. 순종의 재위기간에 새롭게 발간된 공업전습소의 일반사항이 기록되어 있어 한일합방 전과 후에 실시된 공업전습소의 교육내용의 차이를 명료하게 비교해 볼 수 있는 중요한 실마리를 준다. 먼저 1909년에 농상공부소관으로 발행된 공업전습소일람의 경우 『관립공업전습소일람』[그림3-왼쪽 사진], 한일합방 이후 조선총독부의 주관하에 재정비된 공업전습소일람의 경우 『조선총독부공업전습소일람』[그림3-오른쪽 사진]이라 하여 그 책의 제목도 다르다는 점을 지적하고자 한다. 또한 『관립공업전습소일람』의 경우 한글과 한문이 혼용되어 기록되었고, 『조선총독부공업전습소일람』의 경우 일본어로 기록되어 있다. 『관립공업전습소일람』에서는 연혁, 관제, 위치와 대지면적 및 건물면적, 교육과정, 직원명, 전습생, 업무성적, 졸업생에 대한 내용이 있으나, 『조선총독부공업전습소일람』에서는 『관립공업전습소일람』

에서는 없던 조선총독부 규칙, 건물의 증축과 경비에 대한 부분이 명시되어 있다. 이것은 공업전습소가 1910년 이후 조선총독부소속으로 편성되면서 그 운영 방향과 취지가 크게 달라졌다는 것을 의미한다. 따라서 본 연구에서는 선행연구에서 한일합방 이전과 이후의 공업전습소에 대한 검토가 『조선총독부공업전습소일람』을 통해 구별없이 해석되어 온 부분들에 대해서 주목하고 이를 재정리해 보고자 한다.[22]

먼저 관립공업전습소의 설립과 운영에 대해 제일 처음 발표된 논문은 1996년에 김근배에 의해 발표된 「대한제국기-일제초 관립공업전습소의 설립과 운영」이다. 관립공업전습소의 설립과 운영에 대해서 처음 정리하여 쓴 논문이라는 점에서 의의가 있지만 농상공부소관의 관립공업전습소와 조선총독부소속의 공업전습소의 운영체계에 대한 구별이 명료하지 않다. 예를 들어 "1899년 정부가 관립상공학교(관립공업전습소 전신) 설립추진을 계기로 관립은 물론 사립 과학기술계 학교의 설립을 고취하여 사회적 붐을 불러일으킨 해였다."[23]라고 언급하고 "대한제국기에서 일제 초까지의 관립상공학교-관립공업전습소의 설립 및 운영을 통해서 한국에서의 근대과학기술의 출발과 변질, 그리고 지속을 고찰하고자 한다."[24]라고 연구논문의 취지를 언급하였으나, 관립공업전습소의 운영체계에 대한 자료로는 1915년에 발행된 『조선총독부공업전습소일람』을 참고하여 고찰함으로써 관립공업전습소에 대해 일제가 조선의 식민통치를 목적으로 침탈해 나간 과정을 중심으로 서술했다.

---

22 본 책의 '글을 마치며'에서 후기로 언급했듯이 지금까지 대한제국기의 『관립공업전습소일람』(1909)의 존재가 역사가들에게 알려져 오지 않았고 사설 미술자료 박물관에서 폐관식으로 공개되었기 때문에 학자들이 접근하여 열람할 수 있었던 『조선총독부공업전습소일람』(1915)을 중심으로 연구되어 온 것은 자료 접근의 제한성 때문이다. 이와 같은 어려운 자료수집의 한계 속에서도 공업전습소에 대한 선행연구를 남기신 윗세대 학자분들의 노고와 열정을 토대로 본 연구가 새 자료로 한 걸음 나아갈 수 있었다고 본다.

23 김근배, 앞의 논문, 424쪽.

24 위의 논문, 426쪽.

그럼에도 불구하고 김근배는 "1899년 광무개혁기부터 시작된 과학기술 정착 노력은 한국에서 근대 과학기술이 본격적으로 추구되기 시작한 그 출발점으로서 의미를 지녔다. 일제나 외국인 선교사들이 한국에서 과학기술교육을 시행한 것은 그보다 뒤늦은 1906년 이후에 가서였다…(생략)…결국 한국에서의 근대 과학기술은 일제의 침략을 받기 이전에 이미 한국인들의 노력에 의해 자리잡아 가고 있었다. 아직은 초기단계여서 여러 면에서 우여곡절을 겪기는 하였지만 과학기술의 기반이 서서히 다져지고 있었음은 분명하다."[25]라고 하며 한일합방 전 1894년 이후의 갑오개혁과 그에 따른 근대적 교육학제로서의 1899년의 관립상공학교의 주체성을 주목하고 있다. 또한 "하지만 이 같은 형태로나마 기술계교육기관이 폐지되지 않고 존속된 것은 한국정부와 한국인이 이전부터 각종 과학기술 교육기관에 깊은 관심을 가지고 그것을 설치 운영하여 왔던 점이 무엇보다 중요하게 작용하였다. 그중에서도 가장 대표적이고 상징적인 과학기술학교로서 관립농상공학교 공업과를 지속시키려 하였던 것이 적지 않은 영향을 미쳤다…(생략)…일제는 한국에서의 기존의 근대 과학활동을 완전히 간과할 수 없었으며 그 일부는 한국인들의 저항을 무마하고 나아가서 환심을 사기 위해서라도 어떤 형태로든지 일단은 유지시킬 수밖에 없었다."[26]라고 언급하여 한일합방 이전 관립상공학교의 근대적 과학교육과 인재양성에 대한 주체적 움직임을 주목하였다.

1996년에 공업전습소에 대해서 최초로 발표된 김근배의 연구 이후 4년 후인 2000년에 최공호에 의해서 「관립공업전습소 연구」가 발표되었고 2008년에 『산업과 예술의 기로에서: 한국근대공예사론』으로 집대성되어 한국근대공예사의 흐름에서 공업전습소의 위상이 논해졌다. 그러나 공업

---

25 위의 논문, 435–436쪽.

26 위의 논문, 441–442쪽.

전습소의 교직원의 조직과 공업전습소의 커리큘럼에 대한 자료 역시 여전히 1915년에 발행된『조선총독부공업전습소일람』을 참조하여 정리되어 있기 때문에 1899년 관립상공학교의 관제가 공포되면서 시작된 관립상공학교의 연장선에서 1907년에 개교한 관립공업전습소에 대한 비교 및 검토가 부재되어 있다. 따라서 관립공업전습소는 1899년 관립상공학교의 관제의 공포의 연장선에서 어려운 역경 속에서도 근대교육을 통한 과학기술 인재양성이라는 근대화의 의지를 보여주었던 활동에 대한 고찰없이 일제의 조선총독부의 식민지조선침탈을 위한 수단에 초점을 맞춰 공업전습소는 단순히 전통기술의 개량을 가르치는 전습소로 전락된 상황에 대해서만 논해지게 되었다.[27] 간간히 1907년에서 1909년 사이의 한일합방 이전의 관립공업전습소에 관련한 당시 신문자료를 언급하는데, 예를 들어 매일신보에 게재된 1907년 1월의 관립공업전습소 입학생 모집 광고 및 기록에서 60명 정원 모집공고에서 우수한 인재들이 1,111명이 몰려 16.5대 1의 경쟁률에 달했다는 기록 등[28]은 일제강점기 이전부터 근대적 과학기술과 개화에 대한 당시 한국인의 높은 관심과 열망이 존재했음을 엿볼 수 있는 것이라고 논하기도 했다.

2010년에 박소영에 의해서 발표된『한국근대(1897-1945) 미술교육에서의 용기화교육 연구』에서도 상공학교와 관립공업전습소의 설립과 전개에 대해 정리하면서도 공업전습소의 전공별 교직원 구성 등과 같은 자료에서는 1915년에 조선총독부에서 발행한 공업전습소일람을 참조하고 있다.[29] 참고문헌으로『관립공업전습소일람』이라는 제목으로 출처를 밝히

---

27 "조사·연구활동의 근거는 1912년에 설립된 중앙시험소에서 조사결과를 정기적으로 간행했던 보고서와 성격이 같은『관립공업전습소보고서』의 출간 사실과 여기에 담긴 내용을 통해서 확인된다. 공업전습소의 조사·연구기능은, 일본인 관학자를 동원하여 실시했던 우리 미술·문화재의 조사·연구활동과 마찬가지로 식민지지배의 효율성 제고에 필요한 정책자료로 활용하기 위한 것이었다."(최공호, 앞의 책, 140쪽.)

28 최공호, 앞의 책, 142-143쪽.

고 있는데, 이것은 1915년에 발행된 공업전습소일람을 참조한 것이기 때문에 엄밀한 의미에서 1909년에 발행된 『관립공업전습소일람』이 아닌 1915년에 발행된 『조선총독부공업전습소일람』을 참조한 것이다. 따라서 박소영이 참고한 1915년에 발행한 문헌의 제목은 [그림3-오른쪽 사진]에서 보는 바와 같이 『조선총독부공업전습소일람』이라고 명시되어야 할 것이다. 이것은 앞서 발표된 다른 선행연구들과 마찬가지로 한일합방 전후의 관립공업전습소와 조선총독부공업전습소의 변화를 주목하지 못하고 있는 것이기도 하다. 그럼에도 불구하고 박소영 역시 "1909년 4월에는 실업학교령이 제정되어 고종이 당초에 목적했던 산업교육기관의 성격이 변화되는 측면을 볼 수 있다."[30]라고 지적하고 있어, 관립공업전습소의 설립취지에 조선총독부의 식민지경영에 필요한 하급 기술인력을 양성하기 위한 교육기관이 아닌 고종의 주체적인 근대적 산업교육기관 설립에 대한 개화의지가 반영되었을 것이라는 점을 추정하고 있기도 하다. 박소영의 연구 또한 지금까지 1909년에 발행된 농상공부소관의 『관립공업전습소』 문헌에 대한 검토의 부재에서 기인된 것이라고 보인다.

따라서 이러한 1907년에서 1909년 사이의 관립공업전습소의 자취에 대한 선행연구들은 단편적인 신문기록들을 통해 일제강점기 이전의 관립공업전습소의 주체적 운영의 면모를 인지하면서도 『조선총독부공업전습소일람』을 주축으로 그 운영체계를 일제강점기 전후의 구별없이 해석함으로써 1910년 이전의 관립공업전습소의 존재와 근대적 서구과학기술교육과 용기화교육에 대한 고종과 한국인들의 열망과 주체적 신념을 주목하지 못한 한계점이 있었다.

---

29 박소영, 앞의 논문, 31-48쪽 참조.

30 위의 논문, 36쪽.

2) 관립공업전습소(1907~1910)와 조선총독부공업전습소(1910~1922)의 시설 비교

본 책의 앞부분에서 언급하였듯이 1907년에서 한일합방 전 조선총독부 소속으로 재편성되기 전의 공업전습소의 명칭은 '관립공업전습소'이며 한일합방 이후 조선총독부 산하에 식민지경영의 수단으로 전락한 공업전습소는 '조선총독부공업전습소'라고 명칭을 명료히 구별해야 한다. 앞서 선행연구들에서 1915년에 발행된 '공업전습소일람'의 내용을 언급하거나 논할 때 1915년에 발행된 『조선총독부공업전습소일람』의 내용을 참조하고 있으면서도 문헌의 출처나 내용에서 '관립공업전습소'라고 명시하고 있다.[31] 1915년에 발행된 문헌의 경우 [그림3-오른쪽 사진]에서 보듯이 한일합방 이후 조선총독부소속으로 재편성된 『조선총독부공업전습소일람』이며, 조선총독부소속으로 재편성되어 식민지경영을 위해 재정리된 공업전습소는 '관립공업전습소'가 아닌 '조선총독부 산하에서 운영된 공업전습소'이다.

또한 공업전습소의 설립과 그 위치 및 시설에 대한 기존 선행연구의 경우에도 지금까지 『관립공업전습소일람』(1909)이 아닌 『조선총독부공업전습소일람』(1915)을 참조하고 있기 때문에 도면과 사진, 그리고 관련하여 기록연도가 정확하지 않다. 예를 들어 "1906년 관립공업전습소관제를 발표하고 교사건축은 이를 근거로 이듬해 서울 낙산 및 이화동에 5천여평의 부지를 마련해 불과 6개월만에 건물을 완공하는 등 신속하게 진행되었다…(생략)…<u>르네상스식 양식의 목조건물에 독일식 비늘판재로 외부를 장식했으며</u> 본관 1동, 교실1동, 실습실6동, 기숙사 3동 관사등 당시로서는 상당한 규모의 시설과 첨단 실습용 기자재들을 갖춰 개교했다(도2-3,4,5)"[32] 라고 제시하고 글과 함께 '공업전습소 및 중앙시험소 시설배치도'를 함께 제시하였다.[33] 그러나 제시한 도면은 [그림4]의 오른쪽에 있는 1915년에

31 위의 논문, 41쪽.

32 최공호, 앞의 책, 138-139쪽.(밑줄은 필자 강조)

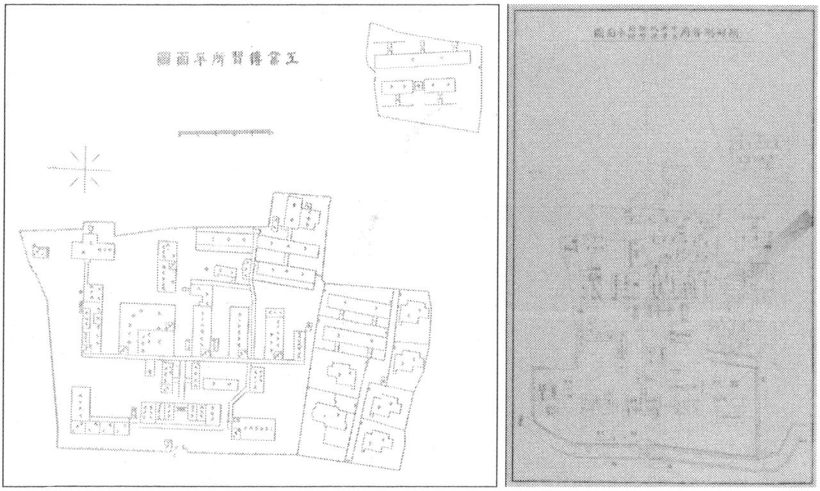

[그림 4] (왼쪽)『관립공업전습소일람』 시설배치도, 1909년. 소장: 김달진미술자료박물관.
(오른쪽)『조선총독부공업전습소일람』 시설배치도, 1915년. 소장: 서울대학교 중앙도서관.

발행된『조선총독부공업전습소일람』에 게재된 도면으로 대한제국기 설립된 초기 관립공업전습소의 시설배치도면이 아니다.

다음의 [그림5]와 [그림6]을 비교해보자. [그림5]는 농상공부소관의 공업전습소의 사진으로『관립공업전습소일람』에 수록되어 있다. 1909년 당시의 사진을 보면 르네상스식 양식의 목조건물에 독일식 비늘판재로 외부를 장식을 한 건물이 없다. 따라서 르네상스 양식의 목조건물은 대한제국 시기의 관립공업전습소를 설립할 때 지어진 것이 아니다.[34] [그림6]은

33 위 책, 본문 중에서 1907년 설립당시의 관립공업전습소의 교사건축물 시설에 대해 설명하면서 '도2-3,4,5'로 명시하여 도면을 제시하고 있으나 참조된 자료는 1915년에 발행된『조선총독부공업전습소일람』에 있는 도면과 사진이다.

34 예를 들어 현재 혜화동에 방송통신대학교 건물로 사용중인 독일식 비늘판재로 된 르네상스식 목조건물에 대해서 '관립공업전습소'인지 '조선총독부공업전습소'인지 한일합방 전후의 변화에 대한 기록이 부재한 채 '1907년 '1907년 4월 개소(開所)하며 지어진 공업전습소 목조 2층'으로 언급되어 있는 등 불분명하게 기록되어 있는 경우가 많다. 현재 혜화동에 있는 독일식 비늘판재로 된 르네상스식 목조건물은 1907년 대한제국시대에 세워진 관립공업전습소 건물이 아니다.『관립공업전습소일람』(1909)의 사진을 보면 독일식 비늘판재로 된 르네상스식 르네상스식 목조건물이 존재하지 않으며, 1910년 한일합방 이후 조선총

[그림 5] 농상공부소관 관립공업전습소 전경, 1909년. 출처: 『관립공업전습소일람』.

[그림 6] 조선총독부소속 공업전습소 전경, 1915년. 출처: 『조선총독부공업전습소일람』.
(검은색 원형표시는 초기 관립공업전습소에 없었던 르네상스 양식의 목조건물이다. 필자 표시)

조선총독부소속의 공업전습소의 사진으로 『조선총독부공업전습소일람』에 수록된 사진이다. 1910년에 공업전습소가 한일합방과 더불어 조선총독부소속으로 되면서 조선총독부의 취지에 맞게 공업전습소의 교육과정과

독부소속으로 재편성된 후 규모가 확장되면서 건립된 건물이다. (한수당연구원, "관립공업전습소" 참조. (검색일: 2022년 1월 10일) https://blog.naver.com/hahnsudang/220256999009)

방향이 재편성되었고 시설의 규모 또한 확장되었다. 이때 르네상스 양식의 목조건물에 독일식 비늘판재로 지어진 건물이 새롭게 지어진 것으로 사료된다. 따라서 앞서 발표된 선행연구에서 제시하고 있는 1907년 당시 관립공업전습소가 처음 설립되기 시작하던 당시의 교사건축물에 대한 설명 및 도면, 그리고 건물의 사진은 1907년에 관립공업전습소의 설립 당시의 자료가 아닌 한일합방 이후 조선총독부소속으로 규모가 확장되어 재편성된 '조선총독부공업전습소'의 도면 및 사진자료라고 할 수 있다.

이어서 공업전습소 부지와 시설의 규모를 비교해 보겠다. 『관립공업전습소일람』이 '건물부지 및 평수'에 관한 기록을 보면 총평수로 '5909평'[35]이다. 기존의 선행연구에서도 "서울 낙산 및 이화동에 5천여평의 부지를 마련해"[36]라 하여 언급하고 있지만, 그에 대한 시설의 부지를 제시한 공업전습소도면은 1915년에 발행된 『조선총독부공업전습소일람』에 게재된 도면을 함께 제시하고 있다. 『조선총독부공업전습소일람』에 따르면 조선총독부소속으로 바뀐 후의 공업전습소의 시설규모는 5000여평이 아닌 '19831.127평'으로 기록되어 있어,[37] 선행연구에서 언급한 '5천여평의 부지'라고 설명하며 함께 제시된 도면은 한일합방 이후 약 2만여평(정확히 19831.127평)으로 건물수와 시설부지가 확장된 '조선총독부공업전습소' 도면이라고 볼 수 있다. [그림4]의 배치도에서 왼편의 도면인 관립공업전습소와 오른편의 도면인 조선총독부공업전습소의 2개의 도면을 비교해 보면 한일합방 이후 조선총독부공업전습소로 바뀌면서 시설부지와 건물수가 크게 확장되었음을 확인할 수 있다. 따라서 한일합방 전 농상공부소관으로 5천여평에 건축된 관립공업전습소의 시설부지와 건물수를 보여주는 도면은 [그림4]의 왼쪽 도면에 해당한다.

---

35 『官立工業傳習所一覽』, 20쪽

36 최공호, 앞의 책, 138쪽.

37 『朝鮮總督府工業傳習所一覽』, 19쪽

끝으로 공업전습소에 대한 선행연구에 있어서 시각문헌자료의 연도와 출처에 대한 재검토를 논하고자 한다. 공업전습소는 한일합방 이전 1907년에서 1910년까지 농상공부소관 관립공업전습소였으며 이 당시의 운영체계에 대한 문헌은 앞서 언급한 바와 같이 『관립공업전습소일람』이라고 하여 따로 존재한다. 한일합방 이후 공업전습소는 조선총독부소속으로 재편성되어 갑오개혁 이후 관립상공학교의 관제로 공포된 고종과 한국인의 근대적 산업교육기관과 인재양성이라는 초기의 설립 취지가 무색해지고 식민지경영을 위한 하급기술인력 양성을 위한 교육기관으로 변질되어 갔다. 1910년부터 1916년까지는 조선총독부소속의 공업전습소로 운영되다가 1916년부터 1922년까지는 경성공업전문학교 소속의 공업전습소로 소속이 바뀌었다. 1922년부터는 관립경성공업학교로 재정비되면서 교명도 바뀌게 되었다. 이어서 1934년부터 1945년 해방 전까지 경성공립공업학교로 한차례 더 교명이 바뀌었다.[38] 지금까지 알려진 공업전습소에 관련된 교실내부 사진자료는 1920년대로 표기되어 있으나,[39] 관련 시각자료의 출처의 경우 1915년에 발행된 『조선총독부소속공업전습소일람』에 게재된 사진이다. 따라서 공업전습소의 교실사진의 경우 1920년대가 아니

38 '관립공업전습소'와 '조선총독부공업전습소'의 소속변화와 운영체계의 변화에 대한 구별없이 '공업전습소'라고 하는 이름하에 불문명한 역사적 연도가 많은 것은 비일비재하다. 예를 들어 한국디자인진흥원의 공업전습소 전시의 경우에도 공업전습소의 연도에 대해서 '1907년-1910년'으로 명시되어 있으나 학교관람권으로는 1910년 한일합방 이후에 발행된 조선총독부의 '관람권'이 전시되어 있다. '공업전습소'라는 학교명칭에 따라 관립공업전습소에서부터 조선총독부소속을 거쳐 경성공업전문학교소속의 공업전습소까지 아울러 본다면 1907년부터 1922년까지의 연도로 봐야 할 것이다.

39 최공호는 『산업과 예술의 기로에서』(151-155쪽)과 「한국근대문양의 시각문화적 성격: 상징의 변화과정」(174쪽, '도판18. 관립공업전습소 도기과 실습실')에서 1920년대 관립공업업전습소의 사진을 게재하고 있으나, 출처는 1915년에 발행된 『조선총독부소속공업전습소일람』의 사진자료이므로 한일합방 이후 조선총독부소속으로 되면서 교육과정이 재편성되고 시설이 확장된 이후의 1910-1915년에 기록된 사진이라고 볼 수 있다. 따라서 '관립공업전습소'가 아닌 '조선총독부공업전습소'라고 할 수 있기 때문에 사진의 장소 명칭과 기록연도에 대한 재고가 필요하다.

라 1910년 조선총독부로 소속이 재편성된 후 1915년 사이에 촬영된 교실 풍경이라고 볼 수 있다.

본 연구에서는 한일합방 이전 1909년에 발행된 『관립공업전습소일람』 문헌의 존재를 소개하면서 한일합방 전후의 공업전습소의 변화에 주목하고, 『관립공업전습소일람』과 『조선총독부공업전습소일람』을 중심으로 비교 및 논증해 보았다. 1910년의 한일합방 이후 조선총독부소속으로 편성되면서 공업전습소는 불운의 일제강점기를 맞이하여 일제의 식민지경영을 위한 수단으로 그 취지가 변질되어 운영된 것은 사실이다. 그러나 통사적으로 한일합방 이전 초기의 농상공부소관의 관립공업전습소의 경우, 갑오개혁 이후 발표된 1899년의 관립상공학교 관제를 토대로 고종의 근대적 산업기술인재 양성을 위한 교육기관에 대한 열망, 그리고 한국인들의 근대과학기술에 대한 관심을 기반으로 시작되었던 곳임을 주시해야 할 것이다. 본 연구를 통해 조선총독부소속의 공업전습소의 사진과 도면으로 논의되던 관립공업전습소의 존재에 대해서 별개의 독립된 도면과 건물의 기록사진을 통해 명료히 구분지어 논증할 수 있었다. 이를 통해 일제의 식민지경영을 위한 수단으로 아울러 논의되던 관립공업전습소에 대해서 별개의 독립된 교육기관으로서의 인지할 수 있으며, 조선총독부공업전습소의 운영 방향과 구별하여 생각해볼 수 있는 중요한 존재론적 근거가 된다. 따라서 이를 바탕으로 교육방향과 취지면에서도 식민지경영에 아닌 개항기 이후부터 열망하던 산업인력 양성을 위해 주체적으로 운영해보고자 했음을 해석해낼 수 있다.

기계생산에 의한 산업화와 그에 따른 산업인력 양성을 위해 대한제국기 고종은 특히 '용기화교육'에 높은 관심을 가지고 있었으며 이는 고종과 한국인의 자주적인 근대화에 대한 열망을 보여주는 중요한 역사적 사실이다. 다음 글에서 실제로 '관립공업전습소'의 교육과정과 '조선총독부공업전습소'의 교육과정을 비교정리하여 조선총독부소속으로 재편성되면서 대한제국기 기계생산과 산업화에 대한 한국인의 높은 관심을 가지고 실시하고자 했던 '용기화교육'의 비중이 급격히 줄어든 변화에 대해 확인해 보도록 하겠다.

3. 고종 용기화교육을 통한 근대화의 신념

지금까지 일반적으로 한국근대에 대한 연구는 일제강점기에 일본이 식민지경영을 위하여 한국에 기술학교를 설립하고 조선총독부 산하로 근대적 상공업제도와 산업이 운영됐다는 점에서 일제강점기를 한국의 근대적 사회제도의 변화시기로 보며 식민지수탈론의 입장에서 민족차별과 수탈의 사실을 증빙해왔다. 혹은 식민지근대화론의 입장에서 식민지경영을 위해 시도된 근대제도의 발전상황을 고찰해오기도 했다.

그러나 2000년에 이태진의 『고종시대의 재조명』의 발표 이후로 일제강점기에 앞서 개항기 이후(1876년 이후) 혹은 갑오개혁(1894)이나 대한제국기(1897~1910)에 근대과학기술과 근대산업에 주체적으로 노력을 기울이며 대응해 온 광무개혁의 연장선에서 근대화에 대한 역사적 해석이 재고되기 시작했다. 1876년 개항한 이래로 고종[그림7]은 일관되게 개화 정책을 추진하며 서양의 선진 과학기술을 받아들이고 교육을 근대화하는 등 1910년까지 약 34년간 근대화를 위한 다각적인 노력을 기울였다. 아래의 글과 같이 이태진이 언급한 고종시대와 한국의 근대화에 대한 논의처럼 1876년 개항기부터 1910년까지 34년의 시간동안 서구와의 교류를 도모하며 근대적 산업정책을 주체적으로 시도한 것은 1910년 이후 35년간의 일제강점기의 기간만큼 긴 시간이었다. 따라서 지금까지 주목받지 못했던 고종의 근대적 대응에 대해서 다시금 재고해야 할 여지가 있다.

[그림 7] 조선 제26대 왕이자 대한제국 제1대 광무황제(고종, 재위 1863~1907). 출처: 한미사진미술관.

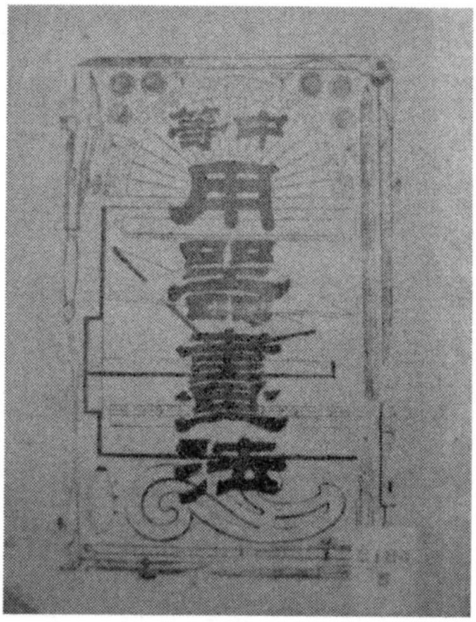

[그림 8] 오영근, 『중등용기화기법』(1908)의 표지. (필자 촬영)

대한제국 출범 전후부터 시작한 이른바 광무개혁의 개혁정책은 1904년 2월 러일전쟁이 일어나면서 일본의 침략으로 사실상 중단상태에 빠지게 된다. 그 간의 개혁정치는 비록 기간은 짧지만 한국 근대사상에서 자주적 근대화의 가능성을 판단하게 하는 시금석과 같은 것으로 특별한의미를 가진다…(중략)… 대한제국의 산업화정책은 앞으로 좀 더 정밀한 연구가 필요하다.…이처럼 광무연간의 부국강병책으로서의 산업정책은 짧은 시간동안에 빠른 속도로 진행되었다.[40]

2010년에 박소영의 『한국근대(1897-1945) 미술교육에서의 용기화교육 연구』에서도 이태진의 『고종시대의 재조명』의 논의를 토대로 대한제국기의 광무개혁과 식산흥업정책에 대해 자주적으로 근대화를 이룩하고자 하는 열망으로 펼쳐나간 것임을 지적했다.[41] 그리하여 박소영 또한 일제강점

40 이태진, 앞의 책, 82-83쪽.

기에 이전 대한제국기(1897–1910)를 한국의 근대적 산업화와 관련된 용기화교육을 자신의 논의의 출발점으로 삼고자 했다.

1876년 조선의 개항기 이후 서양의 과학기술의 도입은 가내수공업을 중심으로 하던 수공예적 시스템에서 공장의 건설과 함께 기계에 의한 물품의 대량생산이라는 변화를 가져오게 된다. 기계로 물품을 제작하기 위해서 제도(製圖)용구를 이용해 도면을 그리고 읽을 수 있는 용기화교육의 필요성이 대두되었다. 고종이 1894년 갑오개혁으로 근대교육 시행을 위한 법제를 정비하고 산업으로서의 공예 및 용기화교육 및 식산흥업정책을 실시하게 된 데에는 1893년 시카고 만국박람회, 1900년 파리 만국박람회에 참가하게 된 경험에 따른 것이기도 하다. 만국박람회에 참여함으로써 산업미술로서 공예를 인식하게 되고 이를 식산흥업정책의 주된 과제로 바라보게 된 것이다.[42] 이와 관련하여 1899년 고종이 선포한 상공학교 관제에는 공업학교의 학제와 교과과정에 대한 적극적인 검토가 있었으며, 물품의 대량생산과 관련하여 물체를 제도기를 써서 기하학적으로 정확히 그리는 용기화교육이 손으로 그리는 자재화(自在畵)와 대비하여 기초적인 도화과목으로 큰 주목을 받게 되었다. 이와 같은 사실들을 검토해 볼 때 군주로서 고종은 근대화에 큰 신념을 가지고 다각적인 노력을 기울였음이 틀림없다. 따라서 근대화에 대해 열강에 휘둘리며 제대로 된 대처를 하지 못하였다고 하는 암군(暗君)으로서의 고종에 대한 평가 및 일제강점

---

41 "광산개발권에 있어서는 당초에는 외국인들에게 허용하고 사용료를 받는 형식을 취하였으나, 직접적인 개발의 비중을 높이기 위해 1900년 9월에 광무학교를 개설했다. 금융제도에 있어서도 1901년 2월 신식화폐조례를 공보하여 금본위제를 채택하면서 중앙은행 개설을 준비하였다. 1898년에서 1903년 사이에 궁내부 산하 관서들이 경영하는 각종 산업시설로는 1898년 전환국, 1900년 인쇄국, 1902년에 도량형 제작소, 1902년에 양잠소, 1903년에 한성전기회사 발전소, 1903년에 궁내부 소속 정미소와 군부 총기제조소, 그리고 그 기간 사이에 평식원(1902년 도량형을 통일하기 위해 설치되었던 산하관청), 연화제조소, 초자제조소 등이 용산 일대에 들어섰다"(박소영, 앞 논문, 17쪽; 이태진, 앞의 책, 82–83쪽 재인용)

42 박소영, 앞의 논문, 16–22쪽 참조.

기를 통해 조선의 근대적 제도의 토대가 만들어지게 되었다는 식민지근대화론에 대한 논의에 대해 다시금 재고하게 된다. 고종에 대한 재조명은 1876년 개항에서 1910년 일본의 강제로 병합할 때까지의 34년간의 한국의 근대화에 대한 움직임을 고찰하는 데 중요한 해석의 방향을 제시하기 때문이다.

지금까지 일제에 나라를 빼앗기는 불운으로 일반적으로 암울하고 우매한 인물로 평가된 고종에 대한 평가는 1876년 개항 이후 조선을 오가는 서양인들의 기록 등 다각적인 기록을 검토해보면 호의적인 평가와 부정적인 평가가 엇갈려 존재한다. 2000년에 발표된 이태진의 『고종의 재조명』에 따르면 고종에 대한 부정적이고 우매한 군주라는 평가는 1907년 헤이그 만국평화회의 특사파견 사건을 구실로 일본 측이 고종황제를 강제로 퇴위시킬 때 처음 나온 것이라고 논의된다. 이태진은 암군으로서의 고종에 대한 기록은 1907년 마이니치신문사(每日新聞社)의 경성지국 기자로 활동한 나라사키(楢崎桂園)의 『한국정미정변사(韓國丁未政變史)』에서 처음 확인되며, 나라사키에 의해서 '암군(暗君)'이라는 표현이 사용되기 시작되었고 1910년 한일합방을 계기로 일본인들이 쓴 한국근대사가 출판되어 나오기 시작하면서부터라고 논해진다. 그리고 이것은 일본의 한국통치에 대한 합리적인 발판을 마련하고자 한 역사적 왜곡이라고 지적했다. 고종의 근대화사업에 대한 시도를 인정한다는 것은 일본이 1910년에 조선을 식민지화하여 불법강점한 것이 되며, 식민지근대화론의 논리에 대립되는 것이기도 하기 때문이다.[43]

43 "광무개혁은 바로 이러한 새로운 통치조직을 기반으로 성과를 올리고 있었다. 그러나 이러한 조직은 러일전쟁에서 승리를 거둔 일본에 의해 완전히 파괴되었다…(생략)…일본은 전황이 그들에게 유리하게 전개되자…(생략)…원수부·궁내부의 해체 그 다음 순서가 바로 황제의 강제 퇴위였고, 여기서 암군설이 처음 나왔던 것이다. 고종의 암약설의 기원인 암군설은 이상과 같이 단순한 개인 인물평이 아니라 한 나라의 주권 해체의 명문으로 내세워진 것으로, 그 이면에 고종시대의 통치제도와 그 정치적 목표에 대한 파괴작업이 숨겨져 있다."

본 연구 또한 1894년 갑오개혁 이후 발표한 고종의 근대화사업의 연장에서 1899년의 상공학교 관제의 공포를 토대로 근대적 디자인을 수행할 인재를 양성하기 위해 실용성이 강조된 용기화교육 및 근대적 도화교육이 시작되었다고 본다. 박휘락의 『한국미술교육사』에 따르면 1904년에 발표된 농상공학교 규칙에서 기록된 '도화교육'은 갑오개혁 이후로 보통학교령 등의 학교교육령이 공포되면서 '고안화'와 '용기화'라는 용어와 함께 학교의 근대적 미술교육으로 도입된 것이라고 언급된다. 이는 한국에 근대적 디자인교육이 갑오개혁 이후로 태동하게 되었음을 보여준다. 박휘락에 따르면 1895년부터 1905년까지는 '무교과서 시대'였으나 1907년부터 1908년에 걸쳐 한국 최초의 도화과 검정교과서라고 할 수 있는 보통학교용(소학교용) 『도화임본(圖畫臨本)』 4권이 출판되었다. 같은 시기 1908년에는 한국인 저자인 오영근에 의해 중등학교 용기화교과서라고 할 수 있는 『중등용기화법(中等用器畵技法)』[그림8]이 발행되었다.[44] 1907년에서 1908년에 걸쳐 도화와 용기화에 대한 검정교과서가 발행된 것은 대한제국기 식산흥업정책과 연관된다. 이것을 통해 기계에 의한 물품의 제작과 관련한 기초도안교육으로서의 용기화교육을 본격화해보고자 하는 당시의 고종의 관심사를 읽어낼 수 있다. 또한 대한제국기 『관립공업전습소일람』의 교육과정에서 기초단계의 '용기화교육' 내용이 1학년 내내 공통기초과목으로 큰 비중을 차지하고 있는 것과 일맥상통한다고 볼 수 있다.

1907년에 설립된 관립공업전습소에서 직물디자인과 물품의 대량생산을 위한 도면제작을 학습하는 용기화교육이 금공과와 목공과 등에서 실시되었다. 1909년 처음으로 관립공업전습소의 제작품 진열회가 열려 학생들이 만든 염직물, 비누, 도자기 등의 제품이 판매되었고 많은 대중들의

(이태진, 앞의 책, 134쪽)

44 박휘락, 『한국미술교육사: 미술교육100년의흐름(1895-1995)』, 1998, 예경, 303-305쪽.

관심을 받으며 대외적으로 용기화교육의 성과가 가시화되기도 하였다.[45] 따라서 1905년 을사조약 이후 통감부가 설치된 이후 일제는 대한제국이 그동안 운영하고자 했던 광무학교, 우무학당, 전무학당, 철도학교 등을 폐지하였으나 근대적 산업교육과 인재양성에 대한 큰 포부와 기대를 실었던 관립공업전습소에 대한 한국인의 열망만큼은 무시할 수가 없었고 한국인들의 환심을 사기 위해서라도 관립공업전습소를 한일합방 이전까지 유지시킬 수밖에 없었다고 해석되기도 한다.[46]

[표1]은 필자가 농상공부소관과 조선총독부소속의 두 『공업전습소일람』을 비교하여 정리한 것이다. 용기화교육의 경우 대한제국시기 한국인 오영근에 의해 1908년에 『중등용기화기법』이 중등교과서로 편찬되는 등 고종이 퇴위하기 전까지 광무개혁의 연장선에서 서구의 과학기술에 대한 높은 관심과 근대기술교육을 위한 기초과목으로 주력하고자 했던 과목이었다. 그러던 것이 『조선총독부공업전습소일람』을 보면 이와 같은 기초단계의 용기화교육은 대폭 그 비중을 줄여 1학년 1학기에만 편성하고 있음을 알 수 있었다.[47]

---

45 『관립공업전습소일람』의 내용을 보면 1907년 하반기에 개교한 관립공업전습소를 1908년 1월부터 일반인들에게 시설을 둘러보고 참관할 수 있도록 하였는데, 9월14일부터 10월31일까지 전염병이 돌아 참관을 잠시 사절하여 운영하지 않은 시기까지 포함하여 매월 시설을 참관한의 한국인과 일본인의 수를 자세히 기록하고 있다. 1월의 경우 한국인이 163명, 일본인이 76명, 2월은 한국인이 158명, 일본인이 79명, 그리고 날이 따스해진 4월에는 한국인이 433명, 일본인 122명으로 1년간 총 한국인 참관자수는 2006명이며 일본인은 595명으로 한국인이 압도적으로 많았다. 통감부는 세워졌다고 하지만 관립공업전습소의 경우 한국정부가 존재하고 한국인 간리가 다수를 차지하며 일반 한국인들을 중심으로근대적 산업교육에 대한 큰 기대와 관심이 있었음을 알 수 있다.(『官立工業傳習所一覽』, 80쪽.)

46 김근배, 앞의 논문, 442쪽.

47 『朝鮮總督府工業傳習所一覽』, 57쪽.

[표 1] 농상공부 소관과 조선총독부 소속의『공업전습소일람』비교표

(작성자: 서희정)

<table>
<tr><td colspan="2">농상공부 소관『관립공업전습소일람』
융희(隆熙) 3년, 1909년 출판</td><td>조선총독부 소속『조선총독부 공업전습소일람』, 1915년 출판</td></tr>
<tr><td colspan="3">교육기간 2년(각 학년 3학기제)</td></tr>
<tr><td rowspan="6">교육
과정</td><td>1) 염색과
• 색염, 기계직조
• 2학년 2,3학기 도화도안수업</td><td>1) 염색과
• 색염, 기계직조
• 2학년 2,3학기 도화도안수업</td></tr>
<tr><td>2) 도기과
• 도자, 자기
• 2학년 2,3학기: 도화도안수업</td><td>2) 도기과
• 도자, 자기
• 도화도안수업 없음</td></tr>
<tr><td>3) 금공과
• 주공, 은공, 판금세공
• 2학년 용기화(1학기), 투영도(2학기), 기계부분 설비도(3학기)</td><td>3) 금공과
• 주공, 은공, 판금세공
• 1학년 2,3학기: 투영도
• 2학년 1.2.3학기: 견취도</td></tr>
<tr><td>4) 목공과
• 집짓기, 가구만들기,차륜(자동차)
• 1학년 1.2.3학기: 용기화
• 2학년 1,2,3학기: 건축도, 가구도, 차량제도(전공별)</td><td>4) 목공과
• 집짓기, 가구만들기, 차륜(자동차)
• 1학년: 투영도(1학기), 견취도(2학기) 기초 용기화수업없음.
• 2학년 1학기: 건축도, 가구도, 차량제도(전공별)</td></tr>
<tr><td>5) 응용화학과
• 화학제품, 분석</td><td>5) 응용화학과
• 화학제품, 분석</td></tr>
<tr><td>6) 토목과
• 측량, 제도</td><td>※ 토목과
• 조선총독부 소속으로 편성후 없어짐</td></tr>
<tr><td>용기화
과목
비중</td><td>• 1학년 1.2.3학기:자재화+용기화 공통과목으로 1년 내내 수업
• 1,2학년: 2년 내내 일본어수업</td><td>• 1학년 1학기만 용기화 수업
• 1,2학년: 2년 내내 국어(일본어를 국어로 명칭변경)수업</td></tr>
<tr><td>입학자
졸업자
현황</td><td>1) 각 학년별, 학과별 입학
• 인원: 17–18명
• 출신: 평안북도, 경기도 다수
• 응용화학: 575명 지원하여 31명 입학
2) 졸업후 취업자
• 인원: 20명</td><td>1) 각 학년별, 학과별 입학
• 특이사항: 응용화학 지원자 27명으로 대폭 감소함.
2) 졸업후 취업자
• 인원: 17명</td></tr>
</table>

* 밑줄은 필자에 의해 강조된 부분임

[표1]의 정리한 내용을 참조하면『관립공업전습소일람』의 도기과의 경우에도 2학년의 2,3학기까지 도화도안수업이 교육과정에 편성되어 있다. 이것은『조선총독부공업전습소일람』을 보면 도화도안수업과 함께 기

초과목으로서의 용기화교육이 도기과에서 일체 사라진 것과 대비된다. 이는 근대적 산업생산물의 제작과 생산을 목적으로 하던 관립공업전습소의 교육목표가 한일합방 이후 조선의 수공기법에 의한 도자와 자기제작을 중심으로 운영되었기 때문으로 보인다. 이것은 조선총독부 공업전습소에 대해 언급한 선행연구들에서 작은 규모의 재래적 수공기술을 주축으로 조선의 전통기술을 부흥하는데 주안을 두고자 했다는 논의와 상통하며[48] 식민지 경영의 수단으로 활용하고자 한 것으로 보인다. 이는 근대적 기술

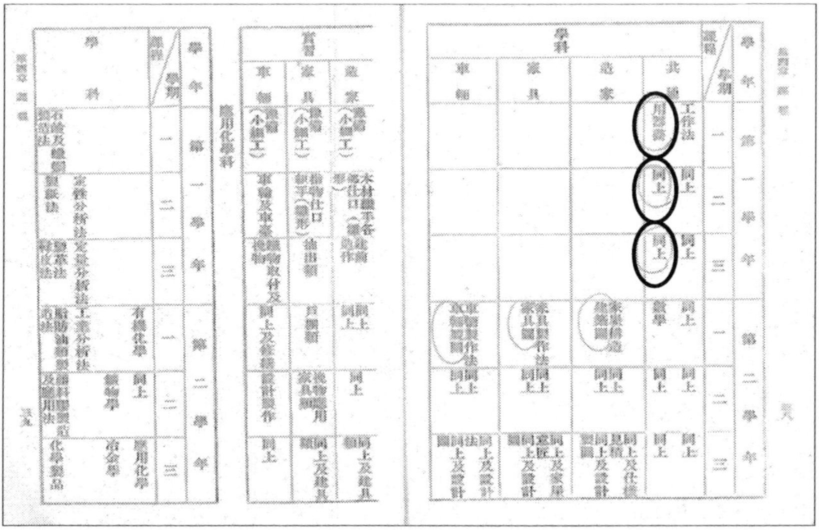

[그림 9] 『관립공업전습소일람』커리큘럼 중 목공과의 예로 1학년 1,2,3학기 공통과정으로 '용기화'과목이 1년 내내 기초과목으로 편성되어 있다. 출처: 『관립공업전습소일람』, 38쪽. (검은색 원형 표시는 필자 표시)

48 "이 기관은 다음에 살펴보겠지만 전혀 고등공업교육을 위한 기관이 아니었고 일제 자신도 가내수공원 차원의 전습소이상의 학교교육 및 공업전습은 한국의 낮은 민도에 비추어 볼 때 필요하지 않다는 인식을 가지고 있었다. 처음의 계획에서 가장 크게 달라진 사항은 교육분야가 일제의 이해와 직결된 교통 및 통신 분야에서 가내공업 분야로 바뀐 점과 교육방식이 공식적 학교형태에서 단기 실습의 전습기관으로 변경된 점이다. 하지만 이같은 형태로나마 기술계 교육기관이 폐지되지 않고 존속된 것은 한국 정부와 한국인이 이전부터 각종 과학기술 교육기관에 깊은 관심을 가지고 그것을 설치 운영하여 왔던 점이 무엇보다도 중요하게 작용하였다."(김근배, 앞의 논문, 441쪽.)

교육을 교육구국의 이념으로 하여 설립된 대한제국의 관립상공학교의 이념과 상반된 것이다.

구체적으로 『관립공업전습소일람』의 교육과정 중 목공과의 교육과정 [그림9]을 한 예로 살펴보도록 하겠다. 목공과의 예를 보면 1학년의 1,2,3학기 1년 내내 공통필수과목으로 기초적인 작도개념과 작도방법을 가르치는 '용기화(用器畵)'수업이 짜여 있다. 이어서 2학년에서는 집을 짓는 전공에서는 '건축도(建築圖)', 가구를 만드는 전공에서는 '가구도(家具圖)', 차를 만드는 전공에서는 '차량제도(車輛製圖)'를 배웠다. 1학년 때 1년간 배운 기초조형과정으로서 '용기화'수업은 공통필수과목으로 조가(造家), 가구(家具), 차량(車輛)이라는 3가지 전공 중 하나를 선택하여 전문적으로 배우기 전에 공통으로 배우는 기초조형과정으로 보인다. 비슷한 시기인 1908년에 발행된 중등검정교과서인 오영근의 『중등용기화기법』의 내용을 참조하자면 제도도구를 사용하여 점, 선, 각, 형 등의 기본요소에 대한 개념을 배우고 작도하는 것을 시작으로 직선형과 곡선형에 관한 화법, 비례에 관한 화법, 같은 형태의 도형과 문양을 확대 및 축소하는 방법 등을 연습했을 것으로 생각된다. 그러나 『조선총독부공업전습소일람』에 기록된 목공과의 교육과정의 경우, 1학년 입학 이후 관립공업전습소 시절 1년 내내 갈고 닦던 기초단계의 '용기화' 과목의 연습이 생략된 채 2학기에는 투영도(投影圖) 3학기에는 견취도(見取圖)만을 학기당 한가지씩만 배운 후, 2학년에 올라가 각각의 전공에 따라 집, 가구 그리고 차량의 기물제작을 위한 제도과목으로 넘어가도록 수업이 짜여있다. 집, 가구, 차량의 제작을 위해 가장 필요한 도면제작의 내용을 단편적으로 익힌 후 바로 생산활동에 임할 수 있도록 하고자 함이 아닌가 한다. 즉 근대적 과학기술교육이 아닌 직공양성에 교육의 주안점을 더 둔 것으로 보인다. 이로써 한일합방 이후의 공업전습소의 교육목표의 변화를 비교해 볼 수 있다.

위와 같이 관립공업전습소의 교육과정은 조선총독부공업전습소와 달리 기초단계의 '용기화교육'을 산업기술의 공통기초과목으로 상당 부분 편성하고 있었으며 이를 통해 기계에 의한 산업생산과 관련된 교육과정에 대해 깊은 관심을 가지고 있던 농상공학교의 공업과를 지속시키고자 한 고종의 의지를 읽을 수 있다.

■ 나가며

본 연구는 지금까지 공업전습소에 대한 선행연구에서 한일합방 이전 1909년에 발행된 농상공부소관의 『관립공업전습소일람』이라는 문헌에 대한 검토가 부재하였다는 점에 주목하였다. 그리하여 한일합방 이후 조선총독부 산하에서 1915년에 발행된 『조선총독부공업전습소일람』을 주요 문헌으로 삼아 한일합방 이전의 농상공부소관의 관립공업전습소의 운영체계까지 아울러 연구, 검토됨으로써 고종 시대의 상공학교 관제를 토대로 주체적으로 실시하고자 했던 관립공업전습소의 존재에 대해 독립적으로 고찰되어 오지 못했음을 주목했다. 또한 '관립공업전습소'와 '조선총독부공업전습소'의 명칭에 대한 구별도 모호한 채로 관립공업전습소 설립에 관한 기록이 『조선총독부공업전습소일람』에 게재된 시설도면과 사진으로 정리되어 역사적 연도와 기록이 불분명한 상태였다는 점도 논증했다. 이를 통해 일제의 식민지경영을 위한 수단으로 아울러 논의되던 관립공업전습소를 별개의 독립된 교육기관으로서 확인할 수 있었으며, 조선총독부 공업전습소의 운영 방향과 구별하여 생각해볼 수 있는 중요한 존재론적 근거가 되었다고 본다.

본 연구에서는 1909년에 발행된 농상공부소관의 『관립공업전습소일람』과 조선총독부소속에서 1915년에 발행된 『조선총독부공업전습소일람』을 비교 및 검토하여 조선총독부공업전습소의 자료로 모호하게 대체된 관립공업전습소 설립과 관련된 시설배치와 건물에 대한 기본적인 역사기록을 재정리하고 그 역사적 위상을 확인해 보았다. 그리고 광무개혁의 연장에서 기계생산에 의한 근대적인 산업화의 의지를 엿볼 수 있는 고종의 용기화교육의 교육비중이 관립공업전습소의 교육과정에 상당부분 차지하고 있었음을 논증하고 일제강점기 이후 오히려 조선총독부소속의 공업전습소로 되면서 1학년의 필수공통과목으로 편성되었던 용기화교육의 비중이 교육과정에서 급격히 축소되었음을 확인할 수 있었다.

따라서 본 연구를 통해서 통사적으로 지금까지 갑오개혁과의 연장선에서 주목받지 못했던 1907년부터 1910년까지의 농상공부소관의 '관립공업전습소'의 존재를 주목하고 식민지수탈론적 입장에서 '조선총독부공업전습소'에 대한 문헌을 중심으로 식민지경영을 위한 수단으로 해석되어 온 '공업전습소'의 기존의 역사적 해석에서 새로운 해석을 시사해 줄 수 있기를 바란다. 관립공업전습소의 설립과 교육과정에 대한 이와 같은 본 연구를 통해 한국의 근대화연구에 있어서 개항기 조선과 대한제국의 주체적 근대화의 노력은 무엇이었는가를 주목하고 일제강점기와 구별하여 비교하고 검토할 수 있는 한국의 근대문화사연구의 한 방향이 제시되기를 바란다. 다음 제2장에서 논의할 관립공업전습소 당시 활동하였던 조선인 학생들의 공업연구회와 회보인 『공업계』의 구국계몽의 활동취지를 살펴보면 한층 더 한일합방 이전의 관립공업전습소의 운영취지와 분위기를 명료히 확인할 수 있을 것이다.

제2장
공업연구회와 『공업계』에서 보는 한국 산업디자인 개념의 시원

1894년 갑오개혁 이후 1899년에 신식교육체계가 정비되면서 당시 대한제국의 황제였던 고종은 근대적 산업기술과 생활개량에 큰 관심을 두고 1907년에 관립공업전습소라는 이름으로 근대적 산업기술교육에 대한 조선인의 열망을 반영하여 관립기술교육기관을 열었다. 1905년에 일제의 통감부가 설치된 이후 대한제국 시기에 설치된 광무학교, 전무학교, 철도학교 등 근대적 기술교육과 관련된 교육기관들이 폐지되었으나, 관립공업전습소만은 일제의 침략을 받기 이전부터 조선인들의 근대적 산업기술에 대한 열망이 열렬히 반영된 기술교육기관이었기 때문에 일제는 조선인들의 저항을 무마하고 환심을 사기 위해서라도 그대로 유지시킬 수밖에 없었다고 논해지고 있기도 하다.[49]

대한제국 당시 구국의 이념의 토대로 고종과 조선인의 근대적 기술교육기관이었던 공업전습소는 처음에는 농상공부소관의 '관립공업전습소'로 조선인위주의 행정직원을 중심으로 운영되었다. 그러나 1910년 한일합방 이후, 조선총독부소관의 기관으로 소속되면서 '조선총독부공업전습소'로 이름을 변경되고 일본인위주의 행정직원으로 교체되면서 그 운영 또한 식민지경영을 위한 목적으로 변색되었다.[50] 그럼에도 불구하고 한일합

49 김근배, 「대한제국초 – 일제초 관립공업전습소의 설립과 운영」, 『한국문화』 제18집, 1996, 436쪽.

50 서희정, 「관립공업전습소의 용기화교육과 주체성고찰: 농상공부소관 『관립공업전습소일람(官立工業傳習所一覽)』(1909)의 검토를 통해서」, 『인문과학연구』 제45집, 2022(본 책의 제1장

방 초기까지 공업전습소에 입학한 조선인들은 근대적 공업기술을 앞장서서 배우고 있다고 하는 큰 자부심을 가지고 근대적 공학기술과 산업에 관련된 지식을 서로 교류하고 발표하여 대중계몽에 앞장서보고자 했다. 그리하여 '공업연구회'라는 단체를 조직하여 월1회마다 회보인 『공업계(工業界)』(1909~1910)를 발간하고 대중계몽을 위한 강연회 등을 전개하며 애국계몽운동에 앞장서고자 했다.

그러나 관립공업전습소 당시 설립된 공업연구회의 활동과 회보로 발간된 『공업계』의 내용에 대한 선행연구는 미비하다. 기존의 선행연구에서는 1907년에 설립되어 1910년 8월의 한일합방 이전까지 운영되었던 '관립공업전습소'와 1910년 8월 이후 재편된 '조선총독부공업전습소'의 구분조차 명료하지 않았던 데다가 부국강병에 의한 대한제국 국권회복의 포부를 반영했던 '관립공업전습소' 및 공업연구회의 설립 취지조차 '조선총독부공업전습소'의 운영에 대한 사료와 혼재되어 고찰되어오기도 했다. 공업연구회 및 회보인 『공업계』에 대해 언급한 지금까지의 선행연구는 다음의 3편이 전부이며, 공업연구회의 명단 및 『공업계』가 발행되었다는 사실 정도로만 언급되어 있을 뿐이다. 공업전습소와 공업연구회에 대해서 언급한 최초의 논문은 1996년에 김근배에 의해 발표된 「대한제국기 - 일제초 관립공업전습소의 설립과 운영」이다. 김근배는 공업전습소의 조선인학생들의 모임인 공업연구회와 그 회보인 『공업계』의 운영기록 및 취지에 대해서 언급하며 관립공업전습소에서 공부하던 조선인 학생의 반일감정, 애국주의, 민족의식 및 근대적 공업기술 교육을 앞장서서 받고 있다고 하는 학생들의 선구자적 사명의식이 있었음을 간략히 서술했다.[51]

재편집 및 재수록) 참조하면 1908년 부국강병과 국권회복의 열망으로 시작된 고종시대의 관립공업전습소와 1910년 8월 이후 한일합병으로 인해 조선총독부로 재편성된 조선총독부 공업전습소의 존재와 설립취지를 각각의 조직에서 발행된 1909년과 1915년의 일람을 검토하면서 구별하여 고찰했다.

51 김근배, 앞의 논문, 455-457쪽.

1996년에 발표된 김근배의 연구 이후 4년 후인 2000년에 최공호에 의해서 「관립공업전습소 연구」가 발표되었고 2008년에 『산업과 예술의 기로에서: 한국근대공예사론』으로 집대성되어 한국근대공예사의 흐름에서 공업전습소의 위상이 논해지게 되었다. 최공호 역시 공업전습소에 계몽의식을 가지고 모인 조선인 모임인 '공업연구회'와 『공업계(工業界)』(1909~1910)라는 잡지에 대해서 언급했지만, 공업연구회의 회원명단 및 『공업계』에서 다룬 주요 논제에 대해 간단히 서너줄 언급하여 제시한 것이 전부였다.[52] 또한 『공업계』의 발간 권수에 대해서 "당초의 의욕과 달리 3호를 끝으로 폐간되기는 하였으나"[53]라고 언급하며 발간된 호수를 3권까지로 논하고 있지만, 국내에 현존하고 있는 『공업계』만 해도 총 5권으로 1909년부터 1910년에 걸쳐 발간되어 있다.[54] 현존하는 권수는 모두 5권이지만 1909년 1월 28일부터 1910년 4월 28일까지 발행된 것을 보면 매달 1권씩 회보가 발행되었을 것으로 추정되며 1909년 1월 28일부터 1910년 4월 28일까지 발행되었다고 하더라도 총 16권에 달할 것이다. 따라서 본

---

52 최공호에 의해 언급된 『공업계』는 "9월7일에 발기인 대회를 개최하여…초대회장으로 임시정보 국무의원을 지낸 독립운동가 박찬익(朴贊翊)를 선출하였으며, 활동결과를 대 내외에 소개하기 위한 연구지 겸 회보인 『工業界』를 1909년에 창간하였다. 월1회 회보 발간을 계획하고 활발한 연구 및 대중 계몽을 위한 강연회를 전개하였다." 라고 하여 공업연구회의 발족과 『공업계』의 발행경위에 대해서 간단히 역사적 사실 정도로 논하고 있다. "발간사나 축사는 한문으로 쓰기도 했으나, 본문은 국한문 혼용체를 쓰는 등 나름대로 대중화를 위해 독자를 배려하려 애쓴 흔적이 역력하다. 주요 논제로는 염직개론(尹正燮), 색채의 理라와 염료의 혼합법(朴贊翊), 도기개론(崔翼鎭), 磁器製造法(金仁燮), 金工의 개론(金演弼), 목재防腐法 등 기초적인 공예·공업기술에 관한 지식과 함께 응용화학의 개론(李弼夏), 물리학총론(尹正燮) 등 물리 화학 분야의 새로운 지식, 최근의 공업계 소식을 알리는 공업彙聞 등도 다루었다" 하여 『공업계』의 발행상태에 대한 논의 및 목차에서 다루어진 주요 논제에 대해서 개괄적으로 언급하였다.(최공호, 「관립공업전습소연구」, 『한국근현대미술사학』 제8집, 2000년, 180-182쪽)

53 최공호, 앞의 논문, 182쪽.

54 현재 이화여자대학교에 소장되어 있는 『공업계』는 총 5권이다. 『공업계』 제1권 제1호(1909년 1월 28일 발행), 제1권 제2호(1909년 2월 28일 발행), 제1권 제4호(1909년 5월 28일 발행), 제1권 제5호(1909년 6월 28일 발행), 제2권 제7호(1910년 4월 28일)이 소장되어 있으며 국립중앙도서관을 통해 열람할 수 있다.

연구에서는 소실되지 않고 남아 있는 『공업계』의 권수가 총 5권이며 실제로 발행된 호수는 16권이라고 추정할 수 있다고 본다.

마지막으로 2013년에 발표된 박소영의 「한국 근대 공업학교에서의 용기화(用器畵)교육의 내용 및 졸업생들의 활동과 사회적 역할」에서 2쪽 정도의 분량으로 공업연구회와 『공업계』가 간단히 언급되어 있다. 박소영에 연구에서도 『공업계』가 3회에 걸쳐 발행되고 폐간된 것으로 언급되어 현재 국내에 소장되어 있는 5권의 『공업계』의 사실과 다르다. 박소영은 국가발전과 민족중흥의 열정의 갖고 조선인들이 모여 만든 공업연구회 단체를 통해 『공업계』가 발간되었다는 취지문과 『공업계』에서 다루어진 공예와 공업에 관한 기초지식, 물리와 화학 분야의 새로운 지식에 대한 강연문의 개괄적인 기록만을 제시하고 있을 뿐이다. 동시에 조선인 학생들의 근대적 산업화와 공예에 대한 자발적이고 학구적인 태도에 대해 논했다.[55]

따라서 현재 국내에서 소장된 1909년부터 1910년에 걸쳐 발간된 5권의 『공업계』의 내용을 면밀하게 분석하여 근대적 산업과 관련된 시원에 대해 고찰한 선행연구는 전무하다고 볼 수 있다. 본 연구에서는 국내에 현재 소장되어 있는 5권의 『공업계』를 면밀히 분석하여 지금까지 '조선총독부공업전습소'의 사료를 중심으로 고찰되면서 정리되지 못했던 애국계몽과 국권회복의 취지로 운영되었던 관립공업전습소와 조선인학생들의 공업연구회의 문맥에서 한국의 근대적 산업디자인의 시원으로 볼 수 있는 내용은 무엇인지 고찰해 보고자 한다.

---

55 박소연, 「한국 근대 공업학교에서의 용기화(用器畵)교육의 내용 및 졸업생들의 활동과 사회적 역할」, 『조형교육』 제48집, 2013, 174-176쪽.

1. 신규식과 박찬익 조선의 근대적 엔지니어의 자부심으로 발행한 『공업계』

[그림 10] 농상공부소관 관립공업전습소 전경, 1909년. 출처: 『관립공업전습소일람』.

1894년 갑오개혁 이후 1899년에 신식교육체계가 정비되면서 고종은 폐위이전 근대적 산업기술과 관련된 인재양성을 목표로 조선인들의 산업기술교육에 대한 열망을 반영하여 1907년에 '관립공업전습소'[그림10]를 운영하고자 했다. 공업전습소의 교육체제에 대한 2010년까지의 선행연구를 보면 『조선총독부공업전습소일람』(1915)을 참조하여 그 교육체계를 검토하고 연구하고 있었는데, 1915년에 발행된 이 문헌은 1910년 한일합방 이후 조선총독부소속으로 재편성된 '조선총독부 공업전습소'에 관한 학교체계에 대해 정리된 것이다. 따라서 1910년의 한일합방 이전 대한제국 시기의 관립공업전습소의 운영은 1897년의 고종의 광무개혁[56]의 연장에서 대한제국의 농상공부에 소속되어 짧게나마 운영되었던 '관립공업전습소'에

56 광무개혁은 1896년부터 고종 및 대한제국 정부의 개명(開明)된 집권층이 주도한 근대적 개혁이다. 1897년 고종이 황제에 등극하고 대한제국을 선포한 후 이 개혁이 집중적으로 진행되었기 때문에 고종황제의 연호인 '광무(光武)'를 따서 '광무개혁(光武改革)'이라고 부른다. (한국민족문화대백과, "갑오개혁" 참조 https://terms.naver.com/entry.naver?docId=524224&cid=46623&categoryId=46623/, (검색일: 2021년 12월 24일))

대해 고찰해야 하며, 2010년까지 공업전습소에 대한 선행연구에서 주로 참조되었던 『조선총독부공업전습소일람』(1915)이 아닌 1909년에 발행된 『관립공업전습소일람』을 참조하여 그 위상을 검토해야 한다. 『관립공업전습소일람』(1909)을 보면 '조선총독부공업전습소'와 달리 조선인이 주체가 되어 운영하고자 했으며 근대적 과학기술과 산업교육을 통해 부국강병하여 나라를 일으키고자 하는 애국계몽의 교육이념이 내세워져 있다. 따라서 1909년 9월 7일에 조선인 학생들에 의해 결성된 '관립공업전습소'의 공업연구회와 이들의 애국계몽의 이념과 부국강병의 열망을 담은 회보인 『공업계』(1909~1910) 역시 조선총독부 공업전습소의 문맥에서 해석하기 보다는 1910년 8월의 한일합방 이전인 대한제국의 '관립공업전습소'의 운영체계를 배경으로 활동한 조선인 활동의 소산이라고 보아야 마땅하다. 이를 반영하듯 『공업계』는 1909년 1월에 1권 1호가 창간호[그림11]로 하여 1910년 8월의 한일합방 이전인 1910년 4월까지 발간된 기록과 문헌이 남아 있다. 1909년 1월에 발간된 창간호의 공업연구회의 취지문[그림12]을 통해서도 확인할 수 있다. 다음은 현대 한국어로 번역한 공업연구회의 취지문이다.

> 하늘이 모든 백성을 살게 하시니 물건이 있으면 반드시 법칙이 있는지라 가공 전의 물건에 인공적인 조작을 가하는 것을 공업이라고 언급하니 경제학에서 구식 공업은 토지산업에 물건을 제조하여 인류가 욕망하는 유용성을 번성하게 하는 것이라 하였다 우리의 경제상의 공업은 곧 실업이며, 실업이 없으면 인류가 없는 것과 같고 인류가 없으면 국가가 없는 것이니 무릇 우리나라의 국민은 실업을 버리고 어찌 생활의 욕망을 얻을 수 있을까. 아! 우리 한민족 동포여, 생각해보십시오, 우리네가 공업이 있는가 없는가, 면을 직물로 짜며 천에 염색을 하고, 금속을 잘 단련하여 가공하고, 도기를 만들며 가옥을 짓으니 그것이 공업이 아니라 할 수 있겠습니까. 따라서 지금 우리에게 일용물품이

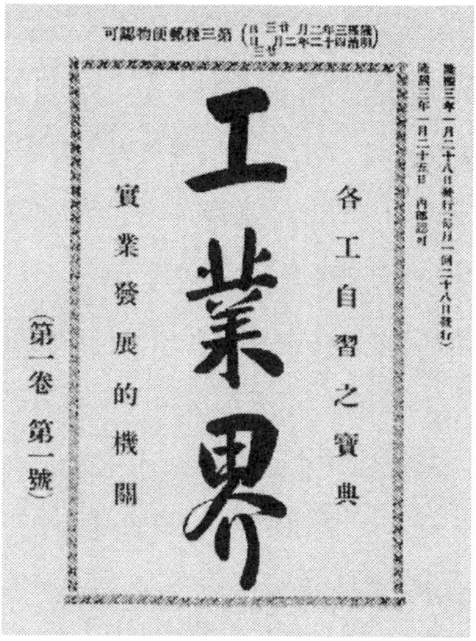

[그림 11] 『공업계』 창간호 제1권 제1호 표지, 1909년. 출처: 한국잡지백년1.

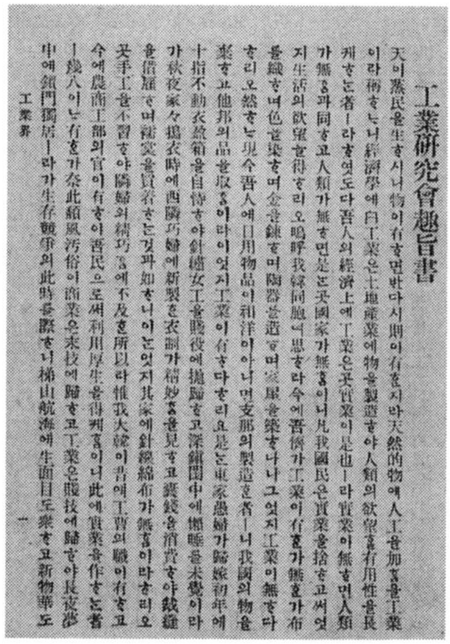

工業研究會趣旨書

天이蒸民을生ᄒ시나物이有ᄒ면반다시則이有ᄒ지라天然的物에人工을加ᄒᆷ을工業이라稱ᄒᄂ니經濟學에曰工業은土地産業에物을製造ᄒ야人類의欲望ᄒᆯ有用性을長케ᄒᄂᆫ者ㅣ라ᄒ엿도다吾人의經濟上에工業은곳實業이是也ㅣ라實業이無ᄒ면人類가無ᄒᆷ과同ᄒ고人類가無ᄒ면是ᄂᆫ곳國家가無ᄒᆷ이니凡我國民은實業을捨ᄒ고써엇지生活의欲望을得ᄒ리오嗚呼我韓同胞여思ᄒ라今에吾儕가工業이有ᄒᆫ가無ᄒᆫ가布를織ᄒ며色을染ᄒ며金을鍊ᄒ며陶器를造ᄒ며家屋을築ᄒ나니그엇지工業이無ᄒ다ᄒ리오然ᄒ나現今吾人에日用物品이和洋이아니면支那의製造ᄒᆫ者ㅣ니我國의物을棄ᄒ고他邦의品을取ᄒᆷ이라이엇지工業이有ᄒ다ᄒ리오是ᄂᆫ東家愚婦가歸嫁初年에十指不動衣紋箱을自恃ᄒ야針線女工을賤役에擲歸ᄒ고深鎖閨中에懶睡를未覺이라가秋夜家々搗衣時에西隣巧婦에新製ᄒᆫ衣制가精妙ᄒᆷ을見ᄒ고囊錢을消費ᄒ야裁縫을借雇ᄒ며衣裳을買着ᄒᄂᆫ것과如ᄒ니이ᄂᆫ엇지其家에針線綿布가無ᄒᆷ이라ᄒ리오곳手工을不習ᄒ야隣婦의精巧ᄒᆷ에不及ᄒᆫ所以라惟我大韓이昔에工曹의職이有ᄒ고今에農商工部의官이有ᄒ야吾民으로써利用厚生을得케ᄒᆷ이니此에實業을作ᄒᄂᆫ者ㅣ幾人이나有ᄒᆫ가奈此頹風汚俗이商業은末技에歸ᄒ고工業은賤技에歸ᄒ야長夜夢中에鎖門獨居ㅣ라가生存競爭의此時를際ᄒ니梯山航海에生面目도衆ᄒ고新物華도

工業界 一

[그림 12] 『공업계』 제1권 제1호, 공업연구회취지문, 1909년. (필자 촬영)

일본이나 서양 아니면 중국이 제조한 것이 우리나라의 물건을 버리고 다른 나라의 물건을 가지고 사용하고 있으니 우리에게 공업이 있다고 할 수 있겠습니까. (현대 한국어 번역: 서희정)[57]

따라서 공업연구회의 취지문을 보면 "부국민강(富國民强)이뤄 독립권(獨立權)을 회복하려는"[58] 취지하에 창립되었음을 알 수 있으며 공학을 연구, 토론하고 강연하면서 정보를 교류하는 것뿐만 아니라 공업전습소에 재학하고 있지 않은 조선인들에게도 공업지식을 습득하고 알리고자 하였다. 공업연구회의 초대회장으로는 박찬익(朴贊翊, 1884~1949, 염직과 3회)이 선출되었으며 참여회원으로는 약 100여명의 재학생들이 동참하였다.[59]

57 工業硏究會, 『工業界』第1卷 第1号, 工業月報社, 1909年, 1쪽.

58 앞의 책, 2쪽.

59 공업연구회 회원명단은 다음과 같다. 박찬익(朴贊翊) 정해설(鄭海卨) 박승진(朴勝珍) 이용훈(李容薰) 김연필(金演弼) 김성준(金性準) 최익진(崔翼進) 고희철(高羲喆) 서흥용(徐興龍) 박필

기초의원으로는 이용춘, 고희철, 박승익 최익진 등 금공과, 토목과, 도기과, 응용화학과, 염직과에 재학하고 있는 2, 3기 재학생들이 주축이 되었다. 공업연구회는 매달 2번 연구발표를 하기로 하고 한달에 1회 회보인 『공업계』를 발간하면서 공업입국(工業立國)의 기치를 내걸고 활발한 연구발표와 대중계몽을 위한 강연회를 하며 애국계몽운동에 앞장섰다. 사장 겸 편집인은 신규식(申圭植, 1875~1922)으로 후일 독립운동가로 크게 활동하였으며, 초대회장이었던 박찬익 역시 1910년 경술국치 이후 '관립공업전습소'가 조선총독부 산하기관으로 재편성되며 '조선총독부공업전습소'가 되면서 공업전습소를 그만두고 중국으로 망명하여 상해임시정부에서 독립운동가로 활약했다. 대한제국의 국권회복의 포부를 두고 공업연구회를 이끌던 신규식과 박찬익이 한일합방 이후 식민지경영의 일익하는

하(朴弼夏) 심상대(沈相大) 석송환(石松煥) 성홍석(成洪錫) 박승익(朴勝益) 박영진(朴永鎭) 윤영규(尹永圭) 임항재(任恒宰) 배상언(裵相彦) 이종태(李宗泰) 이종선(李鍾璇) 장익현(張翼鉉) 최주현(崔周鉉) 남증희(南曾熙) 윤정섭(尹正燮) 이기호(李基浩) 이기덕(李基德) 장명중(張命中) 김원식(金遠植) 손형순(孫亨淳) 박상순(朴相純) 강택선(姜澤善) 이종승(李種升) 이범규(李範圭) 최천필(崔天弼) 선영익(宣永益) 홍상의(洪相義) 김경운(金京雲) 남정만(南廷萬) 이창림(李昌林) 김학수(金鶴秀) 남기홍(南基洪) 정치섭(鄭致燮) 양희벽(楊喜벽) 유상열(劉商烈) 홍종우(洪鍾禹) 장서규(張瑞圭) 이원목(李元穆) 박한신(朴漢信) 홍세환(洪世煥) 김정희(金正熙) 최지순(崔芝淳) 박명하(朴明夏) 김항중(金恒中) 김원진(金元鎭) 조병태(趙炳泰) 한국진(韓國鎭) 김영시(金永始) 이응렬(李應烈) 박정준(朴廷駿) 정한진(鄭漢鎭) 김영식(金永植) 전상준(全相俊) 박은양(朴殷陽) 심일표(沈一杓) 윤을병(尹乙炳) 지봉수(池鳳洙) 한석우(韓錫愚) 김인섭(金仁燮) 유진두(兪鎭斗) 안병욱(安炳郁) 박윤병(朴潤秉) 이용위(李容瑋) 권태황(權泰璜) 유한흥(劉漢興) 오석문(吳錫文) 한태익(韓泰益) 정지연(鄭志衍) 구영필(具榮佖) 문재명(文在明) 이광열(李光烈) 이남구(李南九) 한익동(韓翊東) 박세진(朴世鎭) 이종한(李種漢) 장민현(張珉鉉) 성윤호(成潤鎬) 이주호(李住鎬) 김재룡(金在瓏) 이돈구(李敦求) 전흥문(全興文) 김의증(金義增) 김사설(金思說) 심기섭(沈箕燮) 권응민(權應珉) 이창훈(李昌勳) 염정섭(廉정燮) 김천경(金天經) 이찬영(李燦英) 허병두(許丙斗) 김문회(金文會) 김재현(金載顯) 박태순(朴泰淳) 원보겸(元普謙) 이태희(李泰熙) 임공완(任公完) 최진찬(崔鎭瓚) 신현좌(申鉉佐) 오학흥(吳學興) 황태성(黃台性) 이용기(李龍基) 박용섭(朴龍燮) 안종만(安鍾萬) 송요돈(宋堯暾) 임훈재(任勳宰) 심항섭(沈亢燮) 서우석(徐禹錫) 김기홍(金基鴻) ([네이버 지식백과] 우리 최초의 공업기술지 공업계 – 1909. 1 (한국잡지백년1, 2004. 5. 15., 최덕교) 참조)

https://terms.naver.com/entry.naver?docId=2170133&cid=42192&categoryId=51064 (검색일, 2023년 6월 21일)

방향으로 바뀐 '조선총독부공업전습소'에서의 학업을 그만두고 본격적으로 독립운동단체에 가담하여 대한제국의 국권회복과 독립운동에 생애를 바쳤다는 사실을 보더라도 '관립공업전습소'와 공업연구회의 설립취지가 '조선총독부공업전습소'와는 그 방향이 명료히 달랐다는 것을 확인할 수 있다. 신규식과 박찬익을 중심으로 발행된 『공업계』는 조선땅에 근대적 공업사상과 산업기술을 전파하고자 하는 대한제국의 국권회복의 포부가 깔려있었던 것이다.[60] 공업입국의 기치를 걸고 대중계몽을 하고자 한 공업전습소의 취지를 반영하듯 『공업계』는 국한문 혼용체로 쓰여 있는데, 이 또한 근대적 공업사상과 산업기술의 대중화를 위해 일반인 독자가 읽을 수 있도록 배려하여 집필한 것이라고 논해지기도 하였다.[61]

앞서 본 연구에서 지적하여 언급하였듯이 지금까지 『공업계』에 대해 언급한 선행연구에서는 "당초의 의욕과 달리 3호를 끝으로 폐간되긴 하였으나"[62]라든가 "당초의 계획은 매월 2차례 걸쳐 연구논문을 발표하고 월 1회 회보를 발간하기로 하였으나 발행은 3회에 그치고 말았다. 3호에 걸쳐 발행된 『공업계』는 당시의 공업교육의 내용 및 수준을 알려주는 사료로서 의미가 크다"[63]라고 하여 3권의 발행으로 그친 것으로 논해져 왔으나 실제 국내의 도서관에는 『공업계』는 1909년부터 1910년에 걸쳐 총 5권이 소장되어 남겨져 있다. 매달 1권씩 회보가 발행되었을 것으로 추정되며 1909년 1월 28일부터 1910년 4월 28일까지 발행되었다고 하더라도 총 16권에 달할 수도 있을 것이다. 독립기념관의 『독립운동자열전』에 게재된 「신규식의 생애와 독립운동」에서 보면 『공업계』는 1910년 일제의 보안법 공포로 인해 발행이 금지되어 폐간되었다고 기록되어 있다.[64] 다음 장에서

60 한국잡지백년1, "우리 최초의 공업기술지 공업계" 참조 (검색일, 2023년 6월 21일) https://terms.naver.com/entry.naver?docId=2170133&cid=42192&categoryId=51064

61 최공호, 앞의 논문, 181쪽.

62 위의 논문. 182쪽.

63 박소영, 앞의 논문, 175쪽.

는 소실되지 않고 남아 있는 5권의 『공업계』를 검토하여 각 권별의 내용과 특징에 대해 정리한 후, 대한제국 시기에 공업연구회에서 주목한 근대적 산업디자인의 시원으로 주목할 수 있는 특징이 무엇인지 도출해 보고자 한다.

2. 『공업계』에서 보이는 산업디자인 개념의 시원

1909년부터 1910년 발행된 『공업계』 중 국내소장으로 현존하고 있는 책은 총 5권으로 제1권 제1호, 제1권 제2호, 제1권 제4호, 제1권 제5호, 제2권 제7호이다. 제1권 제1호, 2호, 4호, 5호는 1909년 1월, 2월, 5월, 6월에 간행되었으며 제2호 제7호는 1910년 4월에 간행되었다. 각 권별로는 염직과, 금공과, 도기과, 목공과, 응용화학과, 토목과, 물리학, 화학에 관한 강연 내용이 수록되어 있다. 본 장에서 근대적 산업기술에 관심을 가지며 서구의 기초과학지식을 기반으로 하여 일상생활의 개량에 관심을 두고자 했던 관립공업전습소의 조선인 학생들의 관심 중, 특히 의생활과 주생활의 근대적 개량과 연관된 산업디자인의 개념적 시원을 살펴보고자 한다.

의생활과 관련된 개념으로는 서구로부터 들어온 염색안료의 성질을 탐구하고 이를 과학적으로 직물에 염색하는 방법을 살피며, 근대적 색채이론에 기반하여 어떻게 색채를 혼합하여 직물에 염색할 것인가 등의 내용을 다루고 있다. 이것은 당시 옷감을 생산하고 색과 무늬를 염색하여 대량생산 및 판매하고자 하는 근대적 섬유산업이 시작되고 있던 시대상을 반영하고 있다고 본다. 주생활에 관련된 개념으로는 목재의 가공과 건축의 과학적 건축설계의 개념을 탐구하고 있어 근대적 주생활 개량을 추진하고자 하는 당시 지식인들의 열망을 파악할 수 있다. 이어서 당시 섬유

---

64 search.i815.or.kr/publication/yeoljeon/detail.do?id=9-SS001-000(검색일: 2024년 8월 30일)

산업의 시작을 배경으로 탐구된 산업디자인으로서의 색채과학에 대한 개념과 주생활의 근대적 개량을 목적으로 한 목재의 과학적 가공과 건축설계 개념이 어떻게 표명되었는지 『공업계』에 발표된 조선인 학생들의 글을 통해 구체적으로 살피며 분석해 보도록 하겠다.

1) 색채 안료의 수입과 근대적 색채 이론의 인식

『공업계』를 보면 서구에서 개발되어 국내에 들어온 염색약의 기술적 장점을 언급하며 색의 조형 원리에 근거하여 어떻게 색을 사용해야 하는지 탐구하고 있다. 산업디자인에서 색채 이론이라 하는 것은 산업적으로 색을 어떻게 사용해야 하는 가를 탐구하는 것인데 『공업계』를 보면 산소와 일광의 노출에서도 옷감에 염색한 색이 퇴색되지 않는 안료의 성질을 탐구하고, 이를 사용하여 직물에 무늬를 그리고 염색할 수 있을까에 대해 탐구하고 있는 것을 알 수 있다. 이는 당시 과학기술을 기반으로 개량된 섬유를 공장에서 대량생산하고 직물에 다양한 무늬의 디자인을 염색하여 판매하는 섬유산업이 부상하고 있던 시대적 배경을 보여준다.[65] 따라서 섬유산업이라는 근대적 산업을 기반으로 과학적인 색채 안료의 생산과 사용을 이론화하여 탐구했다는 점은 산업디자인을 위한 색채이론을 탐구하

---

65 개항기인 1900년에 내부대신과 농상공부대신을 지낸 관료이고 대한제국 인공양잠합자회사 인공양잠전습소장(大韓帝國人工養蠶合資會社人工養蠶傳習所長)였던 민병석(閔丙奭)은 한성남서예동직조단포주식회사(漢城南署藝洞織造緞布株式會社) 사장이면서 종로직조사를 건설했다. 종로직조사는 초기 생산량은 직기 1대당 70여척(尺)이었다고 한다. 1902년 사기제조소·김덕창직조공장 등이 생겼으며, 관영공장으로는 1903년 한성전기, 1905년 인쇄국, 1907년 기와·토관공장이 설립되었다. 이와 같이 대한제국시기, 근대공업을 이식하기 위한 노력이 진행되었고 특히 염색과 직조에 관한 근대적 기술보급에 힘을 쓰며 가내수공업으로 진행되었던 것을 섬유산업으로 산업화하고자 했다. 그리하여 1902년에 궁내부 내장사 직조서에 모범양잠소가 설치되어 근대적 양잠기술을 가르쳤고, 각 도에 공업전습소를 설립하여 염색과 직조 등에 관한 기술보급에 힘써 공업화를 지원하였다. 한국민족문화대백과사전, "공업" 참조, (검색일, 2023년 9월 7일) https://encykorea.aks.ac.kr/Article/E0004387#section-7 및 한국민족문화대백과사전, "종로직조사" 참조, (검색일, 2023년 9월 7일) https://encykorea.aks.ac.kr/Article/E0052921

기 시작한 한 예로 볼 수 있을 것이다. 본 연구에서는 구체적으로 국내에 소장된 5권의 『공업계』 책에 발표된 조선인들의 색채 안료 및 근대적 색채이론에 대한 글을 다음과 같이 살피고자 한다.

먼저 『공업계』의 제1권 제1호(1909년, 1월)에 게재된 윤정섭(尹正燮)의 「염직의 개론(染織의 槪論)」[66] 내용을 보면 일상에서 의식주의 근대화에 대해 주목하며 기존에 행하고 있는 풀, 뿌리, 나무로 염색하는 전통적인 방식에 대해 비과학적인 염색이라고 지적하였다. 동시에 외국으로부터 수입한 염색과 그 과학적인 원리에 대해 언급하고, 외국으로부터 개발된 염색 약품으로 염색한 섬유의 경우 태양광선에서 색이 쉽게 바래지 않고 세탁에도 견고하다는 장점이 있다고 소개하였다. 이를 통해 대한제국기 관립 공업전습소의 조선인학생들이 의생활과 관련된 섬유 재료의 근대적 산업 생산과 서구의 과학기술을 기반으로 개발된 염색 원료에 주목하기 시작했음을 알 수 있다.

특히 같은 책에 글을 게재한 박찬익(朴贊翼)은 「색채의 이치와 염료의 혼합법(色彩의 理와 染料의 混合法)」[67]에서 전통적으로 파랑, 노랑, 빨강, 흰색, 흑색이라는 5개의 원색을 다루는데 있어서 색채의 과학적인 원리에 대한 연구가 부족하다고 지적하며 원색과 제2차 색의 구별을 도식화[그림 13]하여 도판을 제시했다. 전통 색채이론인 오방색은 음양오행 사상을 바탕으로 다섯 방향의 오방정색(五方正色)을 기본으로 삼고 기본색 사이의 다섯 간색(間色)을 두어 이와 연결된 사물의 성질, 우주와 인간의 질서를 상징하는 철학적 고찰이 주로 되어 왔다. 이러한 전통색의 이론에 대비하여 박찬익이 주목하여 제시한 색의 혼합에 대한 서구의 과학적 원리에 대한 도식을 보면 삼원색과 각 원색 중 2개씩을 서로 혼합하여 만들 수 있는

66 尹正燮, 「染織의 槪論」, 『工業界』 第1卷 第1号, 工業月報社, 1909年, 9-10쪽.

67 朴贊翼, 「色彩의 理와 染料의 混合法」, 위의 책, 13-15쪽.

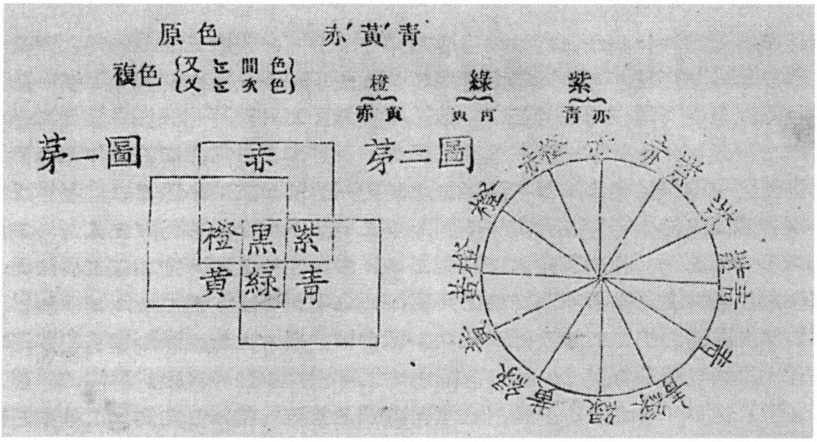

[그림 13] 『공업계』 제1권 제1호(1909)의 「色彩의 理와 染色의 混合法」, 15쪽.

제2차 색을 보여주고 있다. 박찬익은 파랑(靑)과 빨강(赤)을 혼합하면 보라색(紫), 빨강(赤)과 노랑(黃)을 혼합하면 주황(橙), 파랑(靑)과 노랑(黃)을 혼합하면 초록(綠)을 만들 수 있음을 보여주며, 초록과 주황을 함께 혼합하면 어두운 검은색을 만들지만 그 분량의 가감에 따라서 회색이나 갈색 외에 감색이나 검은빛이 도는 철색 등 수천 수백가지의 무한한 색을 만들어 염색할 수 있고, 이는 실습을 통해서 확인할 수 있는 것이라고 설명하였다. 따라서 박찬익은 다양한 색을 천에 염색할 경우 큰돈을 들여 여러 염료를 준비할 필요가 없으며, 빨강, 노랑, 파랑이라는 삼원색만을 사용하더라도 색의 혼합에 대한 과학적인 지식을 잘 활용하면 자신이 원하는 여러 종류의 색을 만들어 각종 모양으로 염색하여 그림을 그릴 수 있다는 사실을 강조하였고, 이는 경제적 생산성과 산업화를 염두에 두고 언급한 것으로 보인다. 이와 같이 박찬익을 통해서도 근대적인 색의 조형 원리에 따라 적은 재료로 다양한 색을 만들어 디자인하고 염색해 보고자 하는 경제성에 기반을 둔 산업디자인의 개념적 시작을 엿볼 수 있다.

계속하여 『공업계』의 제1권 제4호(1909년, 5월)에 게재된 홍종우의 「안료(일명 그림물감)」[68]를 보면 서구로부터 들어온 근대적 안료는 염색 후 물이나 기름에 쉽게 용해되지 않아 견고하고 피복력이 좋으며 공기나 일광에 색이 변하지 않는 장점이 있다고 언급했다. 그리고 빨간색을 만들어 내는 안료[69]와 파란색을 만들어 내는 안료[70]를 각각 소개하면서 그 화학적 성분과 제조법, 그리고 안료의 특징에 대해 설명했으며 모두 일광과 공기에 변색되지 않고 견고한 피막을 만드는 장점이 있다는 점을 강조했다.

> 안료는 광물질 혹은 유기물이니 다른 물체에 색채를 부여하는 것이라. 도화 혹은 인쇄용에 사용되며 기름과 혼합한 서양식 페인트칠은 장식용이나 부패를 막는 목적으로 목재 및 철재에 칠하나니 고로 안료는 물 혹은 기름에 용해되지 않고 이에 혼합하기 쉬우며 퇴색 또는 변색되지 않고 독성이 없어야 하며 피복력이 풍부한 것이 아니면 안된다.[71]

『공업계』의 제2권 제7호(1910년, 2월)에는 문재명에 의해 「안료(속편)」[72]이라는 제목으로 앞서 발표된 홍종우의 「안료(일명 그림물감)」에 이어 초록색, 갈색, 검은색을 만들어 내는 안료에 대해서 발표되었다. 문재명이 발표한 「안료(속편)」 역시 각각의 안료를 소개하면서 그 화학적 성분과 제조법, 그리고 안료의 특징에 대해 설명했다. 문재명은 홍종우와 마찬가지로 인조 안료에 의해 만들어진 초록색, 갈색, 검은색은 염색 후 모두 일

---

68 洪鍾禹, 「顔料(一名繪具)」, 『工業界』 第1卷 第4号, 工業月報社, 1909年, 20-22쪽.

69 빨간색 안료로 3가지를 제안하고 있는데, 은주(銀朱, 수은으로 된 짙은 붉은색 광물질 안료), 연단(鉛丹, 은주 다음으로 많이 사용되는 안료로 납3원자와 산소 4원자가 화합된 것이다), 홍각(紅殼, 건축재의 도료로 쓰이는 붉은 안료)을 소개하고 있다.

70 파란색 안료로는 감청(紺靑)을 소개했다.

71 "顔料ᄂᆞᆫ鑛物質又ᄂᆞᆫ有機物이니他物體에色彩ᄅᆞᆯ附與하ᄂᆞᆫ者라圖畫又ᄂᆞᆫ印刷用에供하며油와混合ᄒᆞᆫ卽洋漆ᄋᆞᆫ裝飾用又ᄂᆞᆫ防腐用으로木材及鐵材에塗하나니故로顔料ᄂᆞᆫ水及油에不溶解하고此에混合하기易하며褪色又變色지아니고毒性이無하며被覆力이富ᄒᆞᆫ者 – 아니면 不可하니라." (洪鍾禹, 앞 책, p.20.)

72 文在明, 「顔料(續)」, 『工業界』 第2卷 第7号, 工業月報社, 1910年, 29-31쪽.

광과 공기에 변색되지 않고 견고한 피막을 만드는 장점이 있다고 강조하였다.

마지막으로 『공업계』의 제2권 제7호(1910년, 2월)에 실린 성경운의 「인조 색소의 예(열쇠, 침전 안료)」[73]를 살펴보고자 한다. 성경운은 산업적으로 생산해 내어 시장에서 판매하고 있는 인조 색소가 매우 많다고 논하며, 그 중 4가지를 예로 들어 그 성질과 각 색소를 통해 섬유에 염색할 수 있는 색깔에 대해 언급했다. 성운경이 크게 예로 든 4가지 예는 직접목면색소(直接木綿色素), 염기성색소(鹽基性色素), 산성색소(酸性色素), 매염색소(媒染色素)이다. 성운경에 따르면 직접목면색소는 매연제를 필요로 하지 않고 직접 면섬유에 염색할 수 있는 것을 말하며, 빨간색, 비색(緋色), 노란색, 보라색, 파란색, 갈색, 검은색을 염색할 수 있는 인조색소이다. 계속하여 그는 염기성색소로는 짙은 빨간색, 빨간색, 파란색, 보라색, 주황색, 노란색, 초록색을 염색할 수 있으며, 산성색소로는 양모와 견을 염색할 수 있고 노란색이 감도는 주황색(帶黃橙色), 파란색이 감도는 주황색(帶靑橙色), 푸른색이 감도는 빨간색(帶靑赤色)으로 물들일 수 있다고 했다. 그리고 염기성색소에 속하는 것을 산(酸)으로 처리하여 양모와 견을 푸른빛이 감도는 빨간색(帶靑赤色), 푸른빛이 감도는 초록색(帶靑綠色), 파란색, 보라색으로 염색할 수 있다고 하였다. 또한 매염색소는 그 자체로는 색을 만들어 내지 못하지만 크롬이나 알루미늄과 화합시키면 빨간, 파란, 보라색 등으로 염색할 수 있다고 제시했다.

이와 같이 『공업계』에서는 서구로부터 수입되어 들어온 인조 안료의 화학성분을 과학적으로 탐구하면서 면, 견, 양모 등의 섬유의 특징에 맞게 적절한 인조 안료를 선택하여 염색할 것을 권고하고 있다. 또한 이렇게 염색된 섬유는 일광과 산소에 변색되지 않는다는 장점이 있음을 알리고

73 成景運, 「人造色素의 례-키(沈澱 顔料)」, 위의 책, pp.26-38.

있다. 인조 안료로 염색한 것은 전통적인 천연 안료보다 색채도 유려하며, 삼원색의 과학을 기반으로 3가지 원색만을 사용하여도 이를 혼합하여 2, 3차색을 생산해 낼 수 있다는 점을 알리고 있어, 대한제국 시기 산업디자인으로서의 근대적 색채과학의 개념이 시작된 것을 알 수 있다.

2) 목재의 과학적 가공법과 건축설계 개념

『공업계』에 발표된 관립공업전습소의 조선인 학생들의 글을 보면, 목재가공과 과학적인 건축설계의 개념에 대해 탐구하며, 주생활에 대한 근대적 개량을 통해 나라를 발전시키고자 하는 열망을 보여주고 있다. 『공업계』의 제1권 제1호에 게재된 김원식(金遠植)의 「목공개론(木工概論)」[74]을 보면 목공은 나무라는 천연재료에 기계력을 이용하여 주택, 일상용품, 차량을 만들어 생활에 공급하는 것으로 그 재료와 성질의 장단점을 과학적으로 파악하여 만들고 보급해야 한다고 언급한다. 그리고 이러한 기술이라는 것은 나라의 부의 원천으로 기술이 결핍하면 나라가 가난하고 기술이 흥하면 나라가 부흥하게 된다고 강조했다. 지금까지 대한제국은 목공의 과학적인 이론연구에 어두웠다고 지적하며 지금이라도 목공의 과학적 이론연구를 전진해야 한다고 제안했다.[75]

같은 맥락으로 『공업계』의 제1권 제2호를 보면 이종승(李種升)과 안병욱(安炳郁)에 의해서 주생활 개량과 관련한 과학적 건축설계에 대해 탐구한 글이 발표되었다. 먼저 이종승의 「건축의 범론 및 실례」[76]를 보면 근대적 가옥건축의 설계를 위해서는 집을 건축하게 되는 땅의 지질과 지형에 대해 과학적으로 검사를 실행해야 하고 이에 맞게 건축설계를 해야 한다

---

74 金遠植, 「木工概論」, 『工業界』 第1卷 第1号, 41-42쪽.

75 "大抵工은國의富源이라工이乏하면國이貧하고工이興하면國이富하나니今에吾人生活上多大한金錢의費用되는木工製品을改良치못하고他人에게讓與하면自己에實力을他人에게 與함과何異하리오勉哉이다同胞여" (金遠植, 위의 책, 42쪽.)

76 李種升, 「建築의汎論及實例」, 『工業界』 第1卷 第2号, 19-21쪽.

고 제안했다. 땅의 성질을 검사하기 위한 가장 간단한 방법으로 건축할 땅 근방에 몇 개의 굴을 파고 땅의 지층에 따라 그 성질이 어떤지 조사해야 한다고 설명했다. 그리고 가옥을 지을 지형을 파악한 후 지형에 따라 건물을 세울 땅의 지반을 평평하게 고르면서 단단하게 한 후 땅의 수평을 정하고 건물의 위치를 정확히 정해야 하는 것은 가옥을 짓는데 매우 중요한 첫 작업이라고 강조했다. 이를 대충하면 가옥은 외적인 아름다움만을 단장하게 되는 것이 되고 건물은 불안정하여 뒤집어 무너질 수 있다고 하였다. 그리하여 건축설계를 하는 제1의 작업으로 가옥의 건물을 지을 땅을 고르는 작업에 대해서 다음의 6가지 지균(地均), 승장(繩張), 수성(水盛), 유형(遺形), 근절(根切), 산류(山留)로 설명하고 있는데 그 한자 용어는 일본어에서 들어온 것으로 보인다. 이것은 근대기 서구식 과학이론이 서양에서 직접 국내에 소개되기 보다 일본어로 번역된 서양의 도서가 일본을 거쳐 국내에 소개되고 있었던 상황을 보여주는 것이다. 지균은 지나라시(地均, じならし)라 하여 가옥이 들어설 땅의 성질을 검사한 후 땅에 있는 울퉁불퉁한 장애물을 제거하여 평평하게 땅을 고르는 것을 말한다. 승장은 나와바리(繩張, なわばり)라고 하여 건물을 지을 건축예정지에 줄을 둘러 건물의 위치를 정하는 것이다. 수성은 미주모리(水盛, みずもり)라 하여 수준기(水準器)를 이용하여 건축의 기준이 되는 수평을 정하는 것이다. 유형은 유이교(遺形, ゆいぎょう)라 하여 수평선을 기준으로 높고 낮음과 직각을 주의하여 검사하는 것이며, 근절은 네기리(根切, ねぎり)라 하여 건물을 지을 기둥과 벽 밑을 길게 파는 것을 말한다. 산류는 야마도메(山留, やまどめ)라 하여 깊게 근절 혹은 네기리를 팔 때 토질이 부드러워 누각이 붕괴될 우려가 있어 보일 경우, 판자로 구조를 더하는 것이다. 이와 같이 이종승은 가옥개량에 대한 필요성을 언급하며 위와 같이 가옥건축과 관련된 기초적이면서 과학적인 지반작업과 그 개념에 대해 설명하였다.

주생활 개량과 관련하여 이종승이 건축할 땅의 성질과 지반작업에 대한 과학적인 기술을 설명했다면, 안병욱은「건축에 대한 역학 응용의 필요」[77]에서 목재를 세워 지을 때 목재에 가해지는 힘의 작용에 대해 논했다. 지금까지의 대한제국의 건축제도를 보면 이러한 역학(力學)을 응용하여 건물을 지은 예가 없음을 지적하며 건축설계자는 목재에 가해지는 힘의 작용에 대해 알고 이를 합리적으로 산출해야 안전하고 튼튼한 가옥을 지을 수 있다고 강조하였다. 목재를 쌓아 올려 가옥을 지을 때 목재의 유연성과 절단면의 크기 등에 따라 외력을 얼마만큼 받아 버틸 수 있는지, 그리고 외력에 따른 변형이 어떻게 발생할 수 있는지 합리적으로 계산해야 한다고 강조했다. 그리하여 안병욱은 건축설계자는 가옥을 설계하고 건축하는데 위생, 편리, 튼튼함, 안전, 에너지의 절약이라는 5가지의 요소를 모두 고려하는 동시에 목재와 목재를 쌓는 과정에서 발생하는 무게압력과 이를 지지할 수 있는 목재의 성질에 대해 파악하고 역학 이론에 따라 합리적으로 계산하여 가옥을 설계하는데 관심을 두고 행해야 근대적 기술을 기반으로 주생활이 개량되고 나라가 발전하게 되는 것이라 논했다.

『공업계』에서는 가옥건축을 위해 사용하는 목재의 과학적 가공에 대한 글들이 계속하여 발표되었다. 그중『공업계』제1권 4호에 발표된 손형순(孫亨淳)의「목재건조법」[78]과「목재건조법의 천연과 인공의 구별」[79], 제2권 7호에 발표된 유상렬(劉商烈)의「목재도료의 목적 및 시행법」[80]이 주목할 만하다. 손형순과 유상렬은 모두 나무로 만든 가구나 건축 재료로 쓰인 목재가 공기와 습기의 접촉으로 인하여 나무의 형태가 변형되거나 그 위에 바른 색채가 퇴색하게 되는 것을 과학적으로 방지하면서 기물이나 가옥의 형태를 제작해야 함을 다음과 같이 강조하고 있다.

---

77 安炳郁,「建築에對한力學應用의必要」, 위의 책, 22-23쪽.

78 孫亨淳,「木材乾燥法의必要」,『工業界』第1卷 第4号, 15-19쪽.

79 孫亨淳,「木材乾燥法에天然과人工의區別」, 위의 책, 16-20쪽.

80 劉商烈,「木材塗料의 目的及施法」,『工業界』第2卷 第7号, 35-36쪽.

> 천연재료는 공기 중에서 사용하면 변화하는 성질을 가지고 있다. 이에 인공적으로 기물을 제조할 때 변화될 성질을 예측하여 미리 방지하지 못하면 능숙한 기교와 재주로 기물을 제작했다고 할지라도 결코 정밀한 제작물을 얻지 못할지니[81]

먼저 『공업계』 제1권 4호에 발표된 손형순의 「목재건조법」과 「목재건조법의 천연과 인공의 구별」의 내용을 보면 나무에는 기본적으로 수액이라 하여 나무 중량의 1/3 내지 2/5의 물을 품고 있어 나무를 목재로 사용하고자 하려면 나무에 포함된 수분을 건조시킨 후 이를 건축이나 가옥의 재료로 사용해야 그 중량이 가벼워지고 나뭇결이 수축하면서 생기는 변형과 분리를 방지할 수 있음을 지적했다. 따라서 목재로 제작한 가구나 건축재료가 공기에 노출되며 변형될 수 있는 원인을 미리 분별하여 먼저 나무 자체에 포함된 수액을 건조시킬 수 있는 과학적인 건조법을 항상 연구해야 함을 강조했다. 손형순은 목재를 건조하는 방법으로는 천연건조법과 인공건조법이 있으며, 목재의 크기와 종류에 따라서 건조시간이 달라야 하고 이를 과학적으로 계산하여 합리적인 시간만큼 목재를 건조해야 함을 제안하였다. 예를 들어 가구용으로 사용될 목재는 건축용으로 사용될 목재보다 건조해야 하는 시간이 2배나 길며, 강한 목재는 유연한 목재보다 2배의 긴 시간으로 건조해야 한다고 설명했다.

천연건조법은 목재가 풀에서 나오는 습기를 흡수하지 않도록 건조할 장소에 풀을 먼저 제거한 후, 땅에 직경 6, 7촌(寸)의 길이에서부터 1척(尺)[82]이 되는 받침목을 사용하여 6척 간격으로 놓고 그 위에 높고 낮음을 고르게

81 "天然物은空氣中孫에使用할時에大概變化하는性質을有한者니此에人工을加하야器具를製造할時에基變化性質을預先治防치못하면何等上手의巧才를加하야制作할지라도 決코情密한製作品을得하지못할지니" (孫亨淳,「木材乾燥法의必要」, 위의 책, 15쪽.)

82 1척(尺)은 10촌(寸)의 길이와 같으며 30cm정도 길이에 해당한다.

한 후 목재를 올려놓아 자연광으로 건조하는 것이다. 인공건조법으로는 크게 3가지를 제안하고 있는데 먼저 막 자른 나무를 물에 넣어 2주간 두면 나무의 수액이 물로 빠져나오게 되며, 2주 이후 수액이 물로 빠져나온 목재를 건조하는 침수법(浸水法), 두 번째로 큰 가마솥에 넣어서 삶은 후 건조하는 자재법(煑材法)이 있다. 자재법은 큰 가마솥에 넣어 삶은 후 건조하기 때문에 건조가 빠르지만 비용이 많이 발생하고 목재의 탄성이 많이 줄어들어 건축이나 가구를 만드는 목적의 목재의 건조법으로 적당하지 않으며 선박을 만들 때 선박의 바닥에 사용하는 목재의 경우 주로 자재법을 사용하여 건조한다고 설명했다. 마지막으로 큰 공장에서 목재를 산업화하여 가구나 건축을 제조하고자 할 때 일반적으로 사용하는 방법으로 증재법(蒸材法)을 소개하였다. 증재법은 큰 공장에서 건축이나 가구의 생산을 위해 대량으로 목재를 건조할 때 하는 방법으로 증기를 통과시켜 나무의 수액을 밖으로 배출시킨 후 건조할 수 있는 과학적인 설비로 [그림14]와

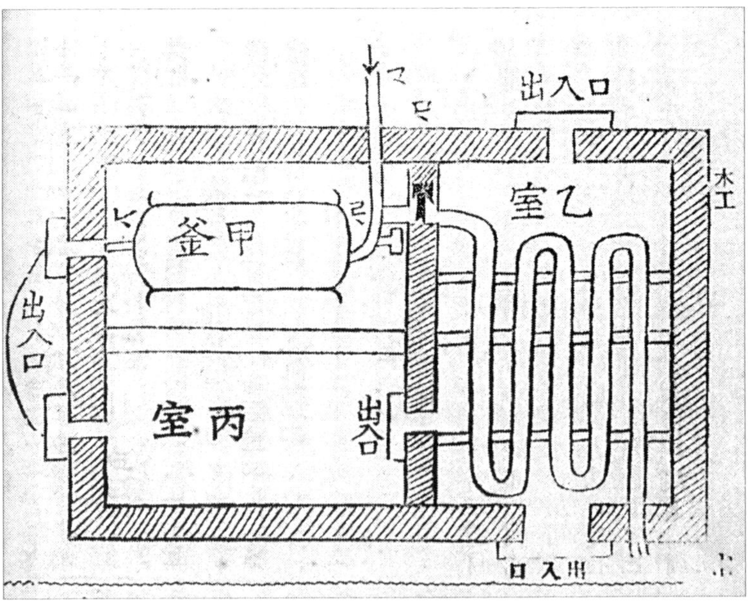

[그림 14]『공업계』 제1권 제4호(1909)의 「人工乾燥法」, 18쪽.

같이 도식을 통해 제시했다.

손형순에 의해 설명된 이 설비는 큰 공장에서 목재를 산업화하여 이용하고자 할 때 사용하는 증재법을 시행하기 위해 만든 목재건조설비이다. 갑부(甲釜)란 가마솥이며, 가마솥에 받침목을 둔 후 그 위에 목재를 쌓고 (ㄹ)의 판자를 잠그고 (ㄷ)의 판자를 열어 (ㄱ)로부터 증기를 천천히 통과시켜 (ㄴ)로 배출하도록 장치를 설치하고 적절한 시간을 계산하여 가마솥의 목재를 꺼내 을실(乙室)로 증기를 통과시켜 수액을 배출시킨 목재를 이동시켜 놓는다. 그리고 (ㄷ)의 판자는 닫고 (ㄹ)의 판자를 열 때는 증기는 도판의 오른쪽에 표시된 여러 개의 구부러진 철로 된 관을 통과하여 (ㅁ)의 출구로 배출된다. 실내의 공기는 물을 포함하고 있으므로 실내의 공기를 흩어지게 하기 위해서는 을실의 천장과 바닥 아래의 적당한 자리에 구멍을 내어 통과시키도록 하니 을실은 건조실이라고도 할 수 있다. 이렇게 건조된 목재는 출입구에서 내실(內室)로 옮겨 쌓아놓아 저장해 놓는데, 내실은 즉 인공건조가 끝난 목재의 창고와 같은 역할을 하는 것으로 보인다.

같은 맥락에서 『공업계』 제2권 7호에 발표된 유상렬의 「목재도료의 목적 및 시행법」을 보도록 하겠다. 유상렬 역시 목재의 표면에 광택을 내는 칠색(漆色)을 최종적으로 목재에 칠해야 기물이 견고하게 완성된다고 언급했다. 옻칠하는 목적은 목재의 외관을 화려하게 하는 것뿐만 아니라 공기와 습기의 접촉으로 변형될 수 있는 목재의 색채를 영구적으로 보존하고자 한 것이며, 이로써 목재로 만든 기물의 표면이 오염되어 손상되더라고 벌레의 피해를 받아 망가지는 일을 방지할 수 있다고 논했다. 또한 초산은(硝酸銀) 2분, 암모니아 3분, 탄산조달(炭酸遭達) 2분, 아리비아고무(護謨) 1분, 증류수(蒸溜水) 5분이라 하여 옻칠에 사용되는 화학적 원료의 분량까지 소개하였다.

이상과 같이 『공업계』에서는 서구로부터 들어온 물리학, 화학 등의 과학지식과 기술을 기반으로 목재를 이용하여 구조물을 만들 때 생기는 힘의 작용을 인식하고 합리적으로 계산을 산출하여 내구성 있게 제작하고자 하는 인식이 시작되었음을 알 수 있었다. 수액을 품은 나무가 공기와 습기에 접촉됨으로써 제작한 목재의 구조물에 변형이 일어나거나 목재에 채색한 색채가 퇴색될 수 있음을 과학적으로 인지하고 이를 개량해보고자 하기도 했다. 특히 손형순이 도식 [그림14]로 제안한 증재법은 큰 공장에 설치하는 목재건조를 위한 설비로 가내수공업으로 소량생산되던 수공예적 목공이 대량으로 제조되고 산업화되어 가던 당시의 상황을 명료히 파악할 수 있게 해준다. 이를 통해 목재로 가구와 건축을 제작하는데 있어 대대손손 전수받은 손기술로 형태를 제작했던 전통적인 장인의 개념에서 벗어나 과학지식과 기술을 기반으로 근대적으로 산업화하여 제작하고자 하는 목공제작자, 건축설계자들의 개념이 시작되었음을 알 수 있게 해준다.

■ 나가며

본 연구에서는 대한제국 말기부터 한일합방 초기까지 관립공업전습소에 입학한 조선인 학생들이 1909년에 결성한 '공업연구회'의 활동에 주목하였다. 지금까지 '조선총독부공업전습소'의 사료를 중심으로 고찰되면서 정리되지 못했던 애국계몽과 국권회복의 열망에서 운영되었던 관립공업전습소와 조선인학생들의 공업연구회의 역사적 사례를 검토함으로서 한국의 근대적 산업디자인의 주체적 시원을 확인할 수 있었다. 이를 통해 주로 일제강점기 황국신민화를 목적으로 진행된 식민지수탈의 역사적 사례를 중심으로 고찰되어 오던 한국의 근대화의 연구에 대한제국의 구국계몽의 정신을 토대로 '근대적 기술력'에 대한 탐구의 시원이 조선인의 주체적인 활동에서 시작되었음을 조망하게 해준다.

공업연구회에서는 월 1회마다 회보로 『공업계』를 간행하였으며 지금까지의 선행연구에서는 3권까지 발간되고 폐간되었다고 알려져 왔으나,

1909년부터 1910년까지 기간 중 국내에 현재 총 5권이 현존하여 소장되어 있음을 확인할 수 있었다. 지금까지의 『공업계』에 대한 국내의 선행연구에서는 모두 공업연구회의 회원명단과 간략한 활동 사항, 그리고 1909년 제1권 1호인 창간호의 필자와 글의 제목만 연구되어 발표된 상태였다. 본 연구는 국내에서는 처음으로 국내에 소장되어 현존하는 5권의 『공업계』에 실린 조선인 학생들의 글을 면밀하게 검토하여 의생활과 주생활의 근대적 개량과 연관된 산업디자인의 개념적 시원으로 볼 수 있는 내용을 구체적으로 분석했다. 후속연구에 도움을 주고자 본 책의 부록 자료로 제1권 제1호, 제1권 제2호, 제1권 제4호, 제1권 제5호, 제2권 제7호에 국한문 혼용어로 집필된 책의 목차와 집필자명을 표로 정리하여 첨부하였으며, 당시에는 한자어로 표기되었던 용어의 경우 각주에 풀이하여 두었다.

『공업계』에서는 가내수공업으로 소량생산되던 전통적인 공예품의 제작이 아닌, 공기, 태양, 물에 대한 내구성이 있는 재료로 가공하여 대량생산하고자 하는 근대적 산업활동에 대해 유념해 두고 있다. 또한 섬유와 목재를 활용한 의복과 기물의 디자인에 있어서 산업과 과학을 함께 고려하기 시작했다는 점에서 한국의 근대적 산업디자인의 시원을 살필 수 있다고 본다. 섬유산업의 시작을 배경으로 과학적 지식을 기반으로 한 인공안료의 사용, 섬유의 염색을 위한 색채과학의 개념은 삼원색의 원리로 수천 수백가지의 색채를 만들어내는 생산의 경제성에 대한 개념을 기반으로 둔 것이다. 커다란 공장에 설치하는 목재건조설비와 증재법의 작동방법에 대한 소개는 가구와 건축에 사용되는 목공이 대량생산을 위한 산업화가 되어가고 있음을 보여준다. 목재의 표면에 광택을 내는 칠색의 작용, 가옥을 건축할 땅의 성질에 따른 과학적인 지반작업, 건축 재료와 그에 가해지는 외력의 작용을 계산한 건축설계 등에서 주생활의 개량 의지를 확인할 수 있었다. 이것은 부의 원천이 되는 기술개발이야말로 나라를 부강하게 할 수 있다고 믿었던 조선인들의 열망의 소산이었다.

본 연구는 근대적 산업기술을 탐구하고 발전시켜 국가가 부흥하게 되기를 바라던 대한제국기의 관립공업연구소의 존재와 공업연구회의 조선인 학생들의 활동을 살핀 것이다. 이것은 기존의 일제강점기에 대해 식민지수탈론 중심으로 연구되어 오던 한국의 근대사 연구와 달리 조선인들의 주체적 근대화와 관련된 활동을 하나의 역사적 사례로 발굴하여 연구한 것으로 후속연구를 위한 하나의 선행연구로서 연구 방향을 시사할 수 있게 되기를 희망한다.

제2부

일제강점기 바우하우스와 만난 조선인

제3장
동경 유학을 통한 일본식 바우하우스 교육과의 만남

서구식으로 근대화된 생활양식이 정착되던 일본과 한국은 근대적 산업사회와 생활양식을 기반으로 한 디자인에 관심을 두기 시작했다. 필자는 일제강점기에 한국의 바우하우스(Bauhaus)[83] 디자인교육의 도입양상에 주목하며 근대디자인교육으로서 바우하우스교육을 식민지적 상황에서 조선인들이 어떻게 접하게 되었는지 그 역사적 사실들을 조사하고 고찰해 보고자 했다. 일제강점기 한국의 바우하우스 도입양상은 크게 두 가지

---

83 건축가 발터 그로피우스(Walter Groupis)가 독일의 바이마르(Weimar)에 1919년 4월 12일에 창설한 대학수준의 근대적 디자인교육기관이다. 바우하우스라는 이름은 '집을 짓는다'는 뜻의 'Hausbau'를 구성하는 단어를 도치하여 만들어진 것으로, 건축을 중심으로 모든 미술활동을 종합하여 회화, 조각, 건축이 일체가 되는 종합예술을 창조한다는 것을 기본이념으로 한다. 바우하우스는 1919년에 바이마르에서 설립되었지만 학교를 이전하고 교장이 바뀔 때마다 크게 제1기에서 제3기로 나뉘어 교육방침이 바뀌었다. 제1기는 1919년에서 1925년까지 그로피우스가 독일의 바이마르에 국립학교로 바우하우스를 설립하여 운영한 시기이다. 이 시기에는 예술가들은 재능을 가진 수공예가를 양성하던 공예학교의 성격이 강했다. 하지만 제2기는 데사우(Dessau)로 바우하우스가 이전하여 1925년부터 1932년까지 운영되던 시기이다. 1925년에서 1927년까지 그로피우스가 학장이었고 이 당시에는 공업과 관련되는 모든 제품디자인을 해결할 수 있는 산업디자이너를 육성하고자 하는 디자인 대학의 성격을 가졌다. 1928년에 그로피우스를 이어 한스 마이어(Hannes Meyer)가 학장직에 취임하게 되었고 이때부터 건축과를 바우하우스의 중심에 두게 된다. 1930년에 한스 마이어가 정치활동 문제로 해임을 당하게 되고 그 후 미스 반 데어 로에(Ludwig Mies van der Rohe)가 취임하게 되었다. 미스 반 데어 로에는 계속하여 바우하우스의 방침이었던 이상적인 건축교육기관으로서의 성격을 전개해 갔다. 그러나 1932년에 나치는 바우하우스를 유태인의 소굴로 간주하고 폐쇄하고자 하면서 학교는 베를린으로 이전하게 되었다. 제3기는 베를린으로 학교를 이전하고 1932년 10월에 미스 반 데어 로에를 교장으로 하여 겨울학기 수업을 시작한 시기이다. 그러나 겨울학기 수업을 시작한지 얼마 안 되어서 나치의 탄압과 재정난으로 1933년에 바우하우스는 해산되었다.

경로로 살펴볼 수 있다. 먼저 일본의 미술대학 수준의 당시 고등미술 교육기관에서 유학하여 바우하우스 커리큘럼에 기반을 둔 도안교육을 수학하고 귀국한 후, 대학의 교육자이자 1세대 근대적 디자이너로 활동했던 조선인 유학생들의 경우가 있었다. 또 한편으로는 일본을 통해 독일의 바우하우스 관련 서적이 조선에 들어오기 시작되면서 수입된 서적을 통해 개인적으로 독학하여 공부한 경우인데, 대구사범학교부속소학교 최유련 교사의 『도화과지도세목(圖畫科指導細目)』(1938)이 그 대표적 성과물로 남아 있다.

1935년 이후 바우하우스에서 유학하고 돌아온 일본인들이 일본에서 활동하기 시작하면서 근대적 디자인교육인 바우하우스교육이 일본의 디자인교육에 영향력을 행사하기 시작했고, 특히 야마와키 이와오(山脇巖) 등의 교수에 의해서 고등미술교육의 커리큘럼에 뿌리를 내리기 시작했다. 1932년 12월 바우하우스에서 유학하고 일본으로 돌아온 야마와키는 1935년부터 1944년까지 제국미술학교에서 '도안원리'라는 과목을 도안공예과의 기초공통과목으로 가르쳤다. 필자는 당시 제국미술학교에서 직접 도안공예과를 전공하며 근대디자인교육을 받고 한국에 돌아온 조선인 유학생의 양상과 귀국 후 한국의 제1세대 근대디자이너로서 활동한 이들은 누구인지, 이들의 활동이 어떻게 전개되고 일본의 근대디자인과 차별화되는 독자적인 특징은 무엇인지를 한국의 근대디자인사의 맥락에서 조사 및 고찰했다. 이를 위해 2004년에 실시된 한국과 일본의 공동자료조사연구로 일본의 제국미술학교의 역사에 대한 1차 원자료를 조사하여 한국에서 자료집으로 출간된 『제국미술학교와 조선인유학생들』(2004)[84]을 참조하여 당시 도안공예과를 전공하여 근대 디자인교육을 받은 조선인 유학생의 기록을 검토했다. 그리하여 당시 147명 가량의 조선인 유학생들이 대거

---

84 한국근현대미술기록연구회, 『제국미술학교와 조선인유학생들』, 눈빛, 2004.

입학은 했으나 전쟁과 재정적인 문제로 도중에 하차하는 경우가 많아, 정규수업을 모두 이수하여 졸업한 조선인 유학생으로는 양학제, 정순모, 김재석 3인이라는 점을 알 수 있었다. 양학제에 대해서는 졸업 후 활동기록이 남겨져 있지 않았으며, 정순모는 졸업 후 2년 뒤인 1944년에 태평양전쟁에서 전몰한 기록이 있었다. 따라서 1935년 이후 새롭게 개편된 제국미술학교의 도안공예과를 졸업하고 귀국하여 한국의 제1세대 근대디자이너로서 활동한 조선인유학생은 김재석이 유일하다고 볼 수 있다. 또한 1935년이후 기초도안과목의 교재로서 저학년에서 사용한 것으로 기록된『고등입체도학(高等立體圖學)』(1908)이 국내의 국립부경대학교 도서관에 소장되어 교재의 내용을 검토할 수 있었다. 그리하여 어떻게 용기화를 중심으로 한 제국미술학교의 새로운 도안교육이 전개되었는지를 살피고, 같은 시기에 제국미술학교의 도안공예과에서 정규과목을 모두 이수했던 김재석의 현대적 도예디자인 작업성향과 함께 대조하여 분석했다. 이를 통해 일본의 근대디자인제도와 차별화되는 김재석의 도예디자인의 자주적 양상을 분석해 수 있었으며 한국의 근대디자인사에 있어서 제1세대 디자이너이자 현대적 도예디자인의 선구자로 그의 역사적 위치를 확인할 수 있었다.

1. 일본의 바우하우스교육 도입

일본에서의 바우하우스 기초조형교육 시스템의 도입에 대한 연구, 즉 일본식 번역어로 '구성교육(構成教育)'이라고 하는 조형교육의 역사에 대한 주요연구는 1973년에 카츠무라 켄이치(勝村謙一)가 발표한「바우하우스와 일본의 디자인교육(バウハウスと日本のデザイン教育)」이라는 논문이 처음이다. 카츠무라는 바우하우스를 일본에 소개한 일본인 소개자들, 구성교육을 신건축공예학원(新建築工藝學院)이라는 이름하에 운영했던 가와키타 렌시치로(川喜田連七郎)의 활동, 구성교육과 관련하여 발간했던 월간 잡지 『건축공예아이씨올(建築工芸アイシーオール: I see all)』 등에 관련된 역사적 자료들을 수집하여 체계적으로 정리하여 발표했다. 이후 1990년대에 우메미야 히로미츠(梅宮弘光)는 1930년대에 활동한 가와키타 렌시치로의 활동에 좀 더 초점을 맞춰 그의 구성교육에 관련된 교육활동과 신건축공예학원의 설립과 발전, 교육커리큘럼 등을 연대기적으로 정리하면서 약 10년에 걸쳐 여러 편의 논문을 발표하였고[85], 2000년대에는 츠네미 미키코(常見美紀子)에 의해서 제2차 세계대전 이후, 1954년에 쿠와자와 요코(桑沢洋子)에 의해 설립된 디자인연구소에서 실시한 구성교육의 전통에 대해서 연구발표되었다.[86] 그러나 모두 제2차 세계대전을 전후로 하여 독일의 바우하우스 기초조형교육 시스템이 어떻게 일본의 '구성교육'으로 자리를 잡고 어떤 활동을 해나갔는가 하는 1차적인 역사자료를 발굴하고 연대기적으로 정리하는데 그치고 있으며, 구성교육이라고 명명하는데 있어서 '구성'이라는 용어가 가지는 특별한 의미와 교육철학, 바우하우스 기초조형교육 시스템을 도입하기 전의 일본의 디자인교육과의 차이점과 의미를 문화사적인 맥락에서 조명한 연구들은 아니었다. 시종일관 일본이 독일로

85 우메미야 히로미츠는 1990년 초반부터 말까지 약 10년에 걸쳐 꾸준히 다음과 같이 가와기타 렌시치로에 관한 체계적인 자료발굴과 정리를 하여 꾸준히 발표해 왔다. 「川喜田連七郎によるデザイン教育活動の消長」, 『デザイン理論』(第29号, 1990), 「川喜田連七郎によるデザイン教育活動の展開方法について」, 『日本建築学会概要集』(1991), 「川喜田連七郎によるデザイン教育のカリキュラムについて」, 『日本建築学会欣喜支部』(1991), 「川喜田連七郎の構成教育に対する青年建築家クラブの批判について」, 『日本建築学会概要集』(1993), 「川喜田連七郎の"構成教育"開始前におけるバウハウス受容」, 『日本建築学会概要集』(1993), 「新建築工芸学院の成立過程と教育活動 : 1930年代日本における民間デザイン教育の事例」, 『人間科学研究』(第6巻, 1号, 1998)

86 츠네미 미키코는 2000년대 들어 제2차 세계대전이후 1954년에 쿠와자와 요코가 설립한 디자인연구소가 계승하고 있는 구성교육의 전통과 활동에 대해서 자료를 발굴하고 정리하여 다음과 같이 3년에 걸쳐 발표했다. 「桑沢洋子と新建築工芸学院の"構成教育"」, 『基礎造形』(2001), 「桑沢デザイン研究所の構成教育」, 『デザイン学研究』(第51巻, 4号, 2004), 「石元康博による桑沢デザイン研究所の構成教育」, 『基礎造形』(2004)

부터 근대적 디자인교육시스템을 체계적으로 도입하고 실시했다는 역사적 사실을 강조한 논의에 그치고 있다.

필자는 이와 같은 일본의 구성교육의 역사에 대한 선행연구에 대한 검토를 기반으로 하여 독일의 바우하우스 기초조형교육 시스템이 '일본상황에 맞게' 재편성되어 도입되어진 '구성교육'의 성립과 전개를 살펴보면서 문화사적 시각에서 서구권의 바우하우스 활동과 대비된 일본이 구성교육이 가지고 있는 '일본적' 시각의 의미, 그리고 구성교육을 통해 일본이 펼쳐보고자 했던 동아시아를 향한 제국주의적 시선이란 어떤 것인지를 조명해보고자 한다. 이를 위해 먼저 일본의 바우하우스 교육의 도입과 일본의 '구성교육'의 전개를 검토하고, 일본의 구성교육의 역사에서 가장 중요한 1차 문헌인 『구성교육대계(構成教育大系)』(1934)와 『구작기술대계(構作技術大系』(1940)를 중심으로 이들의 교육이념과 교육체계에 반영된 '일본적' 특성을 분석하면서 태평양전쟁 이후 일본의 구성교육에 반영된 일본중심의 아시아관과 제국주의적 시선에 대해 고찰하겠다.

1) 일본의 바우하우스 도입과 구성교육의 전개

바우하우스는 바이마르(Weimar)의 공예세미나와 작센공립공예학교를 통합하여 공예와 예술의 통합을 목적으로 1919년에 창립된 국립종합조형학교이다. 1919년에 설립된 독일의 바우하우스에 일본인 처음으로 방문한 것은 이시모토 키쿠지(石本喜久治)와 나카다 사다노스케(仲田定之介)이다. 1922년 11월에 이시모토와 나카다는 함께 베를린의 화랑에서 우연히 칸딘스키(Wassily Kandinsky)를 만나게 되었고, 칸딘스키가 근무하고 있는 바우하우스를 방문하게 되면서 처음 바우하우스라고 하는 학교의 존재를 알게 되었다. 그들은 일본으로 귀국한 후에 각각 일본의 미술잡지에 독일의 바우하우스를 소개하는 글을 발표했다. 1924년에 이시모토는 『건축보(建築譜)』[그림15]에서 독일의 3대 건축경향의 하나로 발터 그로피우스

[그림 15] 잡지 『건축보』(1924)의 표지.
(필자 촬영)

(Walter Gropius)가 이끄는 바이마르의 바우하우스라는 점을 소개하였고, 후에 미술비평가로서 일본의 신흥미술운동에 참가한 나카다 역시 1925년에 일본의 미술잡지 『미츠에(みつゑ)』 6월호[87]에 바우하우스에 대해서 소개했다. 계속하여 1929년부터 1930년에 걸쳐서 바우하우스 총서시리즈가 일본어로 번역되어 출판되고, 데사우(Dessau)로 이전한 학교의 건축물 공사에 대한 정보 등 바우하우스에 관한 출판물들이 일본에 소개되었다.

1930년대는 바우하우스의 교장이 한네스 마이어(Hannes Meyer)에서 루드비히 미스 반 데어 로헤(Ludwig Mies van der Rohe)로 교체되면서 바우하우스는 다시 과도기를 맞이하게 될 무렵, 3명의 일본인이 바우하우스에 유학했다. 바우하우스에 제일 먼저 유학한 일본인은 미주타니 타케히코(水谷武彦)이다. 그는 동경미술학교(현재 동경예술대학)의 조교수로 문화청의 전액장학생으로 1926-1929년 사이에 독일에 유학을 하며 알버스, 모홀리나기의 예비과정에서 소재와 형태에 대해서 배웠고, 가구공방과 건축과에 입학하여 공부했다. 그리고 이어서 1930년 10월에 야마와키 이와오와 그의 부인 야마와키 미치코(山脇道子)가 바우하우스에 입학했다. 야마와키 이와오는 야마와키 미치코 가문으로부터 데릴사위로 들어올 것을 제안받게 되고, 바우하우스의 유학을 조건으로 하여 1928년에 야마와키 미치코

---

87 『みつゑ』 第244号, 1925年 6月, 2쪽.

와 결혼한 후, 1930년 10월에 바우하우스에 부부가 함께 입학했다는 바우하우스 입학과 관련된 일화가 유명하다. 그러나 1932년경 독일의 우익편인 나치에 의해서 압력을 받아 학교가 폐쇄당하며 당시 교장이었던 미스 반 데어 로헤가 사립학교로 다시 학교를 개교할 것을 공표했으나 바우하우스에서의 졸업을 기다리지 않고 그해 12월에 일본으로 귀국했다.

특히 1929년에 『건축신조(建築新潮)』에 처음으로 교육과정을 표시하는 3중의 동심원도식이 특집으로 게재되었다. 『건축신조』에 실린 3중의 동심원도식〔그림16〕을 보면 입학 후 첫 1년간은 예비과정이라고 하여 다양한 재료를 다루고 경험하여 재료에 대한 감각과 상상력을 키우고 기초적인 조형표현에 관한 연습을 한 후에 돌(Stein), 나무(Holz), 유리(Glas), 금속(Metall), 점토(Ton), 직물(Gewebe), 색채(Fabe)라고 하는 7가지 전문영역을 각각 선택하여 자신의 전문영역을 배우고 최종적으로는 복수의 전문협동작업을 기반으로 한 건축작업에 도달하게 되는 바우하우스의 교육체계가 일본어로 번역되어 소개되었다.[88]

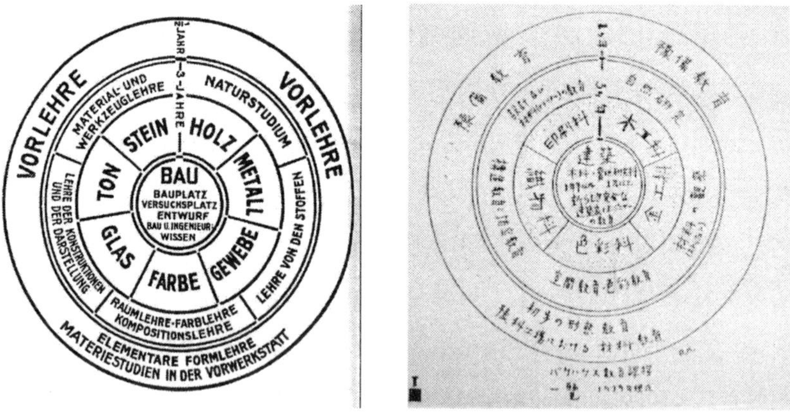

[그림 16] (왼쪽) 바우하우스의 교육과정을 보여주는 동심원도식.
(오른쪽) 『건축신조』에 소개된 동심원도식. 출처: 『건축신조』. (필자 촬영)

88 梅宮弘光,「ドイツとのデザイン交流」,『国際デザイン史』, 思文閣出版, 2001, 81-82쪽.

이와 같이 일본에서는 독일의 바우하우스의 근대적인 디자인양식과 교육과정에 관심을 두었으며, 바우하우스의 교육제도는 당시 바우하우스와 독일에서 유학을 했던 일본유학생들과 일본의 미술잡지, 국공립미술관의 기획전시를 통해서 대대적으로 소개되었다.[89] 예를 들어 1954년에 ≪바우하우스의 사람들(バウハウスの人たち)≫이라는 전시와 1957년에 동경도 근대미술관에서 ≪20세기 디자인(20世紀デザイン)≫전이 개최되면서 바우하우스의 디자인들이 그것이다. 독일의 바우하우스는 1933년에 폐교되었지만, 바우하우스의 전통을 이어받아 설립된 독일의 울름조형대학(Ulm School of Design)에 가아이 세이치(河合正一), 무카이 슈타로(向井周太郎)가 계속하여 유학을 하고, 미국에 설립된 뉴바우하우스에 이시모토 야스히로(石元康博)가 유학을 다녀오는 등, 근대기의 바우하우스 교육을 향한 일본의 열정은 식지 않고 계속 이어졌다. 타마미술대학(多摩美術大学), 국립츠쿠바대학(筑波大学), 무사시노미술대학(武蔵野美術大学), 큐슈예술공과대학(九州芸術工科大学), 일본대학(日本大学)의 기초디자인학과 등은 현재에도 바우하우스 디자인교육을 전통으로 내세운 디자인교육을 실시하고 있는 대표적인 일본의 대학이다. 또한 일본의 상황에 부합되게 교육시스템이 재편성되면서 '구성교육(構成教育)'이라는 일본식 번역 용어를 사용하며 교육시스템이 실행되었다. 특히 가와키타 렌시치로는 1932년 6월에 바우하우스의 기초조형교육 커리큘럼을 도입하여 근대적인 디자인교육기관으로서 '신건축공예학원'을 도쿄에 설립하였으며 1935년 2월까지 운영하였다.[90] 1930년대의 일본의 미술교육은 주로 사실적인 묘사에 치중한 사생화를 중심으로 실행되고 있었기 때문에 가와키타가 바우하우스 기초조형

---

89 서희정, 「근대일본의 '바우하우스 사진' 수용과 국가선전」, 『미술이론과 현장』 제9호, 2010, 65쪽.

90 가와키타는 1931년 6월에 '생활구성연구소'를 창설할 때 처음으로 '구성(構成)'이라고 하는 단어를 사용하고 바우하우스의 기초조형교육을 일본의 교육현장에 부합되게 재편성하고자 했다.

교육을 기반으로 하여 실시한 구성교육은 당시의 일본의 디자인교육에 있어서 획기적인 교육방식이었다고 할 수 있다.

그렇다면 바우하우스 기초조형교육의 일본식 번역어인 '구성교육(構成教育)'의 '구성(構成)'이란 어떤 의미를 지니는가? '구성(構成)'이라는 호칭은 독일어인 게슈탈트(Gestaltung)의 일본어 번역어로 바우하우스에서 유학을 마치고 돌아온 미주타니가 번역한 용어이다. 가와키타는 신건축공예학원을 설립하기 1년 전인 1931년에 미주타니와 함께 생활구성연구소를 설립하고 같은 시기에 ≪생활구성전람회≫를 개최하였다. ≪생활구성전람회≫에서 미주타니는 바우하우스 교육시스템에서 지도하는 기초조형교육의 작품들, 예를 들어 촉각판, 구멍을 뚫은 종이, 실의 슈파눙(Spannung)[91] 연습방식 등을 '구성교육'이라는 일본어 번역으로 설명하며 전시하였다. 이 전람회는 일본에서 처음으로 바우하우스교육의 성과를 구체적으로 보여준 것으로 크게 주목을 받았다.[92]

그러나 가와키타가 언급하는 '구성(構成)'이라고 하는 개념은 미주타니가 번역하여 언급했던 '구성(構成)'의 개념과는 조금 차이가 있었다. 가와키타에게 있어서 '구성'이라는 개념은 독일의 바우하우스의 개념을 그대로 번역한 것이 아닌 가와키타만의 교육이념을 적용하여 발전시킨 것이다.[93] 가와키타의 '구성'개념은 크게 '생산구성(生産構成)'과 '추상구성(抽象

---

91 슈파눙(Spannung)은 가와키타 렌시치로의 '구성교육'과 그가 그의 교육방침을 집대성하여 엮어 출판한 『구성교육대계』의 주요개념이다. 슈파눙은 현대 디자인교육에 있어서는 '디자인감각'에 근접한 개념이라고도 볼 수 있다.

92 미주타니는 바우하우스에서 직접 경험한 라즐로 모홀리나기(Laszlo Moholy-Nagy)와 요셉 알버스(Joseph Albers)가 실시했던 기초조형교육과정의 내용과 사상을 자신이 교육자로 일하고 있던 도쿄미술학교에서 실시하는 한편, 생활구성연구소의 활동을 통해서도 일반적인 대중들에게 소개했다. (常見美紀子,「川喜田連七郎の構成概念について : 生活構成と生産構成」, 『基礎造形』, 2002, 9쪽 참조.)

93 "필자는 바우하우스에서 배운 사람도, 독일유학후 일본에 귀국한 사람도 아니다. 구성교육은 어디까지나 일본의 '구성교육'으로 바우하우스의 번역어라고는 할 수 없다. 그러나 교육과정에서 명암, 색채, 재료등의 연습방법은 완전한 일본인인 필자에게는 매우 독창적이라고

構成)'으로 나누어 생각할 수 있다. '생산구성'이라 함은 실용적인 목적을 가진 '구성'개념으로 건축, 공예, 연극, 직물, 양재 등의 전문분야가 이것에 해당한다. 한편 '추상구성'이라 함은 실용적인 목적을 가지지 않은 '구성' 개념으로 슈파눙연습, 촉각판의 작성, 구멍을 뚫은 종이 등을 제작하여 시각, 촉각, 청각의 감각연습을 위한 것으로 미주타니가 언급했던 '구성'개념이란 바로 이 '추상구성'의 영역에만 해당하는 것이었다.[94]

가와키타는 긴자(銀座)의 미츠이(三井)빌딩에 있던 상업미술가협회연구소를 발족한 것을 시작으로 연구소를 발전시키면서 이름을 개칭하여 상업미술학교를 설립하였고 그곳에서 '구성기초교육'이라는 이름으로 바우하우스 기초조형교육의 내용을 가르쳤다. 계속하여 같은 학교의 별과로 신건축공예과를 부설하였다가 이를 신건축공예연구강습소로 발전시켰고, 그 규모를 더 확대하여 1932년에 '신건축공예학원'으로 개칭하게 되면서 학교제도로써 구성교육을 실시하게 되었다.[95]

1932년에 신건축공예학원을 설립하기 1년 전, 가와키타는 월간잡지 『건축공예아이씨올』(1931~1936년)(그림17)을 창설하여 편집과 출판을 책임지고 바우하우스에서 유학을 하고 돌아온 지인들과의 친분을 쌓아가며 바우하우스에 관한 내용들을 구체적으로 게제하기 시작했다. 그리고 잡지의 연간구독자를 '아이씨올회원'으로 등록하고 세미나와 강습회참가의 특전을 주었다. 연간구독자가 주로 도쿄에 한정된 것을 감안하여 지방회원과의 교류를 위해 쿄토(京都), 다카사키(高崎), 나고야(名古屋), 고후(甲府)의 4개 지부를 설립하며 지방강습회까지 열었다. 가와키타는 『건축공계아이씨올』의 발행과 강습회를 통해 전국적으로 자신의 구성교육에 대한 교육

여겨졌다." (川喜田連七郎 · 武井勝雄, 『構成教育大系』, 学校美術協会出版部, 1934年, 17쪽.)

94 梅宮弘光, 「川喜田連七郎によるデザイン教育活動の消長」, 『デザイン理論』 第29号, 1999年 11月, 78쪽.

95 勝村謙一, 「川喜田連七郎の構成教育について(2) : 日本近代デザイン草創期のデザイン教育についての一考察」, 『デザイン研究』 第39号, 1982年 10月, 67쪽.

이념과 바우하우스 전통에 대해서 알리고자 한 것이다. 또한 1932년에 신건축공예학원이 설립된 후, 학교의 교육계획, 학교운영과 성과, 도쿄와 지방에서 실시한 강습회장의 알림 등의 기사를 『건축공예 아이씨올』에 게재하여 『건축공계아이씨올』은 신건축공예학원의 통신교재역할까지 담당하기도 했다(그림18).[96]

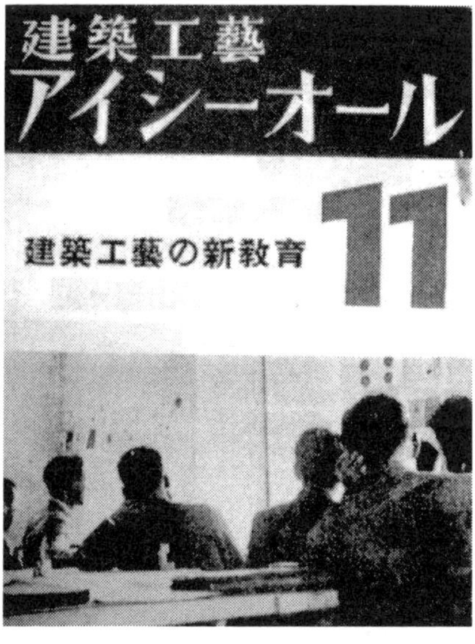

[그림 17] 월간잡지 『건축공예아이씨올』의 표지. (필자 촬영)

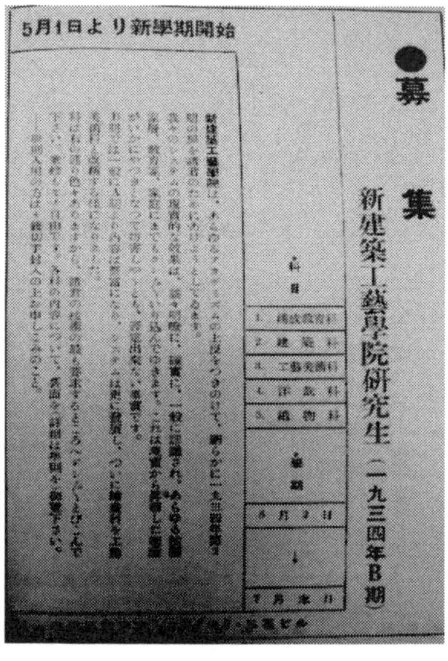

[그림 18] 『건축공계아이씨올』(1934년 5월호)에 실린 신건축공예학원 학생모집 광고. (필자 촬영)

1934년에 가와키타는 신건축공예학원에서 가르쳐왔던 구성교육의 내용과 『건축공예 아이씨올』을 정리하고 집대성하여 『구성교육대계』(그림19)를 출판했다. 총 518쪽에 988점의 도판(바우하우스총서에 사용된 도판과 같은 도판은 54점, 초등학교 아동의 작품이라고 추측되는 도판이 약172점)으로 구성된 두꺼운 서적으로 일본에서는 근대디자인교육의 선구자적인 책으로 그 역사적 가치가 크다. 이 책

96 梅宮弘光,「新建築工芸学院の成立過程と教育活動」,『人間科学研究』, Vol.6, No.1, 1998年, 18쪽.

[그림 19] 가와키타 렌시치로, 『구성교육대계』(1934)의 표지. (필자 촬영)

은 가와키타가 생각하는 구성교육의 정의에서부터 시작하여 슈파눙의 정의, 단화연습, 평면구성, 포토그램, 레이아웃, 명암연습, 색채연습, 색채구성, 색과 명암과 재료의 인식, 입체재료 연습 등의 항목으로 구성되어 있다.

특히 '슈파눙(シュパンヌンク, Spannung)'이라고 하는 개념은 가와키타의 『구성교육대계』에 있어서 주요용어이다. 슈파눙이란 원래 독일어 'Spannung'을 일본어 가타가나로 그대로 사용하여 부른 명칭으로 물리적, 정신적 긴장이나 압력을 의미하는 단어이다. 야마노 테루히(山野てるひ)가 1993년에 발표한 논문 「조형십의미술교육의 계보1: 가와키타렌시치로의 '구성교육'에 관한 고찰」에 의하면 『건축공예아이씨올』의 내용 중 「구성교육과 그 기초로서의 게슈탈트심리학」[97]이 1933년에 발표된 바가 있음을 지적하며, 가와키타의 구성교육에서 사용되는 슈파눙의 개념이란 게슈탈트 심리학의 성과를 기초로 한 것으로 감각자극이 서로 상호작용하여 일어나는 심

97 川喜田連七郎, 「構成教育とその基礎づけとしてのゲシュタルト心理学」, 『アイシーオール』 第3巻 8号, 1933年, 1-27쪽.

리적인 에너지를 의미한다고 논하였다.[98]

1942년에 들어 가와키타는 『구성교육대계』에 이어 『구작기술대계(構作技術大系)』[그림20]를 발표했다. 『구작기술대계』는 바우하우스 기초조형 교육과정에 공작을 위한 기술, 재료, 기능, 효과를 더하여 기술한 책이다. 그러나 그 내용은 재료와 구조, 이에 대한 발상, 재료역학, 감각, 기능, 효과, 기계와 효과라고 하는 항목을 나누어 다루면서 단순한 공학적인 기술이 아닌 조형교육을 위한 내용을 포함하여 설명하고 있다. 구성교육이 기초적인 조형요소로 환원된 색과 형태와 재료를 다루어 공통적인 조형원리를 터득하고 새로운 것을 창조해내는 힘을 배우는 학문이라면 『구작기술대계』에서 논하는 '구작교육(構作教育)'이란 구성교육으로부터 배운 조형원리에 대한 학습을 기반으로 하여 실제로 생산하고 소비할 수 있는 기술과 과학을 다루어 생활기술로 활용될 수 있는 교육방향을 제시하는 것이다. '구작교육'에서는 특히 서구권의 과학교육과는 구별되는 '일본적'인 과학교육의 방식에 의해서 교육이 실시된다는 점을 강조했다. 즉, 서구의 과학교육이 공식을 암기하고 문제를 푸는 것에 머물러 실제로 기술에 적용할 수 있는 지식이 아니라 단순히 상급학교에 진학하는 입시시험을 위한 지식에 그치고 있다고 지적하며, 이에 비해 일본의 '구작교육'은 실제로 학생들이 재료를 만지고 만들어보면서 '경험'을 통해 배우게 되는 것을 중요시한다고 논했다. 그리하여 '경험들'이 누적되고 연결되면서 학생들은 하나의 과학적 원리를 도출해 낼 수 있으며 실제 경험을 통해서 터득해 가는 일본식 구작교육이야말로 기능성과 연결된 디자인을 교육할 수 있다고 강조했다. 그리고 이와 같은 일본의 과학이야말로 서구권의 과학과 구별되는 독자성을 가지고 있으며 이를 바탕으로 아시아에서도 동양적

98 山野てるひ, 「造形十議美術教育の系譜1 : 川喜田連七郎の構成教育に関する一考察」, 『美術科教育学会誌』 14号, 1993年, 345-362쪽.

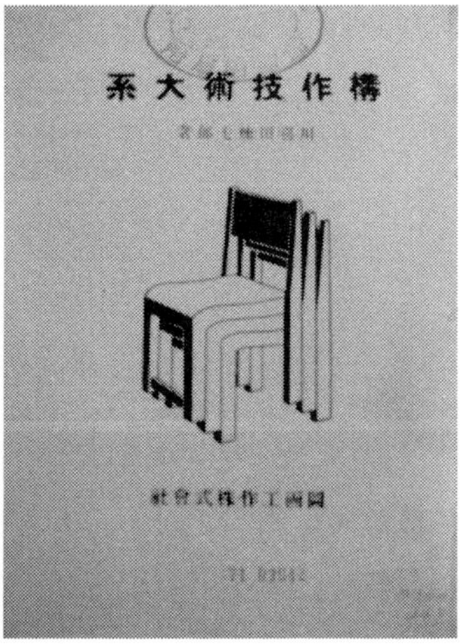

[그림 20] 가와키타 렌시치로, 『구작기술대계』(1942)의 표지. (필자 촬영)

인 과학교육방식으로 근대적인 디자인 교육을 실시하고 있는 일본의 우월한 위치를 주장하기도 했다.[99]

제2차 세계대전 이후, 신건축공예학원에서 구성교육을 배운 쿠와자와 요코(桑沢洋子)는 1954년에 도쿄에서 쿠와자와디자인연구소를 설립하여 '구성교육'에 기초한 디자인교육을 실시했고 쿠와자와디자인연구소가 설립된 후 초기에 교수진으로 활동했던 카츠미 마사루(勝見勝), 타카하시 마사히토(高橋正人), 이시모토 야스히로(石本泰博) 역시 일본의 구성교육을 기반을 다지는데 큰 영향을 주었다. 카츠미는 연구소 초기에 바우하우스를 기반으로 디자인이론을 강의했고, 다카하시는 디자인교육을 위한 기초연구(미학, 심리학, 구성이론), 기초공학적인 연구(인간공학, 커뮤니케이션이론), 기술이론(설계 정책, 인쇄, 사진)이라고 하는 3개 영역을 '구성학'이라는 학문의 영역으로 정의하고 연구하여 '구성학'을 디자인전문 교육영역의 위치로 끌어올렸다.[100] 또한 바우하우스의 교수였던 모홀리나기가 시카고에 설립한 인스티튜트 오브 디자인(Institute of Design)의 사진학과에서 공부한 이시모토는 쿠와자와디자인연구소에서 모홀리나기의 『뉴비전(New Vision)』의 교육이념과 인스티트튜 오브 디자인에서 배운 기초과정을 가르쳤다.[101] 특히 다카하시에 의해서 만들어진 구성원리에 대한 연구와 교육은 일본의 디자

99 川喜田連七郎 · 武井勝雄, 『構成教育大系』, 39-42쪽.

100 常見美紀子, 「桑沢デザイン研究所の構成教育」, 『デザイン学研究』 Vol.51, No.4, 2004年, 9쪽.

101 常見美紀子, 「石本泰博による桑沢デザイン研究所の構成教育」, 『基礎造形』 13号, 2004年, 29-34쪽.

인교육에 '구성학'이라고 하는 새로운 학문영역을 열었고, 이것은 구성교육이념을 기반으로 한 일본의 기초디자인교육과 연구의 토대가 되었다.

2) 독일 바우하우스와의 차이점

종래의 눈에 보이는 풍경이나 정물 혹은 도안을 보고 따라 그리는 임화중심의 일본의 미술교육에 비해 바우하우스 기초조형교육을 기반으로 한 구성교육은 재료를 만지면서 재료와 형태에 대한 감각을 익히며 디자인을 연구해가는 교육방법으로 당시 일본에서는 매우 획기적인 교육방법이라 하며 큰 관심을 받았다. 특히 새로운 산업재료를 만지며 재료에 대한 감각을 익혀 산업사회에 걸맞은 디자인을 고안하고자 했다는 점에서 매우 근대적이고 합리적인 교육방법론으로 주목받기 시작했다. 가와키타의 구성교육에 있어서 '슈파늉'이라고 하는 용어와 개념, '단화(単化)'라고 하는 교육커리큘럼은 일본미술교육사에서 전례가 없는 것이었다. 종래의 미술교육이 사실적인 표현을 모사하고자 하는 것을 추구했던 것이 비해 대상물의 '슈파늉'을 파악하여 간단히 그 특징을 잡아 '단화'로 그려내는 훈련법은 획기적인 교육방침이라 평가받은 것이다.

그러나 이러한 일본의 구성교육은 독일의 바우하우스가 실시했던 예비과정의 기초조형교육을 그대로 여과없이 받아들인 것이라고는 할 수 없다. 일본에서는 구성교육을 기초로 하여 새로운 산업재료를 다루어 근대적인 생활세계에 상응하는 디자인을 개발하는 것을 급선무로 생각했다. 예를 들어 군함에 얇게 사용된 강철이나 철파이프를 이용하여 근대적 회사시스템에서 새롭게 사용되기 시작한 사무실용 의자디자인을 만들어 널리 보급하고자 했다.[102] 또한 가와키타는 독일의 바우하우스교육에 대해 실생활과 분리된 현실성 없는 교육방향을 가지고 있어 고독한 유희와 같

102 梅宮弘光, 「1930年代日本の国産鋼管椅子とバウハウス周辺」, 『国際デザイン史』, 思文閣出版, 2001年, 92-97년.

다고 비판하며 근대화되어가는 일본의 생활세계에 상응하는 디자인을 개발하기 위한 실제적인 교육방법이 필요하며 이를 구성교육을 통해 실시하고자 했다. 일본의 구성교육은 아래의 『구성교육대계』의 내용과 같이 현재 생활경험에 기반한 실제적인 디자인교육을 목표로 한 것이다. 따라서 일본의 구성교육은 바우하우스의 기초조형교육과 동일한 것으로 이름만 일본어로 번역하여 일본에서 실시했다고는 볼 수 없는 것이다.

> 그동안 여러 가지를 보거나 만지거나 생각하거나 했다. …(중략)… 하나를 발견하면서 이에 다시 하나를 발견해 가며 하나의 생활경험을 더하여 새로운 생활경험으로 발전시키는 것, 이것자체가 바로 구성교육이다.[103]

그렇다면 가와키타가 재구성한 일본의 구성교육은 어떤 일본적인 특성을 반영하며 그 교육철학을 재편성하고 교육방향을 설정하였는가? 독일의 바우하우스 기초조형교육에 비교하여 가와키타가 주장한 구성교육은 전문교육이 아닌 일반교육을 지향하고자 했다. 즉 그는 조형교육을 누구나 배워 활용할 수 있는 일반적인 과학기술로서 조직화하고 교육해야 한다고 생각했다.[104] 또한 가와키타는 구성교육에 대해 '추상구성'과 '생산구성'이라고 하는 2가지 개념으로 나눴다. '추상구성'은 실용성을 가지지 않은 구성으로 슈파늉의 연습, 촉각판의 제작, 구멍을 뚫은 종이 등을 이용하여 시각과 촉각을 훈련시키는 것으로 미주타니가 바우하우스 기초조형교육을 모범으로 하여 만든 '구성기초교육'과 같은 개념이다. 이에 비해 '생산구성'은 실용적인 목적을 가진 구성으로 건축, 공예, 연극, 직물, 양재 등의 전문분야들이 이에 해당하며, 심지어 자연현상과 사회현상까지도 그

---

103 川喜田連七郎 · 武井勝雄, 앞의 책, 4쪽.

104 勝村謙一, 「川喜田煉七郎の構成教育について(2):日本近代デザイン草創期のデザイン教育についての一考察」, 『デザイン研究』 第39号, 1982年, 67쪽.

대상으로 취급한다. '생산구성'의 개념은 독일의 바우하우스교육에서는 없었던 개념으로 가와키타의 구성교육에 의해서 만들어진 독자적인 개념이며, 일본의 구성교육 이념에서만 볼 수 있는 개념으로 주목해야 한다.

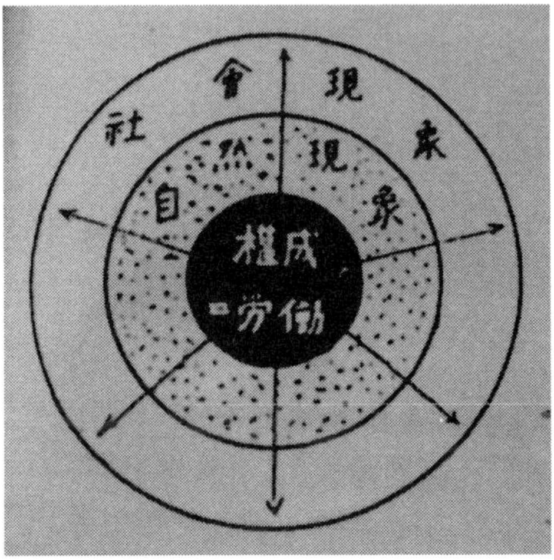

[그림 21] 가와키타 렌시치로의 '생산구성'개념과 영역.
출처: 『건축공예아이씨올』의 1932년 제2권 11호. (필자 촬영)

가와키타의 '생산구성'의 개념이란 실천적인 의미를 가진 활동을 포함하며 공동사회적인 방법에 의해서 발전시킬 수 있는 것이다. 이러한 생산구성의 개념을 도식화한 것이 [그림21]이며 가와키타는 자신이 편집하여 발간하는 월간잡지 『건축공예아이씨올』에서 공식적으로 발표했다. 예를 들어 책상과 의자를 만드는 작업을 하는 경우, 구성교육과정은 다음과 같은 3단계를 거쳐서 진행된다. 제1단계의 '구성=노동'은 구성활동을 가르치며 먼저 아이디어를 짜고 설계하는 단계이다. 다음으로 간단한 나무공작을 시작한다. 제2단계의 '자연연구'에서는 사용하는 재료의 종류와 성질을 조사하고 검토하며, 책상이나 의자를 팔 시장에 대해서도 연구하면서 인체와 가구의 상호관계를 조사하고 실험한다. '자연연구'에서는 조사와 실험을 주된 작업방식으로 채택한다. 제3단계의 '사회연구'에서는 책상을 만듦으로써 발생하는 경제적인 문제들에 대해서 검토하며 인건비, 재료비 등을 분석하여 각각의 비용을 계산한다. 이러한 공정들은 독일의 바우하우스교육에서는 없었던 내용으로 가와키타의 교육철학에 의해서 새롭게 부가된 내용이다. 따라서 일본의 구성교육은 독일의 바우하우스보다 사회와의 관련성을 중시하는 특징이 있다고 볼 수 있다.[105]

이와 관련하여 가와키타의 구성교육의 전통을 기반으로 설립된 쿠와자와디자인연구소의 활동을 보면 사회와의 관련성을 중시하는 가와키타의 '생산구성'의 개념이 어떻게 받아들여져 전개되었는지 확인할 수 있다. 독일의 바우하우스가 건축을 최종의 교육목적으로 했던 것과 달리, 쿠와자와디자인연구소는 근대화해가는 일본의 실생활에 필요한 의상디자인과와 실내디자인과를 중요한 교육내용으로 편성했다. 이것은 일본의 구성교육이 독일의 바우하우스 기초조형교육과는 달리 보다 사회와의 관련성을 중시하여 실행되었다는 점을 잘 반영해 주는 것이다. 쿠와자와디자인연구소의 교육이 근대화되어가는 일본의 사회에 필요한 것이 무엇인가를 검토하고, 이러한 현실에 상응하는 디자인교육의 최종목표를 의상디자인과 실내디자인로 두었다는 점은 가와키타의 '생산구성'개념이 제시한 교육방향과 상응되는 것이다.

근대화되어가는 일본은 사무실, 학교, 공장, 극장 등 효용성을 중시하는 새로운 생활방식을 만들어가기 시작했고 책상을 앞에 두고 의자에 앉아서 사무적인 일을 보는 새로운 생활패턴이 도입되었다. 낮에는 양복을 입고 의자에 앉아서 일을 보고, 밤에는 집에 돌아가 일본의 전통적인 옷으로 갈아입고 다다미위에서 좌식생활을 하는 것이 일반적인 생활패턴으로 자리를 잡아갔다. 일본에서는 낮에 사무를 볼 때 입는 서구식 양복을 만들어 입는 일과 사무실생활을 위해 새롭게 도입된 서구식 의자를 사용하는

105 常見美紀子,「川喜田煉七郎の構成概念について : 生活構成と生産構成」,『基礎造形』, 2002年, 13쪽.

일이 근대적 생활패턴으로 새롭게 등장한 것이다. 따라서 이러한 새로운 사회현상에 맞추어 필요한 것으로 요구되던 것은 의상디자인과 실내디자인이었으며, 쿠와자와디자인연구소는 기초조형교육단계인 구성교육을 거쳐 최종적으로 도달해야 하는 디자인과로 의상디자인학과와 실내디자인학과를 설정하게 된 것이다.

그리하여 일본의 근대적 회사시스템에서 새롭게 사용되기 시작한 사무실용 의자디자인에 관심이 집중되었고, 새로운 산업재료인 철파이프를 활용하여 만든 의자디자인에 힘을 쏟아 개발하는 회사들도 등장하게 되었다[그림22]. 철파이프라고 하는 새로운 산업재료의 활용방법에 대한 관심, 근대적 사회생활에 필수용품으로 등장한 의자디자인에 대한 체계적인 개발과 판매는 구성교육을 통해 진행되어 가던 일본의 근대적 디자인교육의 방향을 확인하게 해준다.

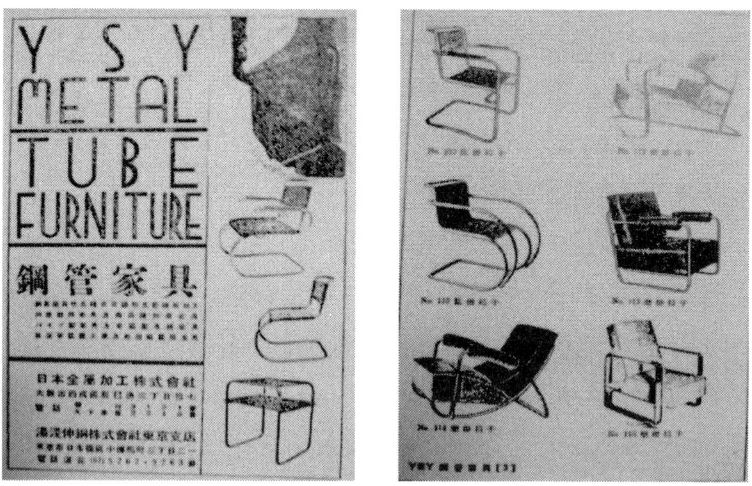

[그림 22] 강철파이프로 만든 가구광고. 출처: 『국제건축(國際建築)』의 1932년 3월호.(필자 촬영)

1941년경은 태평양전쟁(1941년 12월 7일~1945년 9월 2일)이 시작되어 일본에서는 큰 사회적 변화가 있던 시기이다. 이러한 일본의 전쟁선언 직전에 발표된 『구작기술대계』에는 당시의 일본의 동아시아의 지배와 건설에 사명을 다 하고자 하는 국민교육으로서 구성교육을 다루면서 구성교육에서 한 단계 전진한 '구작교육(構作教育)'을 내세우고 있다. 이는 인간의 자유와 합리성을 강조하며 나치의 간섭을 피해 스스로 폐교를 감행한 바우하우스의 교육이념과는 상이하게 다른 것이다. 비록 『구작기술대계』에서 가와키타는 이에 대하여 정치적인 내용을 전면으로 드러내어 다루지는 않았지만 태평양전쟁의 시기에 일본인에게 종합적인 예술교육이 필요하다고 언급하며 아래와 같이 『구작기술대계』를 통해서 대동아교육의 방법론이 실행되는 것을 교육의 목표로 제시했다.

> 작년 12월8일 이후 대동아전쟁(필자 주: 일본제국주의 입장에서는 태평양전쟁이 아닌 대동아전쟁이라 명명하고 있다)은 일본이 탄생한 이래 큰 사건이며 교육에 있어서도 한없는 문제가 일단 바다와 같이 넓게 번져갔다. …(중략)… 대동아전쟁은 일본인으로서 종합적인 예술교육을 요구했다. …(중략)… 장기간의 전쟁을 버틸 수 있는 교육과 함께 전쟁 이후 경영문화에 대한 교육에 대한 관심도 당연히 논해져야 할 것이다. 더욱이 이와 관련되어 대동아교육의 방법론에 대한 힌트를 얻는데 이 책이 조금이라도 도움이 된다면 필자는 정말로 만족하고 행복할 것이다.[106]

이와 같은 가와키타의 논의를 통해 일본의 구성교육이 '구작교육'이라는 이름으로 업그레이드되면서 태평양전쟁에 호응하며 활동할 수 있는 일본국민을 교육해 내는 대동아교육의 한 방법론으로 실행되고자 했음을 확인할 수 있다. 가와키타는 『구성교육대계』에서 다루었던 조형요소와 조형원리에 대한 내용을 기반으로 하여 『구작기술대계』에서는 설계, 제작,

106 川喜田連七郎, 『構作技術大系』, 圖画工作株式會社, 5쪽.

공작작업뿐만 아니라 농업, 공업, 재봉, 가사 등 현실에서 실제로 활용할 수 있는 기능적인 기술로 연결하여 '구작교육'이라 언급한다. 특히 주목해야 할 것은 '구작교육'의 중요한 예로 여러 가지 신무기의 발명을 제시하며 무기에 대한 지식에서 기계전반에 대한 이해를 모두 포함하여 교육되어져야 한다고 언급하고 있는 부분이다. 이는 태평양전쟁시기를 전후로 한 일본의 국민교육으로서의 '구작교육'의 취지를 여실히 보여주는 부분이라고 할 수 있을 것이다.

> 여러 가지 신무기의 발명이나 응용도 구작교육의 활동일 것이다. 또한 이러한 무기나 공작물의 짐을 싸고 운반하고 보존하는 문제, 지형을 관찰하고 적의 진영을 판정하고 지도를 그리며 군인을 배치하는 운동 – 최소한의 능률을 가지고 최대한의 움직임을 실시하고자 고안, 그것과 함께 공장에서의 생산활동 등, 무기의 상식에서부터 기계 전반의 대한 이해…[107]

따라서 이러한 태평양전쟁시기에 맞물려 발표된 '구작교육'은 일본의 대동아공영의 국가적 야심을 반영하며 제국주의적 시선아래 이들의 국민교육의 한 방법론으로 자리매김이 되었었다고 해석할 수 있다.

실제 재료를 만져보고 다루어보면서 배워가는 '경험'을 통해서 조형원리를 도출하고 터득해가는 가와키타의 '구작교육' 역시 우수한 '일본적인 과학'이라 강조했고 '구작교육'이 제시하는 체계적인 조형교육방식은 아시아에서는 선진적인 교육으로 생각될 수 있다고 주장했다. 따라서 서구권이 자신의 식민지 영역을 넓혀가며 근대사회를 건설해 나갔던 것과 같이 일본 역시 발전된 구작교육을 통해 동아시아 건설에 이바지할 수 있다고 논했다. 그러므로 '구작교육'을 통해 국방의 생산과 확충에 필요한 여

---

107 위의 책, 19쪽.

러 가지 기술과 과학을 어떻게 하면 많은 국민에게 교육시킬 수 있는가하는 문제의식은 일본의 국가적 사명으로서 생각해야 한다고 논한다.

> 하와이전쟁과 말레이해전에서 획득한 우수한 전쟁결과는 우리 해군안에 함께 한 '신'의 축복덕분이 아니라, 과학적 훈련에 의한 것이다…'일본의 과학'이 되는 것은 역사적 필연성에 의해서 현재 어떻게 하여 일본적인 교육목표를 과학기술교육 자체로 수립해야할 것인가…라고 하는 중대한 과제가 놓여 있다…'과학'이라고 하는 단어의 일본적인 반성과 함께 서양의 과학과는 다른 일본의 과학을 가지고 서구권만큼의 동아시아를 건설하는데 전진할 수 있는 국민을 양성해야하는가 라고 하는 것이 '구작교육'의 중대한 제1의 사명이라고 말할 수 있다.[108]

지금까지 살펴본 바, 일본의 '구성교육'은 나치의 강압에 반대하며 인간의 자유와 합리성을 추구하였던 독일의 바우하우스와는 반대로, 1941년 이후 태평양전쟁을 시기로 하여 일본의 동아시아건설을 위한 국방과 관련된 신무기의 생산과 연계된 군국주의 국민교육의 한 양상으로 그 교육방향이 세워져 진행되었음을 발견해 낼 수 있었다. 독일의 바우하우스 디자인교육을 도입하면서도 대동아공영을 위한 국민교육의 지침으로서 이를 활용하고자 했다는 점에서 일본의 바우하우스 디자인교육의 도입과정 이면의 제국주의적인 일본의 아시아관을 읽어낼 수 있으며, 제2차 세계대전을 전후로 한 독일과 일본의 바우하우스 교육의 행적의 상이성을 발견해 낼 수 있다. 일본의 구성교육의 전개양상은 자유와 합리성을 기치로 내걸며 나치에 반대하며 활동해 나갔던 독일의 바우하우스와는 달리, 근대국가로서의 일본의 국가이미지를 대외적으로 선전하거나 태평양전쟁

108 위의 책, 21쪽.

기 제국주의적 문화정책의 일환으로서의 교육이념을 반영하며 전개되어 갔다. 전쟁선언을 전후로 대동아건설이라는 실천적 의미를 달성하기 위해 활용된 '생산구성'의 교육개념은 일본의 제국주의 문화정책을 위한 정치적 도구로서 활용되며 대동아교육이라는 국민교육의 한 양상으로 전개되었다는 점은 매우 특이한 역사적 사실일 것이다. 본 연구는 일본의 바우하우스교육의 도입과 전개는 일본의 제국주의 문화정책과의 관련성을 기반으로 동아시아의 근대체계가 어떻게 구축되고 전개되었는가를 확인해 볼 수 있는 역사의 한 사례라고 본다.

2. 1935년 이후 제국미술학교의 도안교육

제국미술학교는 1929년에 설립된 일본의 사립미술학교이며 현재 도쿄에 소재한 무사시노미술대학에 해당한다. 관립인 도쿄미술학교(현재 도쿄예술대학, 東京藝術大學)와 함께 일본 미술계의 양대 산맥을 이루는 중요한 고등미술교육기관이다. 무사시노미술대학에서는 대학 사료실을 통해 제국미술학교에 대한 관련 자료들을 계속 정리해 나가고 있으며, 2001년경부터 2년여 동안 '한국근현대미술기록연구회'에서도 무사시노미술대학의 6명의 교수와 함께 당시 유학했던 조선인에 대한 자료와 연계하여 1차 원자료를 조사하고 집대성하여 자료집 『제국미술학교와 조선인 유학생들: 1929-1945』[109]를 2004년에 한국에서 출간했다. 『제국미술학교와 조선인 유학생들: 1929-1945』에는 1929년부터 1945년까지 일본의 제국미술학교에 유학한 조선인 유학생의 자료를 비롯하여 제국미술학교의 시간표, 커리큘럼, 교과서표, 시험문제, 교수 명단, 학교 요람 교원조사표, 입학자와 재적자 명단, 졸업생 명부 등 학교와 관련된 원자료들이 정리되어 일제

109 한국근현대미술기록연구회, 앞의 책, 2004, 참조.

강점기 제국미술학교에 대한 기본적인 역사적 정보를 확인할 수 있다. 필자 역시 제국미술학교에 유학했던 조선인 도안공예과 학생들에 대한 역사적 기록을 확인하는데 이 자료집을 참조했다.

1929년에 개교한 지 6년만인 1935년에 제국미술학교는 학교 재정과 관련된 재단 법인화 문제와 전문학교로의 승격문제를 둘러싸고 학내 분규가 일어나게 되었다. 이를 배경으로 교장과 교수들 중 일부가 다마제국미술학교(현재 다마미술대학, 多摩美術大学)를 따로 설립하여 이직하게 되고 당시 제국미술학교에서 아르누보 도안방식으로 큰 영향력을 가지고 있던 스기우라 히스이(杉浦非水)교수 또한 같이 이직하게 되었다. 대신 바우하우스 조형교육에 큰 관심을 가지고 있던 하라 히로무(原弘)와 1932년 12월에 바우하우스에서 유학을 마치고 돌아온 야마와키 이와오가 도안공예과의 교원으로 초빙되면서 제국미술학교는 바우하우스의 영향 아래 새롭게 도안교육 커리큘럼이 재편성되었다. 학과명도 개편된 학제와 함께 1935년부터 공예도안과에서 도안공예과로 변경됐다.[110]

필자는 이 책에서 1935년 이후 근대적 디자인교육인 바우하우스교육이 일본의 디자인교육에 영향력을 행사하면서 대학교육의 커리큘럼에 뿌리를 내리기 시작할 무렵, 일본의 제국미술대학에서 직접 도안공예과를 전공하며 근대디자인교육을 받고 한국에 돌아온 조선인 유학생의 양상은 어떻게 되며, 귀국 후 한국의 제1세대 근대디자이너로서 활동한 이들은 누구인지, 이들의 활동이 어떻게 전개되고 일본의 근대디자인과 차별화되는 독자적인 특징은 무엇인지를 한국의 근대디자인사의 맥락에서 조사 및 고찰하고자 했다.일본에 바우하우스 디자인교육이 뿌리를 내기 전, 동경미술학교의 도안과에 임숙재(1923년 입학~1928년 졸업, 1937년에 요절)와 이순석(1926년 입학~1931년 졸업, 서울대학교 재직)이 유학했다. 이들

110 위의 책, 7-8쪽.

은 1920년대에 서구에서 도입된 아르누보양식이 유행하던 시기에 공부한 조선인 유학생들이었다. 그러던 것이 1920년대 후반부터 일본의 여러 미술잡지에서 바우하우스 조형교육에 대해 대대적으로 소개되고, 바우하우스에서 유학한 후 돌아온 일본인 디자이너들이 교육기관의 교육자로 활동하게 되면서 바우하우스 조형교육은 일본의 근대적 디자인교육에 큰 영향을 주게 되었다. 그리하여 임숙재와 이순석에 이어 1930년대 중반 이후에 유학한 조선인 유학생들 중 이와 같이 새롭게 쇄신된 일본의 근대디자인교육의 영향을 받았을 것이다. 그리하여 필자는 1935년 이후 도안공예과로 학과명을 변경하며 바우하우스식 디자인교육의 영향 아래 재편성된 제국미술학교의 도안교육을 받은 조선인 유학생의 행보에 대해 살펴보았다.

일본에서 메이지(明治)시대 이전에는 회화나 조각 그 밖의 공예품을 구분해서 부르는 명칭이 없었던 것이 메이지 정부에 들어서면서 오늘날에 디자인에 대응하는 용어로 '도안(圖案)'이나 '의장(意匠)'이라는 용어가 사용되기 시작했다. 그리고 '도안'은 메이지 정부가 주력한 부국강병, 식산흥업정책에 중요한 수단으로 여겨지게 되었다. 일본정부는 빈만국박람회(1873)에 참가할 물품을 선정하기 위해 독일인 바그너(Dr.Gottfried Wagner)의 자문을 구했는데, 그는 기계생산제품보다 일본의 전통 공예품을 전시할 것을 권유했다. 이것은 당시 서구사회가 일본 미술에 대한 이국적 동경심을 충족시키면서 선풍적인 인기를 끌었다. 이렇게 메이지 정부는 박람회를 통해서 자국의 공예품 수출가능성을 확인하고 수출용 공예품의 질을 개량하면서 대량생산에 적합한 체계를 갖추기 위해서 도안을 필수적으로 사용하게 했다. 그리하여 메이지 시기와 다이쇼(大正) 시기 동안 발간된 도안집만 해도 백오십여 권 정도가 되었다. 또한 근대적 디자인교육기관들이 설치되기 시작했다. 예를 들어 1881년 개교한 직공학교(職工學校)를 시작으로 1896년에 동경미술학교의 도안과, 1899년에 동경고등공업학교의 공업도안과, 1902년에 교토고등공예학교의 도안과 등이 있었다.

그중 대표적인 미술기관인 동경미술학교는 편화(便化: 便宜的転化装飾法의 약자)기법을 사용한 도안방법을 가르쳤는데, 이것은 사물을 사생하고 그것을 아름다운 기하학적 형태로 변형하는 도안방법이었다. 동경미술학교는 1896년에 도안과를 설립하였다. 최초로 교수로 임용된 후쿠치 마타이치(福地復一)와 서양화과 주임교수였던 구로다 세이키(黒田清輝) 는 1900년에 파리만국박람회 시찰후 아르누보 양식의 추종자가 되어 일본식 아르누보 도안을 정립하는데 힘을 썼다. 동경미술학교의 도안교육에 대해 연구한 노유니아는 당시 동경미술학교의 도안교육에 대해 공예교육의 표면장식의 한계에 머물고 있는 동시에 자연물을 사생하고 그것을 토대로 도안화하는 아르누보 양식의 영향을 크게 받고 있었다고 해석하였다. 실제로 동경미술학교의 도안실습수업은 임모(臨模), 사생(寫生), 신안(新案)이라는 자재화(自在畵)의 방식으로 교육방향이 설정되어 있는데 자재화란 자와 컴퍼스, 각도기 등을 쓰지 않고 손만으로 그리는 그림을 말한다. 따라서 동경미술학교의 도안교육은 상업도안보다 미술로서의 성격을 강하게 지닌 공예도안에 더 큰 비중을 두었다고 할 수 있으며, 이는 학교 설립의 목적에서도 '미술과 미술공예에 종사하는 전문가'를 육성하기 위한 아카데미즘으로 교육의 방향을 명료히 제시하고 있었다.[111]

동경미술학교의 도안과에 최초로 유학했던 임숙재가 재학하고 있던 당시의 도안교재인 『공예도안법강의(工藝圖案法講義)』(1911)와 현재 동경미술대학 대학미술관에 소장되어 있는 도안과 지도교수였던 시마다 요시나리(島田佳矣)의 작품 〈헌상용화식조문양책장견본(獻上御書棚見本,花食鳥)〉 〔그림23〕을 보면 당시의 아르누보 양식과 일본 공예의 전통을 따르고자 한

111 노유니아, 『한국근대 디자인 개념과 양식의 수용: 동경미술학교 도안과 유학생 임숙재를 중심으로』, 서울대학교 대학원 석사논문, 2009, 참조.

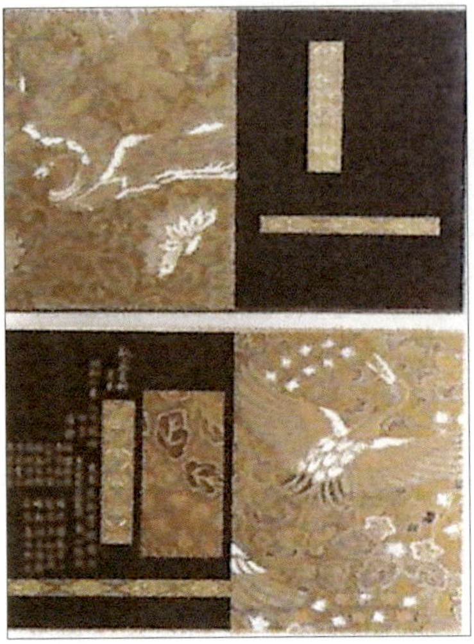

[그림 23] 시마다 요시나리, 헌상용화식조문양 책장견본(獻上御書棚見本,花食鳥), 1928년. 소장: 도쿄예술대학대학미술관.

동경미술학교의 도안교육의 방향을 짐작할 수 있다. 1920년대까지 동경미술학교의 도안교육은 근대적 생활개선에 이바지하고자 하는 도안이 아닌 일본의 전통 수호주의를 지향하는 미술공예도안을 중심으로 실시되었으며 이에 대해 노유니아는 “평면적이고 장식적인 구성단계에 머물렀으며 아카데미즘을 중시는 경향으로 장식품으로서의 미술공예개념에 그쳐, 물건을 제작하는데 있어서 형태의 기능과 산업적 측면을 고려하는 단계까지는 나가지 못했다.”[112]고 언급하기도 했다.

그러던 것이 1920년대부터 유럽에서 장식을 위주로 했던 아르누보가 서서히 쇠퇴하기 시작했다. 1922년에 이시모토 키쿠지와 나카다 사다노스케가 처음으로 독일의 바우하우스에 방문하게 된 것이 계기가 되어 2년 후인 1924년에 이시모토 키쿠치가 처음으로 잡지 『건축보(建築譜)』에 독일의 바우하우스의 활동과 근대적 디자인교육에 대해 소개했고, 이후 일본에서는 산업시대의 근대적 디자인교육으로서의 바우하우스교육에 주목하게 되었다.

1929년에 세워진 이후 1935년까지 스기우라 히스이교수를 중심으로 아르누보양식의 도안교육의 영향력을 받고 있었던 제국미술학교는 앞서 언급한 바와 같이 1935년을 기점으로 학교운영과 밀접한 재단법인화 문제로 학내 분규가 발생하면서 스기우라 히스이교수를 포함하여 교장과

112 노유니아, 위의 논문, 68쪽.

일부의 교수들이 다마제국미술학교로 이직하게 되었다. 이후 바우하우스 조형교육에 크게 영향을 받은 하라 히로무와 1933년부터 바우하우스에서 귀국하여 활동하기 시작한 야마와키 이와오가 강사로 채용되면서 제국미술학교의 도안교육 커리큘럼은 아르누보양식에서 바우하우스의 영향 및 용기화 중심의 실용적인 도안교육으로 전환하게 되었다. 하라 히로무의 경우 독일어를 독학으로 공부하여 독일의 『바우하우스총서』를 읽고 자신의 디자인 사상에 결정적인 영향을 받았음을 대외적으로 표방한 디자이너이며 야마와키 이와오 또한 바우하우스에서 직접 공부한 후 1932년 12월에 귀국하여 일본식 바우하우스 교육을 내세운 신건축공예학원에서 강사로 활동하며 일본에 바우하우스 교육을 전파하는데 앞장섰던 디자이너였다.[113] 제국미술학교는 신건축공예학원과 같이 일본식 바우하우스교육을 내세워 운영하지는 않았으나 하라 히로무와 야마와키 이와오가 담당한 공통기초과목인 '도안원리'에서 기존의 자재화나 편화방식의 손으로 그린 아르누보 방식의 도안양식을 벗어나 산업사회의 근대적 디자인양식에 맞게 기하학적인 조형원리를 주요 교육목표로 추구했다. 『제국미술학교와 조선인 유학생들: 1929-1945』에 수록된 아카야마 다다시(秋山正)의 「도안계의 동향」을 보면 1904년 국제올림픽, 만국박람회 등의 세계적 환경에서 공예의 공업화, 사진의 대중적 예술가치에 대해서 언급하며 "도안은 소비자와 자본가의 사이에 있으며 둘의 다리가 되고 흐름이 되어야 하며, 이를 얼마나 예술적으로 향상시키는가가 도안가의 역할"[114]이라고 밝히고 있어 고전적인 전통을 유지하며 손으로 그린 공예미술을 추구하던 동경미술학교와는 확연히 다른 제국미술학교의 도안교육이 방향을 명료히 비교해 볼 수 있다.

---

113 신희경, 「한국에 있어서 근대 디자인 수용에 관한 고찰: 제국미술학교의 도안공예교육과 조선인유학생(1920-1945)을 통하여」, 『디자인학연구』 제18권 2호, 2005, 참조.

114 한국근현대미술기록연구회, 앞의 책, 397쪽.

1) 교수 명단(1929-1945)*

교원명		담당과목	재임기간	기타
이마이 겐지	今井兼次	建築描法	1929-1935	1935.7.20 사임
사토 쯔기오	佐藤次夫	建築描法	1933-1935	1937.7.20 해임
스기우라 히스이	杉浦非水	工藝圖案科	1929-1934	1935.6.24 해임
고이케 신지	小池新二	工藝圖案科	1930	
도미모토 겐키치	富本憲吉	工藝圖案科	1935-1942	
후지이 다츠키치	藤井達吉	工藝圖案科	1929-1940	
시부에 슈기치	澁江終吉	工藝圖案科	1931-1933	1933.9.28 死去
	ブルノ タウト	工藝圖案科	1935	
세리자와 게이스케	芹澤圭*介	工藝圖案科 助敎授	1936-1942	
후지사와 다쯔오	藤澤龍雄	工藝圖案科 助敎授	1937-1944	
이노우에 히데오	井上秀雄	工藝圖案科 助手	1935-1937	1937.9.13 퇴직
스즈키 사부로	鈴木三郎	工藝圖案科 助手	1933-1935	1935.6.30 해임
안도 고이치	安藤浩一	工藝圖案科 囑託	1933-1936	
이치우지 요시나가	一氏義良	工藝史, 彫刻史, 演習	1929-1935	1935.10.26 해임
오카토 사다지	岡登貞治	敎授法	1933-1935	1935.7.30 사임
야마기와 신에이	山極眞衛	敎授法	1935-1941	
다카야마	高山 峻	敎育史	1933-1935	
사사키 쇼이치	佐佐木秀一	敎育學, 心理學	1935-1940	
야베 세이키치	矢部淸吉	校醫	1933-1940	
와타나베 도미조	渡邊富藏	校醫	1942	
기타 레이키치	北 令吉	校長, 修身, 敎育學, 哲學概論	1929-1935	1935.6.24 해임
가토리 히데마사	香取秀眞	金工史	1937-1942	
기타하라 다이스케	北原大輔	陶工史	1937-1942	
아라이 이즈미	新井 泉	圖案	1933-1935	1935.7.20 해임
와따나베 소슈우	渡邊素舟	圖案原理	1931-1935	1935.9.2 해임
모리타카 메노스케	森田龜之介	圖案原理 講師	1935-1937	
미쯔바야시 료타로	三林亮太郎	圖案原理 講師	1935-1942	
야마와키 이와오	山脇 巖	圖案原理 講師	1935-1944	
하라 히로무	原 弘	圖案原理 講師	1935-1940	

[표 2] 제국미술학교 교수명단. 출처:『제국미술학교와 조선인유학생: 1929-1945』
(필자 강조: 붉은색 사각형, 야마와키이와오 재직기간과 담당과목 확인)

필자는 『제국미술학교와 조선인유학생: 1929-1945』의 1차 원자료 모음집을 검토하면서 1932년 12월에 바우하우스에서 유학하고 돌아와 일본에 바우하우스교육을 소개하는데 중요한 역할을 했던 야마와키 이와오가 1932년 12월 귀국 후 1935년부터 1944년까지 제국미술학교의 '도안원리' 과목을 가르친 강사로 재직한 기록 [표2][115]를 확인했다. 이후 야마와키 이와오는 1947년부터 일본대학 미술대학 정교수로 이직하여 교육활동을 하다가 퇴직하였음을 알 수 있었다. 1935년 제국미술학교가 학내분규를 배경으로 새롭게 교육체계를 재정비하던 시기에 야마와키 이와오가 디자인의 공통기초과목인 '도안원리'를 담당한 강사로 교편을 잡았다는 사실은 제국미술학교가 스기우라 히스이교수의 영향 아래 손으로 그리는 자재화 방식 혹은 편화법에 의한 도안교육을 실시하던 것에서 바우하우스식 기초조형교육의 영향을 받으며 새로운 교육방향을 물색하고자 했음을 시사한다. 또한 『제국미술학교와 조선인 유학생들: 1929-1945』에 소개된 제국미술학교의 도안과 커리큘럼을 살펴본 결과, 손을 사용하지 않고 자와 컴퍼스, 각도기를 사용하는 '도학과 도안원리'가 중요한 공통기초과목으로 짜여 있음에 주목하였다. 도학과목 교재로는 구보타 게이세키(久保田圭石)가 쓴 『고등입체도학(高等立體圖學)』(1908년, 국립부경대학교에 원본의 상중하 전 3권 소장, 필자 발굴)을 사용하였으며[116] 용기화, 원근화법, 건축묘법에 대한 교육을 주요 토대로 삼았음을 확인할 수 있었다. 동시에 같은 맥락에서 야마와키 이와오가 가르치던 '도학과 도안원리' 과목의 시험문제 출제기록[117]도 남아 있어 용기화기법과 연계된 제도와 작도법등이 전 학년을 통해 교육되었음을 알 수 있었다. 그리하여 필자는 먼저 1935년 이후 제국미술학교의 도안공예과의 재정비된 교육내용을 살피며 1,2학년의 공통기초과목인 '도

115 위의 책, 40쪽.

116 「교과서표」, 위의 책, 29쪽.

117 「도안과 시험문제」, 위의 책, 37쪽.

학과 도안원리'의 비중과 당시 사용했던 『고등입체도학』의 교재내용을 검토하여 기존의 도안교육이었던 자재화 및 편화법과 어떻게 다른지를 고찰했다.

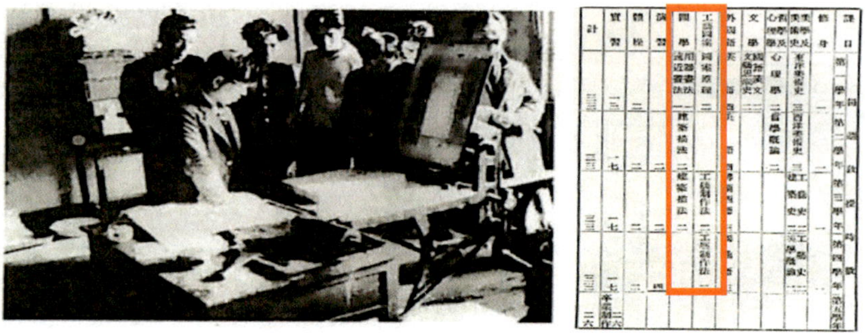

[그림 24] (왼쪽) 제국미술학교 수업광경, (오른쪽) 제국미술학교 도안공예과 학년별 커리큘럼
출처: 『제국미술학교와 조선인유학생: 1929-1945』. (필자 강조, 붉은색 사각형)

『제국미술학교와 조선인 유학생들: 1929-1945』에 수집된 1935년 이후의 제국미술학교의 도안공예과의 커리큘럼에 대한 원자료 중 [그림24]는 도안공예과의 학년별 커리큘럼이고 [그림25]는 도안공예과의 교과서표이다. 제국미술학교의 도안공예과는 4년 과정이었던 것이 1931년부터 5년 과정으로 연장되었으며 [그림24]는 1931년 이후의 제국미술학교의 1학년부터 5학년까지의 도안공예과에서 가르친 과목들을 학년별로 보여주고 있다. 1, 2학년은 기초적인 실습을 하였으며, 3학년이 되면서 학생의 지망에 따라 4개의 전문과정 중 하나에 들어가게 된다. 3학년이 되면서 학생들이 선택하게 되는 4개의 전문과정은 제1부는 미술공예에 해당하는 도공, 칠공, 금공, 염직 분야이며, 제2부는 포스터와 같은 상업미술에 해당하는 실용미술 분야였다. 제3부는 건축과 가구, 집기 등 생활용품의 기형을 연구하는 분야였으며, 제4부는 공업제품의 디자인영역에 해당한다. 당시 제국미술학교의 도안공예과를 졸업한 후 귀국하여 국내에서 활발한 활동을 하였던 김재석의 경우를 보면 건축, 생활용품, 가구디자인 혹은 공업제품

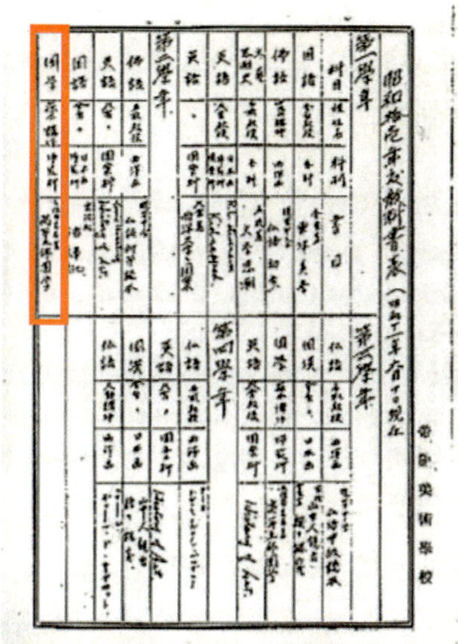

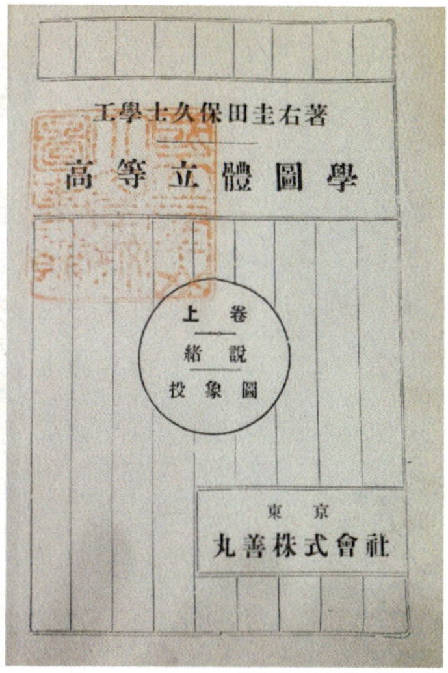

[그림 25] (왼쪽) 제국미술학교 「교과서표」, 1937년. 출처: 『제국미술학교와 조선인유학생: 1929-1945』. (필자 강조, 붉은색 사각형)
(오른쪽) 『고등입체도학』(1908)의 책표지. 소장: 국립부경대학교. (필자 촬영)

의 디자인에 관한 작품이 아닌 주로 현대도예작품을 중심으로 유고작을 남기고 있어 제국미술학교의 도안공예과 3학년 과정 중 제1부 미술공예 분야를 수학했을 것으로 보인다.

[그림24]의 커리큘럼을 보면, '공예도안'과목에서 1학년 때 도안원리를 매주 2시수 가르치고 '도학'과목에서는 1학년 때는 용기화법과 원근화법을 매주 1시수씩 가르치고 있다. 2,3학년에서는 '도학'과목에서 건축묘법을 매주 2시수 가르치고 학기별 기초시험문제로 제도를 과제로 내주고 있음을 확인할 수 있다. '도안원리'과목의 경우 1935년부터 1944년까지 야마와키 이와오가 담당하였으며, '도학'과목의 경우 후지모토 진페이(藤本仁平)가 1933년부터 쭉 담당하였음이 과목별 교수명단에 기록되어 있다. 따라서 제국미술학교의 도안공예과의 학생들은 3학년부터 4개의 전문분야로 나뉘어져 공부하기 앞서 야마와키 이와오와 후지모토 진페이를 통해

[그림 26] 『고등입체도학』(1908) 상중하 3권 원본.
소장: 국립부경대학교. (필자 촬영)

1,2,3학년의 공통과목으로 손으로 그리는 자재화 방식의 도안교육이 아닌 자, 각도기와 컴퍼스로 그리는 실용적인 기초도안방식을 도안공예학과의 중요한 토대로 배웠음을 알 수 있다. 특히 제국미술학교의 교과서표[그림25]에 명시된 구보타 게이세키가 쓴 『고등입체도학』(1908)은 원본이 국내 국립부경대학(예전 부산수산대학교) 도서관에 상중하 전권이 소장[그림26]되어 있기 때문에 그 교수 내용을 자세히 확인할 수 있었다.

[표3] 『고등입체도학』(1908)의 목차

(작성자: 서희정)

	교육내용
상권	〈투상도〉 제1장 점직선 및 평면, 제2장 점직선 및 평면 모음, 제3장 다각형과 부수적인 투상 제4장 다각체와 재구 및 전개, 제5장 곡선과 절선, 제6장 곡면과 절평면
중권	〈투상도〉 제7장 원추곡선에 관한 작도소재, 제8장 면의 교절과 상통체, 제9장 음영 제10장 등측도, 제11장 평면도 사투상도
하권	〈투시도〉 제1장 소점과 소선, 제2장 소점과 측점, 제3장 평행투시 제4장 유각투시, 제5장 사투시, 제6장 잡다한 소재, 제7장 투영 제8장 반사와 굴절, 기계도

『고등입체도학』의 상중하 3권의 교재 내용을 한눈에 보도록 정리하면 [표3]과 같다. '투상도'라고 하여 자와 각도기 등을 사용하여 기하학적인 형태를 그려내는 방법에 대해서 상권과 중권에 걸쳐서 설명하고 있는데 상권에서는 평면도형에 대해 중권에서는 원추곡선과 같은 입체도형에 대해서 다루고 있다. 하권에서는 '투시도'에 대해 가르치고 있는데 소점, 소선, 측점 그리고 투영과 투시에 관한 내용을 다루고 있다. 따라서 화가와 학자를 양성하는 것을 목적으로 아르누보양식에 기반한 공예도안을 교육받았던 1920년대 동경미술학교의 조선인유학생들과는 다르게 제국미술학교 도안공예과 조선인유학생들은 1,2,3학년의 공통과목으로 '도안원리'와 '용기화법', '원근화법', '건축묘법'의 기초수업을 통해 기하학적이고 이지적인 질서로 구성된 바우하우스 조형교육의 영향을 받은 근대도안교육을 받았다는 것을 알 수 있다.

3. 김재석 제국미술학교 유학생과 바우하우스 교육의 조우

필자는『제국미술학교와 조선인 유학생들:1929-1945』에 수집된 1차 원자료를 통해 조선인 유학생의 학적부 명단, 입학자 명단, 제국미술학교 교원명단, 제국미술학교 도안공예과 출신자들의 명단 및 제국미술대학의『학우회지』에 게재된 조선인 유학생명단을 두루 검토하였고[118], 2005년에 발표된 신희경의 선행연구인「한국에 있어서 근대 디자인 수용에 관한 고찰: 제국미술학교의 도안공예교육과 조선인 유학생(1920-1945)을 통하여」를 참조하여 제국미술학교 도안공예과 출신의 조선인에 대해 다음과 같이 정리했다. 제국미술학교 도안공예과 출신으로는 곽홍모(1940년 입학~1944년 중퇴), 김의경(1941년 입학~1944년 중퇴), 김재석(1936년 입학~1941 졸업), 김호준(1938년 입학~1939년 중퇴), 문재덕(1938년 입학~1942

118 위의 책, 89-92쪽.

년 중퇴), 양학제(1934년 입학~1940 졸업), 유해준(1940년 입학~1941년 중퇴), 임병일(1940년 입학~1940년 중퇴), 장마서(1937년 입학~1937년 중퇴), 정순모(1939년 입학~1943년 졸업), 황문호(1940년 입학~1940년 중퇴), 창씨개명 기록으로 남겨진 시라카와 재흥(白川載興, 1943년 입학~중퇴년도 미상), 키쿠하라 호노(菊原穂, 1943년 입학~중퇴년도 미상)로 13명의 이름이 기록되어 있었고, 그중에서 도안공예과에 입학하여 과정을 모두 이수하고 정식으로 졸업한 것으로 기록된 조선인 유학생은 양학제, 정순모, 김재석 총 3명으로 추려볼 수 있었다. 1935년을 전후로 일본에서는 국립학교였던 동경미술학교보다 사립학교였던 제국미술학교가 조선인 유학생들에게 입학의 문이 넓어 많은 조선인 유학생들이 대거 입학하였으며 약 147명가량의 조선인 유학생들이 전 학과를 걸쳐 재학한 기록이 존재함에도 불구하고 전공과정을 모두 이수하고 졸업한 유학생의 수가 매우 적고 중퇴자가 많았다. 그 이유로는 경제적 어려움이나 전쟁 등 여러 어려운 사정으로 학업을 지속하지 못하고 도중에 하차하는 경우가 많았기 때문이라고 언급된다.

특히 1934년부터 1940년까지 양학제, 1936년부터 1941년까지 김재석, 1939년부터 1943년까지 정준모가 제국미술학교 도안공예과에서 입학하여 과목을 수강하고 공부하던 시기는 야마와키 이와오가 제국미술학교에 부임하여 강사로 교편을 잡고 도안공예과의 공통기초과목인 '도안원리'를 담당하던 1935년부터 1944년까지의 시기와 겹친다. 바우하우스에서 귀국하면서 일본의 도안교육의 흐름을 새롭게 주도하던 야마와키 아와오가 교편을 잡고 가르친 시기인 만큼 이들은 당시 바우하우스와 근대적 도안교육에 대해 큰 관심을 가지고 영향을 받았을 것이다. 당시 서양화 연구과에 입학하여 1년간 공부를 했던 한홍택(1941 입학~1942년 수료)도 수강 여부에 대한 것은 기록에 남겨져 있지 않지만 제국미술학교의 디자인관련 수업에 관심을 두었고 귀국 후 유한양행이라는 회사의 디자이너로 바로 활동을 시작하면서 종종 인터뷰에서 제국미술학교의 당시의 야마와키 이와오에 대한 명성을 회고하는 글을 남기기도 했다.[119]

졸업 후 양학제, 정준모, 김재석의 활동에 대해 조사한 결과, 양학제의 경우 기록이 남겨진 것이 없으며, 정준모의 경우 제국미술학교 졸업 직후 태평양전쟁에 참전하여 전몰한 것으로 전해진다. 2012년 한겨레신문에 일본의 도쿄경제대학의 서경식에 의해 일본의 나가노현(長野県)에 소재한 무언관(無言館) 앞뜰의 '기억의 팔레트'라는 기념비[그림27]에 대해 언급된 적이 있는데, 기념비에 남겨진 태평양전쟁 당시 참전하여 전몰한 학도병들의 이름이 공식적으로 공개되었다.[120] 그리하여 그 중 제국미술학교 출신으로 1944년에 졸업한 정준모(일본 이름 시로야마 긴지)의 이름이 남겨져 있음을 확인할 수 있었다.

[그림27] 기억의 팔레트 기념비, 일본 나가노현 소재.
출처: https://blog.goo.ne.jp/sque/e/dfb2c14f5272c569b49a1d5e55151593

---

119 "당시 제국미술학교의 도안공예과에는 독일 바우하우스 출신의 일본인 교수가 디자인교육을 하고 있었는데, 서양화과에 재학 중인 한홍택이 그로부터 직접적인 영향을 받았는지는 확실치 않다. 하지만 이 시기 그의 서양화 작품은 간략화 및 평면화 경향 등 디자인적인 특성이 배어 있었다."(강현주, 「한홍택」, 『네이버캐스트 디자이너 열전』, 2014년 2월 6일, 출처: https://terms.naver.com/entry.nhn?docId=3577642&cid=58790&categoryId=58790)

120 서경식, 「무언관 방문기」, 『한겨레신문』, 2012년 8월 22일,

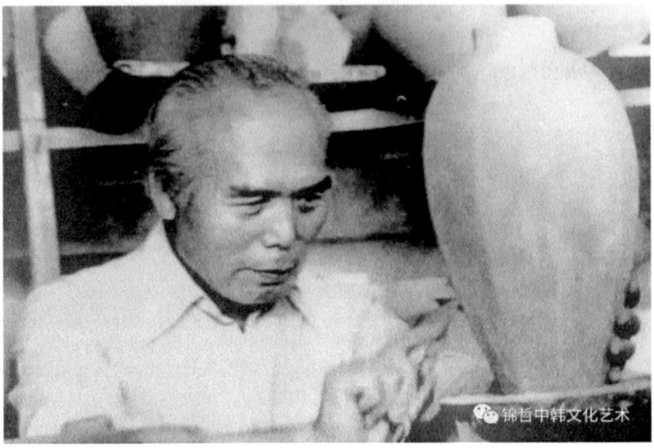

[그림 28] 김재석. 출처: 유족 제공.

따라서 제국미술학교의 야마와키 이와오의 근대적 도안교육을 직접 수강하고 졸업한 후 한국에서 실제적으로 활동을 전개해 나간 조선인 유학생은 김재석이 유일하다고 볼 수 있다. 김재석은 귀국 후 서라벌예술대학, 성신여대 등 디자인과 교수 및 도예가로 활발하게 활동하였으나, 안타깝게도 국내에 공식적인 작품집이나 자료가 정리되어 남아있지 않아 자료수집이 어려웠다. 그러나 조사과정 중 어렵게 유족과 연락을 취할 수 있어 유족의 도움으로 지금까지 한국의 디자인사연구에서 공개된 적이 없었던 몇몇 작품도록과 기록을 수집할 수 있었고, 제국미술학교의 도안공예과의 영향과 김재석의 도예디자인의 독자성을 동시에 살펴볼 수 있었다.

김재석(1916~1987)[그림28]은 1916년 충남 공주에서 유복한 집안에서 태어났다. 앞에서 언급하였듯이 『제국미술학교와 조선인 유학생들: 1929-1945』에 수집된 자료에서 도안공예과에 입학한 기록을 남기고 있는 총 13명의 조선인 유학생 중 전쟁과 재정적 이유 등으로 중간에 중퇴한 사람들이 대부분인 것에 비해, 김재석은 1936년에 제국미술학교에 입학하여 모든 과목을 정식으로 이수하고 1941년에 졸업한 몇 안 되는 인물이다. 입학한 해인 1936년부터 졸업 후 1944년까지 조선미술전람회 공예 부분에 꾸

[그림 29] (왼쪽) 김재석, 꽃병 〈상회화병(上繪花甁)〉, 대한민국미술대전 입상, 1969년. 출처: 유족 제공.
(중간) 김재석, 〈무제〉, 1984년. 출처: 유족 제공.
(오른쪽) 김재석, 공중전화카드디자인으로 찍힌 도예작품. 출처: https://blog.naver.com/icryu210/221357250655

준히 출품하여 6번이나 입상한 기록이 남아 있어 다른 조선인 유학생들에 비해서 매우 안정적으로 학업에 임하고 작업을 하였음을 알 수 있다. 특히 그가 도안공예과를 졸업한 해인 1941년에는 조선미술전람회 공예부에서 특선으로 〈화입(火入)〉과 입선으로 〈은화각도판〉 2점이 동시에 입선되어 1941년 5월 28일 '매일신보'에 크게 대서특필되기도 하였다. 김재석은 귀국 후 백우회, 조선미술가협회, 조선공예가협회 등 국내의 공예와 관련된 여러 미술단체에 가입하여 단체의 회장을 역임하거나 국전의 심사위원을 맡는 등 활발하게 활동하는 한편 이화여대, 홍대, 서울대, 성신여대, 서라벌예대, 덕성여대, 건국대 등 국내의 대학교육기관에서 교편을 잡아 근대적 공예교육에 오랫동안 이바지했으며, 주로 도예가로서 한국의 현대적 도예디자인을 개척해나갔다.

김재석의 활동과 작품에 대한 기록은 1987년에 작고한 후 체계적으로 남아 있지 않았지만 유족과의 인터뷰를 통해서 몇 권 남아 있지 않는 그의 작품도록 등의 자료를 조사할 수 있었다. 김재석의 흩어진 자료를 모아 그의 작품에 대해 처음으로 분석하고 논의할 수 있게 된 것은 본 연구의 큰 성과이기도 하다. 그의 작품 [그림29]를 보면 자연물 사생을 기본으로

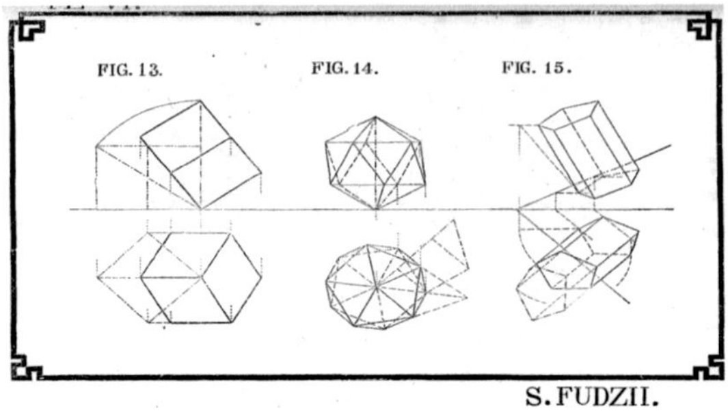

[그림 30] (왼쪽) 『고등입체도학』 95쪽의 3D 표현. (필자 촬영)
(오른쪽) 김재석의 3D 오브제 도예작품. 출처: 유족 제공.

하는 편화법을 중심으로 한 아르누보 양식의 도안방식과는 다르다는 것을 알 수 있다. 김재석은 당시 청자의 비색을 표현했던 전통적인 도예의 방식과 달리 다양한 원색을 조합하여 채색한 도자공예를 디자인하거나 다면체의 기형으로 디자인된 도예작품을 제작하여 발표했는데, 이는 근대적 조형원리를 기반으로 도예작품을 디자인의 개념으로 다루어 제작한 것이다. 같은 예로 [그림29]의 왼쪽 사진의 꽃병 〈상회화병(上繪花瓶)〉은 전통적인 도자의 유선형 형태와 달리 직사각형의 형태로 디자인되었고 앞뒤로는 별과 기하학적 모양의 문양을 넣었으며 양옆으로는 간략하게 긴 세로선으로 장식하였는데 이것은 마치도 모더니즘 디자인의 구성주의 회화를 연상하게 만든다. [그림29]의 가운데 사진의 〈무제〉의 경우, 형태는 전통적인 조선의 도자형태를 가지고 있으나 도자의 장식으로 노란색 원과 초록, 파랑, 빨강의 타원형의 선들이 평면구성을 위한 기초디자인 화면과 같이 어울려 그려졌다. 그리고 [그림29]의 오른쪽의 공중전화카드 디자인으로 찍힌 김재석의 도예작품 사진을 보면 노랑과 초록으로 반씩 채색된 원통형 도자기로 정형화된 전통적인 도자의 형태와 색채가 아니다. 김재석의 도예작품들은 모두 구성주의 회화의 색채와 화면구성을 떠오르게 하며, 근대적 조형 원리에 따라 디자인하듯 창작해 내고 있어 김재석의 현대도예디자인의 선구자적인 위상을 확인시켜 준다. 또한 다각형의 모양으로 도자의 기형를 디자인한 것은 [그림30]에서 보는 바와 같이 제국미술학교의 도안공예과의 공통기초과목의 교재로 사용된 『고등입체도학』의 '다면체'에 대한 학습 내용이 오른쪽 사진에 기록된 다각형의 도자작품에 반영된 것을 확인할 수 있다. 이것은 제국미술학교의 교육 방향에 영향을 받은 것으로 보인다.

이상으로 김재석의 도예작품과 『고등입체도학』의 비교분석을 통해 그가 유학했던 제국미술학교 도안공예과의 근대적 도안교육의 영향 관계를 확인해 볼 수 있었다. 조선의 전통적인 도자기라는 대상을 기하학적인 기형과 색채구성의 원리에 따라 디자인하여 제작한 그의 도예작품들은 한국의 근대디자인사에 있어서 제1세대 디자이너이자 현대적 도예디자인의 선구자로서 그의 중요한 역사적 위치를 확인시켜 준다.

■ 나가며

필자는 1930년대 초반부터 일본에 적극적으로 알려지기 시작한 바우하우스 조형교육을 배경으로 1935년 제국미술학교가 학과명칭을 공예도안과에서 도안공예과로 변경하며 새롭게 디자인교육을 재정비하던 시기에 주목하였다. 그리고 같은 시기 이러한 근대도안교육을 수학했던 조선인 유학생의 행보를 검토하여 한국의 근대 디자인교육의 한 기원을 살피고자 했다. 제국미술학교의 도안공예학과는 1935년부터 바우하우스 디자인교육에 큰 영향을 받은 하라 히로무와 야마와키 이와오를 초빙하여 '도안원리'를 담당하게 하고 1학년부터 3학년에 걸쳐 공통기초과목으로 '도안원리, 용기화법, 원근화법, 건축묘법'의 과목을 주된 공통기초과목으로 가르치기 시작했다. 이것은 그 이전의 자연물을 사생하고 그것을 도안화했던 아르누보 양식의 도안교육과는 다른 새로운 도안교육이었다. 교과서표에 명시된 『고등입체도학』은 특히 1908년에 발행된 이후 재발행을 거듭하며 일본의 용기화수업의 기초교재로 오랫동안 사용되었고, 특히 국내에도 국립부경대학교에 상중하 3권이 모두 소장되었음을 발굴하여 교재의 내용을 직접 확인하고 정리해 볼 수 있던 것은 본연구의 큰 성과라고 본다.

제국미술학교의 도안공예과의 커리큘럼을 보면 1, 2학년에는 '도안원리'와 '도학' 과목을 주요 공통기초과목으로 공부한 후 3학년부터 미술공예, 상업미술, 생활용품과 가구디자인, 공업디자인의 영역이라는 4개의 전문과정으로 나누어 교육을 받도록 구성되어 있었다. 이러한 도안공예과의 수업을 모두 이수하여 졸업한 후, 유일하게 국내에서 활발하게 활동한 조선인 유학생은 김재석 한 명이었으며, 주로 현대적 도예디자인작가로 활동했기 때문에 3학년 이후 전문과정 중 미술공예 영역에서 공부했을 것으로 생각된다. 산업과 관련된 생활용품 디자인과 공업디자인과 관련된 과정이 설치되어 있었던 당시의 제국미술학교의 도안공예과 커리큘럼을 비추어 보면 김재석의 활동이 근대적 산업 분야와 연결된 디자인이 아니고, 미술공예 영역의 도예 작가에 머물렀다는 점은 아쉬움으로 남는다. 그러나 제국미술학교의 과학적인 도학 원리를 공부한 것을 토대로 도자기를 다면체의 기형과 다양한 원색으로 제작하며 현대디자인의 영역으로 끌어들여 한국도예를 독자적으로 개척해나갔다는 점은 의의가 있다. 또한 바우하우스 영향력 아래에 개편된 제국미술학교의 도안공예과의 과목을 모두 이수하고 졸업한 졸업생으로 유일하게 귀국 후 활발하게 활동한 한국의 제1세대 디자이너임에도 불구하고 김재석의 작품과 활동 관련 기록이 흩어져 지금까지 제대로 논의되지 못했던 것이 이번 연구조사를 통해 그의 업적에 관한 기록을 조금이라도 수집하고 검토한 것은 한국의 근대디자인사 연구에 있어서 의의가 있다고 본다.

제4장
국내 일본식 바우하우스 교육의 고독한 탐색

한국에 실시된 바우하우스의 도입경로에 대한 연구는 1998년에 일제강점기에 제3차 조선교육령을 배경으로 바우하우스 조형교육의 실시가능성을 지적한 박휘락의 『한국미술교육사100년』이 발표되기 전까지는 제2차 세계대전 후인 1945년 이후 미국을 통해 바우하우스교육이 도입되었다고 논의되어 왔었다.[121] 그러나 대구사범학교 부속소학교의 교사였던 최유련에 의해서 집필되어 1938년에 발행된 『도화과지도세목(圖畫科指導細目)』과 그에 대한 교육지침서라고 볼 수 있는 『도공교육(圖工教育)』이라는 책이 발견되면서 일제강점기에 처음으로 바우하우스교육이 한국에 도입이 되었다는 박휘락의 연구가 1998년에 발표된 것이다.[122] 이어서 2002년에 일제강점기에 실시된 바우하우스교육의 도입과정을 조선총독부의 교

---

121 "한국에 있어서 바우하우스교육의 도입경로에 대한 연구는 현재 두 종류가 있다. 첫 번째 연구는 이화여자대학교 교육대학원의 최경숙의 「디자인 교육과정에 대한 관한 연구(우리나라 중학교 중심)」(1974)이다. 최경숙의 논리는 독일→미국→한국이라는 미국경유에 의한 도입설이다. 즉, 1929년대 미국의 '진보주의교육'과 1934년의 '뉴바우하우스'가 융합하여 1945년도 이후에 한국으로 유입되었다고 한다. 또 하나의 경로의 설은 계명대학교 교육대학원의 곽춘근에 의한 논문 「바우하우스가 한국의 디자인교육에 끼친 영향(대학의 디자인교육을 중심으로)」(1988)과 경기대학교 교육대학원의 정연아에 의한 논문 「바우하우스가 한국의 미술대학 디자인과의 교육제도에 끼친 영향」(1992)에서 보여지는 도입경로설이다. 여기에서 유강렬, 권순형, 김정자, 민철홍 등을 비롯한 교수들에 의한 도입루트가 존재하고 있다고 지적하고 있다…(생략)…상기의 어느 쪽 도입 경로설에 있어서 한국의 도입시기는 제2차 세계대전 후 1945년 이후의 도입이며, 제3국을 통한 바우하우스 조형교육 도입의 존재를 밝힌 것을 특징으로 하고 있다."(손영범, 백금남, 「한국에 있어서의 바우하우스조형교육의 도입과정에 관한 연구」, 『디자인학연구』 제50호, Vol15. No.4, 2002, 69쪽.)

122 박휘락, 「디자인교육의 변천과정」, 『한국미술교육100년사』, 예경출판, 1998, 214-228쪽.

육검열체계와의 관계를 통해 증명한 손영범의 논문이 발표되어[123] 한국의 바우하우스교육의 도입은 일제강점기의 조선총독부의 관리를 받으며 식민지 문화정책의 일환으로 일본을 통해 도입되어 실시되었다는 역사적 논의가 자리를 잡게 된다.

대구사범학교 부속소학교에서 1938년에 발행된 최유련의 『도화과지도세목』은 바우하우스 기초조형 교육내용을 교육안으로 구성한 지도세목이며, 『도공교육』은 그 교육지침서이다. 박휘락과 최유련이 대구의 같은 초등학교에 근무할 당시 젊은 미술교사로 부임한 박휘락에게 최유련이 사사하여 박휘락이 소장하고 있다. 박휘락의 역사적 자료와 책들이 정리되어 있지 않아 박휘락의 자택에서 못 찾고 있던 중, 박휘락의 연구에 이어 일제강점기 한국의 바우하우스도입에 대해 연구한 손영범이 원서를 복사하여 복사본을 소장하고 있어 손영범의 도움으로 복사본을 입수할 수 있게 되었고, 그로써 한국의 바우하우스교육의 도입에 대한 본 연구를 진행할 수 있게 되었다. 본 연구에 도움을 주신 것에 깊은 감사를 표한다.

일제강점기 일본을 통해 독일의 바우하우스교육이 도입되게 되는 데에는 1920년대 제1차 세계대전 이후 독일과 일본이 정치적인 동맹 관계를 맺으면서 일본은 독일의 근대적 사회문화체계를 적극적으로 받아들여 일본의 근대화를 구축하고자 한 시대 상황이 배경이 된다. 당시 독일은 일본의 근대화를 구축하는데 대표적인 모델이 되었기 때문에 1920년대 중반부터 디자인잡지, 서적의 번역과 출판, 국공립미술관의 기획전시를 통해서 일본에 독일의 바우하우스가 대대적으로 소개되기 시작했다. 그리고 독일의 바우하우스에서 직접 유학한 일본인 디자이너들이 귀국하면서 적극적으로 근대적 디자인교육으로서의 바우하우스교육을 교육체계로 편

---

123 孫聆範, 『バウハウス教育方法の日本を経由した韓国への導入プロセスに関する研究』, 神戸芸術工科大学大学院,博士論文, 2002.

성하면서 실행되게 되었다. 일본은 독일에서 도입한 바우하우스 기초조형 교육 시스템을 '구성교육'이라는 새로운 용어를 만들어 사용하며 일본의 사회상황에 맞는 교육제도로 재편성하고, 대동아전쟁을 전후로는 제국주의적 시선을 반영하면서 '일본적인' 바우하우스교육의 교육철학을 제시하기도 하였다.

그러나 일본이 그렇게 열망하던 바우하우스의 근대적 디자인교육을 당시 자신들의 식민지였던 한국의 근대디자인교육의 발전을 위해 실시했을 리는 없다. 왜 일본은 자신이 신봉하던 당시로서는 최신식 근대적 교육 체계인 바우하우스 디자인교육을 한국에 실시하고자 했을까? 태평양전쟁을 전후로 일본의 '구성교육'의 교육철학에 제국주의적 시선이 반영되어 있듯 당시 식민지였던 한국에 바우하우스교육을 실시한 데에는 식민지적 문화정책이 그 배경으로 작용되었다고 볼 수 있을 것이다. 필자는 먼저 일본의 제국주의 논리에 따라 어떻게 일본의 '구성교육'이 조선의 바우하우스교육으로서 도입되어 실시되게 되었는지 박휘락과 손영범의 선행연구를 통해 살펴본 후, 최유련의 『도화과지도세목』과 『도공교육』을 분석하여 한국의 바우하우스적인 교육 활동의 사례에 대해 구체적으로 증명할 것이다. 이러한 연구과정을 통해 한국의 근대디자인사에 있어서 한국만의 바우하우하스교육의 특징이란 무엇인지 도출해 내고자 한다.

특히 필자는 대구사범학교 부속소학교의 초등학교 교사로 재직하며 『도화과지도세목』이라는 바우하우스식 교육지도안을 발행한 최유련의 행보와 역사적 가치에 주목해 보고자 했다. 최유련은 해외에서 들어온 바우하우스 서적을 통해서 독학으로 공부하면서도 근대적 조형교육에 대해서 숙지하고 한국 최초로 바우하우스식 교육지도안을 계발하여 자신이 근무하던 소학교의 『도화과지도세목』으로 발행하고 실천했다. 일제강점기 한국인에 의한 바우하우스 방식의 교육은 한 명의 소학교 교사의 외로운 자기계발의 결과물로만 남겨져 있지만, 이 또한 역사적 의의가 크다고 본다. 지금까지 한국의 근대사 연구에서는 식민지 수탈론의 시각에서 조선인들은 일제에 수탈된 수동적 대상으로만 주로 논의되었으나, 엘리트 한국인들의 능동적 자기계발과 그 개인적 성과물 또한 미시적 시각에서 연구대상으로 주목하며 그 역사적 가치와 위상을 고찰해야 한다고 본다.

1. 한국의 바우하우스 교육의 도입 시기

앞서 언급했듯이 1938년에 발행된 『도화과지도세목』과 『도공교육』이라는 책의 발견을 근거로 일제강점기 제3차 조선교육령을 배경으로 바우하우스교육이 한국에 실시되었다고 하는 박휘락의 연구가 1998년에 발표되기 전까지는 1945년 해방이후 미국을 통해 바우하우스교육이 도입되었다고 하는 논의가 주를 이루었다. 2002년에 조선총독부의 교육검열체계의 관리를 받으며 일본의 구성교육이 한국의 바우하우스교육으로서 도입되었다는 사실을 증명한 손영범의 연구에 의해서 박휘락의 논의는 그 역사적 타당도가 한층 검증되었다. 따라서 한국의 바우하우스교육은 1930년대 일제강점기를 통해서 처음 도입되었다는 논의는 이제 객관적인 역사적 사실로 볼 수 있다고 생각된다.

그러나 한국의 바우하우스교육의 도입년도에 대해 박휘락과 손영범은 서로 다른 의견을 내놓는다. 1938년에 시행된 제3차 조선교육령을 배경으로 대구사범학교 부속소학교에서 처음 일본의 구성교육방침이 도입되어 실시되었다고 하는 박휘락의 논의에 대해 손영범은 그보다 1년 전인 1937년에 발행된 전주공립고등보통학교의 『각과목교수방침(各學科目教授方針)』에서도 일본의 구성교육에서 사용하고 있는 용어들이 발견되므로 바우하우스교육의 도입은 1937년이라고 주장한다. 따라서 필자는 이번 장에서 박휘락과 손영범의 연구논의를 검토하며 한국의 바우하우스 도입시기에 대해서 면밀히 고찰해 보고자 한다.

먼저 박휘락은 『한국미술교육사100년』에서 한국의 도화교육은 그대로 따라 그리는 임화와 물체 및 풍경을 재현하여 그려내는 사생화교육이 주를 이루었으나, 1938년에 '황국신민화'를 강조하는 제3차 조선교육령이 공포되면서 일본의 구성교육이 한국에 도입된 것이라고 논한다. 그리고 그 근거로 당시 조선에서 선진적인 도화교육을 실시하였던 것으로 보이는 대구사범학교 부속소학교에서 발행된 최유련의 『도화과지도세목』을 든다. 박휘락에 따르면 최유련의 『도화과지도세목』에서는 일본의 구성교육에서 제시하고 있던 단화연습, 명암연습, 색채연습, 기능연습 등에 대한 지도안이 교재에 그대로 도입되어 있다고 분석하였다. 또한 박휘락은 그 지침서인 『도공교육』에서 저자인 최유련이 일본의 구성교육에 대한 서적인 『구성교육에 의한 신도화(構成教育による新図画)』(1936)〔그림31〕를 참조하여 『도화과지도세목』〔그림32〕의 교육커리큘럼을 개발하였다고 언급한 점에 주목해야 한다고 논했다.[124]

그리고 박휘락은 『도공교육』에서 "여러 가지 재료를 기능적으로 구성할 수 있는 설계적인 것이 아니면 안 된다."[125]라고 하는 점에 주목하는데,[126] 재료의 기능적인 측면을 파악하고 이를 활용하여 조형을 구성하고

---

124 "현대는 회화중심의 교육에서부터 생활지도중심—생활적 도화교육—의 교육이 되었다. 그렇다고 우리는 과거의 것을 모두 비판하여 버려야만 한다는 것은 아니다. 과거의 자유화, 신개정화첩의 정신을 살려 현대에 활용해야만 한다. 새로운 술은 새로운 부대에 담아야 하므로 도화교육의 선각자들이 닦아온 길의 근본사상을 정확히 이해하고 그것에서 취해야 할 것은 취하고 버려야할 것은 버려 이 시대에 맞는 도화교육의 방법을 논해야 한다. 『구성교육에 있어서 신도화』(다케이카츠호, 마도고로하루 공저)에서도 생활지도중심으로 교육을 해야한다는 점에서는 확실하게 하지 않았다. 온고지신이라고 하는 말을 다시 한번 되새겨 보도록 하자."(崔有鍊, 『圖工教育』, 大邱師範學校附屬小學校, 1938, 373쪽.)

125 崔有鍊, 『圖工教育』, 393쪽.

126 "이것(필자 주: 도안교육에서도 여러 가지 재료를 기능적으로 구성하고 설계해야 한다는 교육목적)은 도안교육의 의의인 동시에 목적인 것이다. 종래의 도안교육이 단지 소극적인 모양교육이었음을 지적하고 새로운 조형설계로서의 도안교육을 주장하고 그 목적(필자 주: 최유련이 새롭게 한국의 도안교육에 일본의 구성교육을 참조로 하여 새롭게 시도해보고자 하는 교육목적)을 분명히 밝힌 것이다"(박휘락, 앞의 책, 228쪽.)

[그림 31] 『구성교육에 의한 신도화(構成教育による新図画)』(1936)의 표지. (필자 촬영)

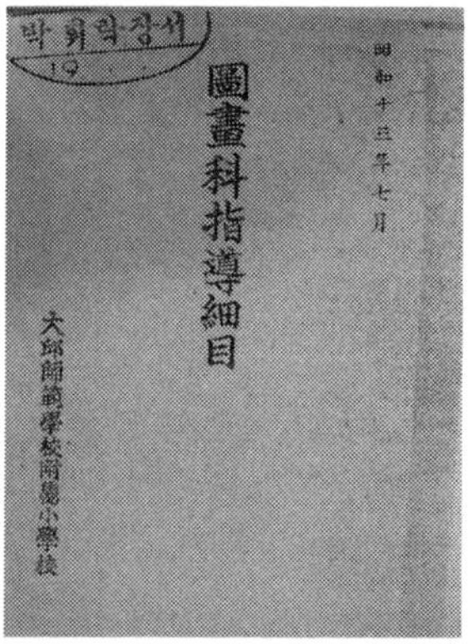

[그림 32] 『도화과지도세목』(1938)의 표지. (필자 촬영)

설계하는 것은 바우하우스 기초조형교육의 특징적인 교육방향이고 할 수 있다. 따라서 박휘락은 일본의 구성교육을 반영하고 있는 최유련의 도화과의 지도방침에 대해 표면을 장식하고 모양을 따라 그리는 기존의 도안개념에서 재료, 형태, 기법, 공비(工費) 등을 넓게 생각하여 조형을 설계하고 디자인한다는 현대적 개념으로 비약적으로 디자인 교육이 발전하게 되었다고 평가한다. 따라서 박휘락의 경우, 최유련의 『도화과지도세목』이 발행된 해를 근거로 하여 한국의 바우하우스교육의 도입시기를 제3차 조선교육령이 공포된 1938년으로 논한 것이다.

반면 손영범의 경우 일제강점기의 문헌을 도서관에서 더 찾아본 결과, 1938년보다 1년 빠른 1937년에 전주고등보통학교에서 발행한 『각과목지도방침』[그림33]에서 구성교육과 관련된 용어인 '콤포지션(コンポジション)'이나 '슈파눙(シュパンヌンク)'[127]과 같은 단어가 발견되므로 1937년의 제2차 조선교육령 말기에 도입된 것이라고 논하였다.[128]

『각과목지도방침』은 전주공립고등보통학교에서 실시한 수신과, 공민

127 슈파눙(Spannung)은 가와키타 렌시치로의 '구성교육'과 그가 그의 교육방침을 집대성하여 엮어 출판한 『구성교육대계』의 주요개념이다. 슈파눙은 현대 디자인교육에 있어서는 '디자인감각'에 근접한 개념이라고도 볼 수 있다.

128 孫聆範, 앞의 책, 3쪽, 51쪽.

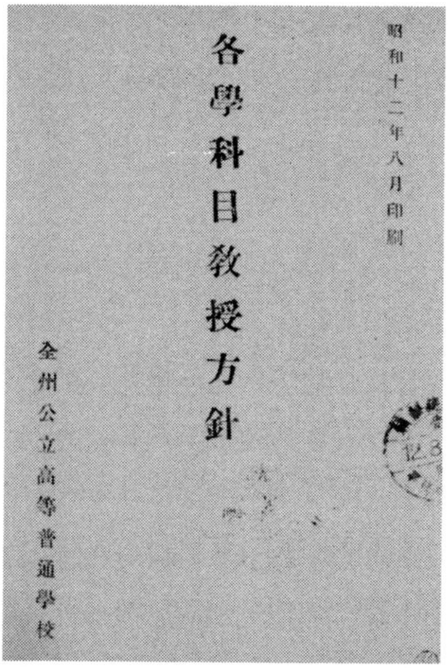

[그림 33] 『각학과목지도방침』(1937)의 표지.
(필자 촬영)

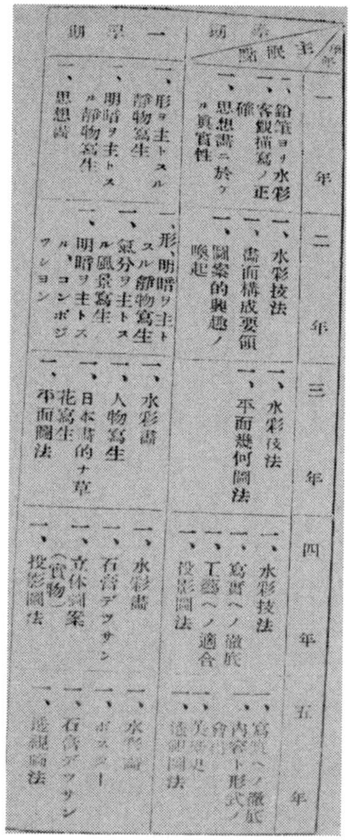

學年	主眼點	學習題材
一年	一、鉛筆ヨリ水彩 一、客觀描寫ノ正確 一、思想畫ニ於ケル眞實性	一、形ヲ主トスル靜物寫生 一、明暗ヲ主トスル靜物寫生 一、思想畫
二年	一、水彩技法 一、畫面構成要領 一、圖案的興趣ノ喚起	一、形、明暗ヲ主トスル靜物寫生 一、氣分ヲ主トスル風景寫生 一、明暗ヲ主トスル、コンポジション
三年	一、水彩技法 一、平面幾何圖法	一、水彩畫 一、人物寫生 一、日本畫的ナ花草寫生 一、平面圖法
四年	一、水彩技法 一、寫實ヘノ徹底 一、工藝ヘノ適合 一、投影圖法	一、水彩畫 一、石膏デッサン 一、立体圖案(實物) 一、投影圖法
五年	一、寫實ヘノ徹底 一、內容ト形式ノ[illegible] 一、[illegible] 一、透視圖法	一、水彩畫 一、ポスター 一、石膏デッサン 一、透視圖法

[그림34] 『각학과목지도방침』(1937)의 '학년별 교재배당 주안점'에 관한 표.
(필자 촬영)

과, 조선어 및 한문과, 영어과, 역사과, 지리과, 수학과, 이과, 실업과, 도화과, 음악과, 체육과 등의 전과목에 대한 교육방침을 정리한 지도서이다. 도화과의 경우 201쪽에서 215쪽까지 15쪽 분량에 전주공립고등보통학교에서 실시한 도화과의 교수목적, 교수교재의 종류, 묘사능력의 향상에 적합한 재료 및 교재선택, 학년별 교재의 배열 및 배당주안점, 교수방법, 주요 묘법의 취급방법, 성적처리방법, 교수상의 주의점 등에 대해서 요약하여 정리해 놓았다. 특히 도화과 수업에서 교육해야 할 주된 교육방식으로 사생화, 도안, 사상화, 용기화를 제시하였다. 그러나 도안교육부분에서는

"기본적인 콤포지션연습, 슈파늉연습"[129]이라는 두 용어만을 한번씩 사용하였을 뿐 어떤 교육방향에 맞춰서 어떻게 교육하는지에 대한 내용은 제시되어 있지 않다.

학년별 교재 배당 주안점에 관한 표[그림34][130]를 보아도 입체콤포지션, 선의 콤포지션 등의 단어는 발견되지만, 이것을 통해 어떻게 교수하고 수업을 운영하고자 하는지에 대해서는 제시하고 있지 않다. 일본의 '구성교육'의 교육체계를 참조하여 이를 교육안에 편성하여 지도하고자 했다기보다는 화면을 구성한다는 개념으로 '콤포지션'이라는 단어를 피상적으로 사용한 것이라고 여겨진다. 필자는 [그림34]로 제시한 『각과목지도방침』의 '학년별 교재배당 주안점'을 한글로 번역하여 [표4]로 다시 정리하였는데 1학년부터 5학년까지 3학기에 걸쳐 실시하는 도화과교수세목에 대해서 한눈에 파악할 수 있다. 주로 정물화, 인체사생, 수채기법, 용기화 등 사생화와 임화가 주된 교육내용으로 제시되고 있어 일본의 구성교육을 도화과수업의 틀로 편성하여 교육안을 구성한 것은 아니라는 점을 확인할 수 있다.

129 『各科目指導方針』, 全州公立高等普通學校, 1937, 211쪽.

130 위의 책, 205-206쪽.

[표4] 『각학과목지도방침』(1937)의 '학년별 교재배당 주안점'에 관한 표

(번역정리: 서희정)

학년	주안점	1학기	2학기	3학기
1학년	• 연필에 의한 수채 • 객관묘사의 정확 • 상상화에 있어서 진실성	• 형태묘사를 주된 과제로 한 정물사생 • 명암묘사를 주된 과제로 한 정물사생 • 상상화	• 질을 주된 과제로 한 정물사생 • 분위기를 주된 과제로 한 풍경사생 • 사상화 • 단위 및 비례, 연속문양	• 수채화 • 일봉화풍의 정물사생 • 간단한 선의 콤포지션
2학년	• 수채기법 • 화면구성요령 • 도안적흥미의 환기	• 형태,명암을 주된 과제로 한 정물사생 • 분위기를 주된 과제로 한 풍경사생 • 명암을 주된 과제로 한 콤포지션	• 리듬분위기를 주된 과제로 한 풍경화 • 색채를 주된 과제로 한 정물화 • 밝기의 농담리듬에 의한 콤포지션 • 연속문양에 의한 공예품	• 수공예적방법에 의한 도안구성 • 수공예품의 도안적합 • 계절과 사람에 대한 사상화
3학년	• 수채기법 • 평면기하도법	• 수채화 • 인물사생 • 일본화적인 풀과 꽃 사생 • 평면도법	• 수채화 • 입체콤포지션 • 수공예품에 대한 고안적합 • 평면도법	• 수채화 • 간단한 상업미술 • 평변도법
4학년	• 수채기법 • 사실에 대한 철저한 구사 • 공예에 대한 적합성 • 투영도법	• 수채화 • 석고데상 • 입체도안(사물) • 투영도법	• 수채화 • 상업미술 • 사상화 • 투시도법	• 담채스케치경연대회 • 투영도법 • 미술강요(美術講謠)
5학년	• 사실에 대한 철저한 구사 • 내용과 형식의 터득 • 미술사 • 투시도법	• 수채화 • 포스터 • 석고데상 • 투시도법	• 입체도안 • 사상화 • 담채화경영대회 • 투시도법 • 미술사	• 미술사 • 투시도법

따라서 1937년에 실시된 『각과목지도방침』에서 사용된 '콤포지션'이나 '슈파눙'이라는 단어는 미술잡지나 미술책을 통해서 피상적으로 접해 사용되는 용어로 보이며, 일본의 구성교육이나 바우하우스교육에 대한 지식을 숙지하고 이를 교육안으로 적극적으로 편성하여 시도해보고자 한 것으로는 보이지 않는다. 또한 『각과목지도방침』에서 명시한 교육목적에서도 '물체를 정밀하게 관찰하여 정확하고 자유롭게 그리는 것'을 도화의 개념으로 제시하고 이를 위한 능력배양을 교육의 주목적으로 명료히 밝히고도 있기 때문에[131] 1937년경 제2차 조선교육령 말기에는 일본의 구성교육이 한국의 새로운 도화교육내용으로 개발되어 실행되었다고 보기는 어렵다고 판단된다.

그러므로 필자는 박휘락의 논의와 같이 1938년에 제3차 조선교육령이 실행된 것을 배경으로 최유련의 『도화과지도세목』이 발행되면서 대구사범학교 부속소학교에서 한국의 바우하우스교육이 처음 도입되어 실행된 것이라고 논하고자 한다.

2. 한국의 바우하우스 교육의 도입 특징

그렇다면 왜 당시 한국의 수도 경성도 아닌 지방의 중심도시였던 대구에 소재한 대구사범학교 부속소학교에서 일본의 선진적인 근대디자인교육으로 인정받고 있던 구성교육을 참조한 『도화과지도세목』이 공식적으로 출판되고 교육과정으로 실시될 수 있었던 것일까? 박휘락은 최유련의 『도화과지도세목』이 발행되고 그 교육프로그램이 실시될 수 있었던 것은 '황국신민육성'을 교육의 목표로 삼고자 한 제3차 조선교육령이 배경으로

131 "도화는 물체를 정밀하게 관찰하고 정확하고 자유롭게 그려내는 능력을 길러 의장을 만들어내는 아름다운 감각을 육성하는 것에 주안점을 둔다.(고등보통학교규정 제22조)" (『各科目指導方針』, 201쪽.)

작용했다고 논하였다. 식민지 상황에서 모든 한국의 교육체계가 조선총독부의 조선교육령에 따라 운영되고 있었다고 볼 때, 일본의 구성교육을 참조하여 새롭게 개발된 최유련의 교수세목이 지방의 한 도시인 대구의 소학교에서 실행될 수 있었던 데는 조선총독부의 교육행정조직과 어떤 관계가 있었을 것이라는 가설을 세울 수 있다.

이러한 한국의 바우하우스교육의 실행에 대한 정치적 배경은 2002년에 발표된 손영범의 박사논문 『바우하우스 교육방법의 일본을 경유한 한국도입경로에 관한 연구』에서 연구되어 발표되었다. 손영범은 조선총독부의 교육행정체계와 관련된 대구사범학교 부속소학교의 정치적 실세를 배후로 어떻게 최유련의 『도화과지도세목』이 발행되어 한국에 바우하우스교육이 도입되게 되었는지 그 경로를 명료히 논증하였다. 손영범은 먼저 최유련이 집필한 『도화과지도세목』이 공식적인 학교출판물로 발행되게 된 것에 주목하는데, 그에 따르면 조선총독부의 바로 아래 기관만이 '교수세목'을 발행할 수 있었고 당시 이러한 식민지 상황에서의 대구사범학교 부속소학교의 정치적 위상으로 인해 일본의 구성교육을 참조한 최유련의 교수내용이 한국에서 실시될 수 있던 것이라고 강조했다. 즉 손영범은 조선총독부내에는 교육기관을 관리, 감독하는 시학제도(視覺制度)가 있었으며, 소학교, 전문학교 이하의 교육시스템을 담당하는 담당자를 시학관, 대학교 이상의 교육시스템을 담당하는 담당자를 교학관이라고 하는데, 대구사범학교 부속소학교의 학장의 경우 당시 조선총독부의 시학제도의 시학관인 동시에 경상도와 대구부의 시학관을 겸직하는 특별한 지위를 가졌기에[132] 국정교과서에 의존하지 않은 채 최유련의 개인적인 관심

132 "실제로 '시학관'이 될 수 있던 것은 첫 번째로는 문부대신급의 인물이었지만, 한국에는 존재하지 않았다. 두 번째로는 조선총독부의 전문학교장, 즉 경성제국대학학장과 경성제국농업전문학교의 학장 2명, 그리고 세 번째로는 사범학교장이나 그 이하의 교장계급이었다. 그러나 실제로는 조선총독부의 '시학관'은 4명으로 첫째로는 '경성제국대학학장'과 '경성제국농업전문학교 학장'이 1,2위의 순위, 그리고 다음의 실제 권력을 쥐고 있는 자로는 '경성사

사에 의해 개발된 일본의 구성교육을 참조한 교수세목이 교육안으로 실행될 수 있었던 것이라고 밝히며, 한국의 바우하우스교육의 도입은 조선총독부의 행정주도에 의한 것이라고 논했다.

> 한국의 도서관에 있어서 현존하는 '지도세목'의 문헌조사를 행한 결과, '제3차 조선교육령' 이전의 1934년부터 1935년까지의 사이에 '조선초등교육연구회'가 집필한 『세목식보통학교교수일안』의 3권이 존재하는 것을 확인했다. 〈조선초등교육연구회〉란 당시 조선에 있어서 교육계를 중심으로 한 경성사범학교 부속소학교의 연구회이며, 조선총독부의 바로 직결된 산하기관으로, 조선총독부의 이러한 산하기관에서만이 '교수세목'이 발행될 수 있었다고 보여진다. …(생략)… 한편, 조선총독부와 직결된 산하기관으로는 경성사범학교 이외의 대구사범학교와 두 개의 여자사범학교, 그리고 8도에 설치된 각각의 사범학교가 있었으며, 최유련이 집필하여 발행된 『도화과지도세목』의 경우, 대구사범학교 부속소학교에서 발행되었던 것으로, 대구사범학교 부속소학교의 위상이 그 부속교이었기 때문에 경성사범학교 부속소학교와 같은 방식으로 특별히 출판까지 가능하게 된 것이라고 생각된다.[133]

위와 같이 당시 국정교과서가 아닌 교수세목이 교과서로 발행될 수 있었던 것은 조선총독부의 직결된 산하기관의 경우 '교수세목'이 발행될 수 있다는 특권이 있었기 때문이다. 제3차 조선교육령 이전에도 경성사범학교 부속소학교연구회에서 『세목식보통교수일안』이라는 책을 3권 집필하여 발행한 적이 있었으며 최유련이 근무하던 대구사범학교 부속소학교의 경우에도 조선총독부의 직결된 산하기관인 대구사범학교의 부속소학

범학교장', 대구사범학교장, 평양사범학교장 순의 서열이 존재했다."(孫聆範, 앞의 책, 21쪽.)

133 孫聆範, 앞의 책, 51쪽.

교였기 때문에 경성사범학교 부속소학교와 같은 방식으로 특별히 출판까지 가능하게 된 것이다. 그러나 필자는 최유련이 일본의 구성교육을 참조하여 구성한 『도화과지도세목』이 국정교과서로 편찬되어 전국의 소학교에서 실시된 것은 아니었다는 점에 주목해야 한다고 본다. 즉 조선총독부는 최유련이 개발한 바우하우스교육에 관한 교육지침서와 교육운영에 대해 허가를 내 준 것이지 일본의 구성교육을 최유련에게 제안하여 공식적인 교육제도로 실행하도록 제안한 것은 아니라는 점이다. 그러나 최유련의 『도화과지도세목』의 교수내용이 대구사범학교 부속소학교의 교육행정면에서 실세를 업고 제3차 조선교육령에 의거하여 조선총독부의 교육행정허가를 거쳐 실시된 것은 사실이지만, 일본의 구성교육과 바우하우스교육에 대한 최유련의 개인적인 지식, 그리고 이를 한국의 실정에 맞게 개편하여 자신의 소학교 교육안으로 개발하여 실행했다는 사실은 한국의 근대디자인사에서 중요한 역사적 가치로서 주목해야 한다고 논하고자 한다.

제3장의 「1.일본의 바우하우우교육 도입」에서 언급했던 바와 같이 일본은 독일의 바우하우스 기초조형교육시스템을 '구성교육'이라는 새로운 용어를 만들어 사용하면서 일본의 사회상황에 맞추어 교육제도에 재편성했다. 그리하여 독일과 일본의 바우하우스 교육이념에서 가장 큰 차이는 가와키타가 제시한 '생산구성'이라고 하는 개념이라고 논했다. 가와키타의 '생산구성'은 실천적 의미를 가진 활동을 포함하며, 공동사회를 발전시킬 수 있는 실용적인 디자인 훈련에 교육의 초점을 두고 있다. 그리하여 가와키타는 근대화되어가는 도쿄의 사회현상에서 필요한 것이 무엇인가를 검토하고 이러한 현실에 상응하는 디자인교육의 최종목표를 실내디자인과 의상디자인에 두었다. 바로 이것이 가와키타가 '생산구성'의 개념을 통해서 제시했던 교육방향인 것이다. 다다미 바닥에 앉아서 생활하던 전통적인 생활방식에서 벗어나 산업도시를 형성하고 근대적 회사를 설립하는 과정에서 일본인들은 서구식 책상과 의자에 앉아서 일을 하기 시작했다.

그리고 전통의상이었던 기모노를 벗고 도시의 회사생활에 걸맞은 서구식 양복을 입기 시작하게 되었다. 이러한 근대화 과정을 통해 일본인의 신체에 맞는 의상디자인과 사무용 의자디자인의 필요성에 주목하게 된 것이다. 이는 독일의 바우하우스 교육에서는 찾아볼 수 없었던 일본식 바우하우스교육의 특징으로 독일의 바우하우스교육보다 사회와의 관련성을 중시하고 근대적 산업도시를 건설하는데 일본인들에게 필요한 디자인이란 무엇인가를 고민하고 교육하고자 한 가와키타의 교육철학이 반영된 것이라고 볼 수 있다.[134]

사회와의 관련성을 유념하며 그 사회에 필요한 것이 무엇인지를 검토하면서 공동사회를 발전시킬 수 있는 실용적인 디자인 훈련에 교육을 초점을 둔 일본의 구성교육의 교육취지와 마찬가지로 최유련의 『도화과지도세목』에서 역시 한국의 풍토에 맞는 구성교육을 실시하고자 하는 교육철학이 근간이 되고 있다. 이것은 『도화과지도세목』 역시 가와키타의 '생산구성'개념을 참고로 하여 교육방침을 재구성했음을 시사한다. 『도화과지도세목』을 보면 점, 선, 면, 재료에 대한 기초적인 조형훈련을 거쳐 5학년부터 6학년인 고학년에서는 농촌을 배경으로 한 한국의 주거환경을 검토면서 근대적 주거환경으로서 통풍채광을 어떻게 개선할 수 있는가를 구성교육을 통해 생각해보도록 제안하고 있다. 이것은 한국적인 농촌풍경이라는 사회현상을 파악하면서 이에 대한 주생활 개선의 의지를 디자인교육의 실용적 목표로서 두고 있는 것임을 알 수 있다. 그리하여 최유련의 『도화과지도세목』에서는 국제양식의 건축을 목표로 하던 독일의 바우하우스와 달리 농가의 가옥개선, 아궁이 개선, 벽장구조의 개선, 농기구의

---

134 일본의 가와키타의 구성교육의 교육철학과 구성개념에 대한 선행연구로는 勝村謙一, 「川喜田煉七郎の構成教育について(2):日本近代デザイン草創期のデザイン教育についての一考察」, 『デザイン研究』(第39号, 1982)와 常見美紀子, 「川喜田煉七郎の構成概念について：生活構成と生産構成」, 『基礎造形』(2002)을 참조할 만하다.

기능적 디자인고안 등을 구체적인 교육과제로 제시하였다. 여기에서 소학교 5학년부터 6학년까지의 어린 아동들에게 근대적 주거환경의 개선과 관련된 디자인을 생각하게 했다는 점에서 의아할 수도 있을 것이다. 이는 다음의 제5장의 「2.대구와 용인의 지역경제개발과 근대교육」에서도 살펴 보겠지만, 지금의 초등학교에 해당하는 당시의 소학교 혹은 보통학교의 재학생들은 만 7세에 입학하여 아동기에 다니는 교육기관이 아니었기 때문이다. 청소년기의 나이부터 결혼하여 아이까지 있는 장성한 성인까지 근대적 교육기관이었던 소학교 혹은 보통학교에 재학하였고 따라서 학생의 나이가 학년 별로 일정하지 않았다. 당시의 소학교 혹은 보통학교라는 곳이 17세부터 20대의 성인 남성들도 섞여서 공부한 곳이었음을 생각하면 최유련이 『도화과지도세목』에서 제시한 근대적 주거환경의 개선을 위한 과제는 일상을 살아가고 있던 장성한 조선인 학생들의 생활과 밀접한 연관성이 있던 과제를 제시했던 것으로 이해될 수 있다. 이와 같이 '생산구성'을 토대로 한 일본의 구성교육의 도입을 전제로 한국의 바우하우하스교육의 특징을 어떻게 고찰해 낼 수 있는지 다음 장에서 최유련의 『도화과지도세목』의 내용을 구체적으로 분석해가며 확인해 보도록 하겠다.

3. 최유련 홀로 바우하우스 교육을 탐색한 교사

1) 대구사범학교 부속소학교 바우하우스식 교육지도안, 『도화과지도세목』(1938)

이번 장에서는 최유련의 『도화과지도세목』을 구체적으로 분석하여 일본의 구성교육이 도입되어진 역사적 근거를 확인하고, 1938년에 발표된 제3차 조선교육령의 영향 아래에서 어떤 방향으로 최유련이 구성한 바우하우스교육이 한국에서 실행되게 되었는지 고찰해 보도록 하겠다.

[그림35]는 최유련의 『도화과지도세목』의 교육지침서인 『도공교육』에 실린 '각학년별 지도요항'의 일부 페이지이다. 그 내용을 한국어로 번역하

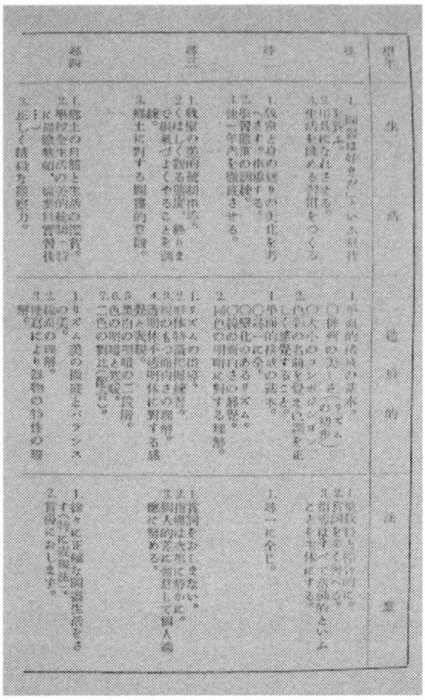

[그림 35] 『도공교육』(1938)의 '각학년지도요항'에 관한 표의 일부. (필자 촬영)

여 [표5]와 같다. [표5]를 보면 앞서 살펴본 전주공립고등보통학교의 『각학과목지도방침』(1937)의 '학년별 교재 배당 주안점'[표4]의 교육방침과 확연히 다름을 알 수 있다. 전주공립고등보통학교의 도화과지도방침의 경우 주로 정물화, 인체사생, 수채기법, 용기화 등 사생화와 임화가 주된 교육내용이었다면 최유련의 '각학년별지도요항'에서는 빛이 물체에 비추어짐에 따라서 보여지는 명암변화를 관찰하고 이를 표현하도록 지도하고 있다. 투명과 불투명물체라는 재료의 특성에 따라 빛이 물체에 비추어지게 될 때 나타나는 투과, 반사가 어떤 시각효과를 주는지, 색채의 중첩에 따른 새로운 조형표현이란 무엇인지 등을 하나의 조형요소로 다루어 교육하도록 제시하고 있는 것이다. 이것은 일본에서 독일의 바우하우스 조형교육이 도입될 때, 가와키타가 주로 바우하우스의 많은 교수법 중에서 모홀리나기(Lazlo Moholy-Nagy, 1895~1946)[135]의 기초조형 교육교재인 『재료에서 건축으로(Von Material zu Architektur)』(1929)를 주된 교재로 참조한 것이 반영된 것이며,[136] 최유련 역시 일본의 구성교육의 교육방식을 받아들인

135 모홀리나기는 바우하우스교사, 구성주의예술가, 키네틱·라이트아트의 선구자로 알려진 인물이다. 그는 빛의 물질적 특성을 조형표현으로 활용하고자 하는 독자적인 조형이론을 만들어냈다. 모홀리나기는 빛을 물체의 표면에 비출 때, 물체의 표면이나 성질에 따라서 발생하는 밝기의 다양한 변화를 관찰하고 이를 하나의 기초조형요소로서 다루고자 했다. (서희정, 『모홀리나기의 빛공방활동』, 한국학술정보출판사, 2008, 참조)

136 가와키타는 독일의 바우하우스 기초조형교육을 일본에 맞게 재구성한 구성교육을 1932년

만큼 자신의 『도화과지도세목』에서도 모흘리나기의 기초조형 교육방법을 그대로 적용하고 있는 것으로 보인다.

[표 5] 『도공교육』(1938)의 '각학년지도요항'에 관한 표

(번역정리: 서희정, 밑줄은 필자에 의해 강조된 것)[137]

학년	생활	조형적	주의
1학년	1.도화를 그리는 것이 좋다라는 기분을 양성한다. 2.도화를 그리는 용구에 익숙해지도록 한다. 3.생활을 관찰하는 습관을 만들어준다.	1.평면적구성의 기본: 병행의 아름다움(리듬의 초보), 크고 작은 콤포지션. 2.색채의 이름을 외워서 색조를 정확히 감각적으로 알아보도록 할 것.	1.다른 교과내용과 종합적으로 할 것 2.상과 벌을 많이 줄 것 3.지도할 때 모두 활동적으로 하며, 학생이 주체가 되어 할 것
2학년	1.교실과 자신의 주변을 미화하여 고찰할 수 있도록 지도한다. 2.학습태도를 훈련시킨다. 3.1년 안에서 철저히 하게 한다.	1.평면적 구성의 기본: 1학년에서 학습한 내용과 같음, 변화있는 리듬, 재미있는 선의 감각. 2.같은 색에서 명암의 차이에 대한 이해.	1.1학년과 같음
3학년	1.교실의 미적통제지도 2.자세히 관찰하는 태도, 일을 끝마칠 때까지 끈질기게 끝까지 마무리하도록 훈련시킨다. 3.향토를 보고 도화를 생각해내는 의식.	1.리듬에 대해 지도 2.형태특성을 파악하는 연습 3.선의 표현이 주는 재미에 대해 이해 4.**투명물체와 불투명물체에 대한 감각과 표현** 5.**흑백명암의 2단계**	1.상벌을 아끼지 말 것 2.지도할 때는 차례차례 가르치며 조용히 3.개인적인 차이를 유의하면서 개개인에 맞춰서 가르치는 것에 신경 쓸 것

에 신건축공예학원이라는 교육기관을 설립하여 실행하기 전에 1931년3월부터 8월까지 일본의 『건축신조(建築新潮)』라는 잡지에 매달 번역하여 게재하였으며, 독일의 바우하우스교육 중 모흘리나기의 조형교육방식에 주목하여 일본의 구성교육을 재구성하고자 했다. 우메미야에 따르면 가와키타의 구성교육 활동에서 바우하우스의 교육의 영향을 크게 4가지로 정리했는데 첫째, 칸딘스키의 예술론 중 음악의 시각화, 둘째, 그로피우스의 '국제건축'사상, 셋째, 마이어의 건축론, 넷째 모흘리나기의 바우하우스의 기초과정기록 『재료에서 건축으로』였다. (梅宮弘光, 「川喜田連七郎の「構成教育」開始前におけるバウハウス受容」, 『日本建築学会大会学術講演概要集』, 1993年 9月, 1503-1504쪽, 참조.)

137 崔有錬, 『圖工教育』, 402-403쪽.

		6.색의 명암, 한색과 난색. 7.두 색의 대비(배합)	
4학년	1.향토, 자연, 생활의 감상 2.학교 전 생활의 미적통제(특히 청소정돈, 직업학과 실습 이후…) 3.정확하고 정밀한 관찰력	1.리듬의 아름다움에 주는 완벽함과 균형의 아름다움 2.선면의 이해. 3.속사에 의한 물체의 특성의 이해. 4.**중복의 콤포지션의 이해.** 5.**명암의 3단계** 6.3색의 배합 7.색의 활동적특성의 이해. 8.**재료감의 지도; 투명체와 불투명체의 작은 물체를 사생.**	1.천천히 정확하게 도화생활을 하도록 할것(특히 표현법) 2.칭찬을 아끼지 말고 할 것.
5학년	1.학교생활 전체, 전 일상생활의 미적통제에 유의하도록 지도. 2.**향토에 대한 애착심을 철저하게 뿌리내리도록 한다.**	1.자연형의 추상적연습 2.**중복의 콤포지션** 3.직선의 콤포지션 4.곡선의 콤포지션 5.**23종류의 재료연습** 6.**색채가 있는 물건의 명암사생** 7.**색을 점진적으로(그라데이션) 배합** 8.색의 교환연습	1.성별적지도에 유의하여 가르칠 것 2.도안적학습에 힘을 기울일 것 3.**향토색의 표현에 노력을 기울이도록 할 것** 4.응용할 수 있는 쪽에 유의하도록 할 것.
6학년	1.앞과 동일. 2.향토를 미화하는데까지.	1.5학년에서 학습한 내용과 같음 2.선면의 구성 3.**회화나 물체의 명암에 의한 감상과 구성** 4.**여러 종류의 재료에 대한 감각지도**	1.성별적 지도에 유의하여 가르칠 것 2.사회생활과의 관련에 의식하도록 지도하여, 생활발전에 기여하도록 할 것.

* (이상의 요항 중에서 조형적인 부분의 조항은『구성교육 의한 신도화』에서 인용한 부분이 많다)

최유련의『도화과지도세목』에서도 [표5]에서 필자가 한글로 번역하여 밑줄로 강조한 내용에서와 같이 모홀리나기의 조형개념의 영향을 확인할 수 있다. 예를 들어 4학년에서는 투명체와 불투명물체를 구별하여 각각의 재료의 재질감을 관찰하고 이를 조형요소로 다루어 표현하도록 지도하고 있으며, 5학년에서는 빛에 따라 점진적으로 색이 변화하는 그라데이션

(gradation)을 하나의 조형요소로서 주목하면서 이것이 주는 시각효과를 도안으로 도출해내는 과제를 교육안으로 편성하고 있다. 이것은 독일의 바우하우스 교육이 일본의 구성교육을 거쳐 한국에 도입되고 시도된 것을 입증해 보여주는 것이며, 동아시아의 근대디자인사에 있어서 주목할 만한 사실이라고 볼 수 있다.

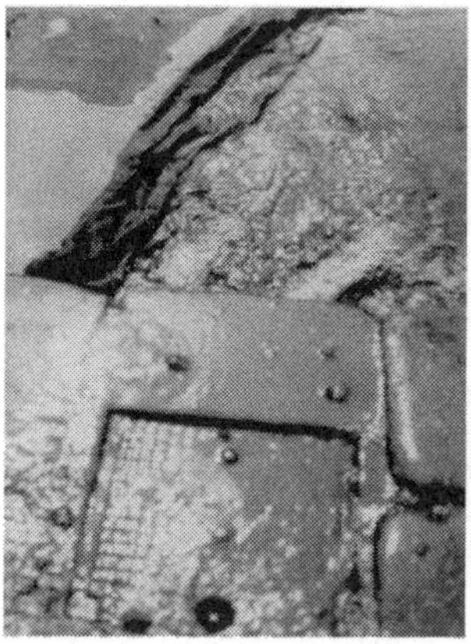

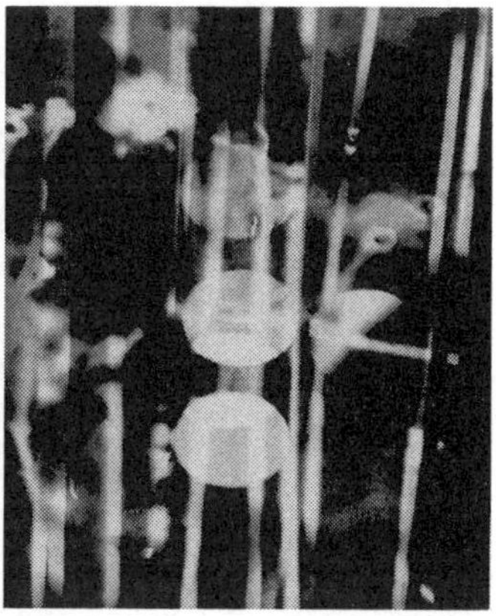

[그림 36] (왼쪽) 모홀리나기, 〈배수구가 있는 도로〉, 1925년, 흑백사진. 소장: 폴 게티 뮤지엄(Paul Getty Museum)
[그림 37] (오른쪽) 모홀리나기, 〈포토그램〉, 1922년, 포토그램. 출처: *Laszlo Moholy-Nagy*

그렇다면 구체적으로 최유련의 『도화과지도세목』의 내용을 살펴보도록 하자. 1학년 1월 제2주차 수업안에 제시된 내용을 보면 "빛이 비추어 반사되어 빛나는 반투명한 얼음면의 재료적 감각과 그 표현에 대하여 암시할 것"[138]이라고 하고 있는데, 이는 물이라는 재료의 표면에 비추어져 반사되는 빛의 움직임을 포착하고, 빛의 움직임에 따라 밝고 어둡게 보이는 표면의 명암변화를 재료의 표면처리로서 다루고자 한 모홀리나기의 빛의 조형개념이 반영된 것이라고 볼 수 있다.[139] 예를 들어 [그림36]은 모

138 崔有鍊, 「第1學年」, 『圖畵科指導細目』, 20쪽.
139 재료의 표면처리로서의 라이팅에 대한 모홀리나기의 조형개념에 대해서는 서희정의 『모홀

홀리나기의 〈배수구가 있는 도로〉라고 하는 흑백사진이며, 이를 통해 최유련의 조형교육지침으로 제시하고 있는 바를 구체적으로 유추해 볼 수 있다. 〈배수구가 있는 도로〉는 물이라는 물체위에 빛을 비출 때 물의 표면에 반사되어 밝게 빛나고 있는 표면의 밝음과 어두움의 명암의 변화를 재료의 표면처리 효과로 포착하여 카메라에 담아낸 사진작품이다. 이것은 위에서 제시한 최유련의 1학년 1월 제2주차의 도화과교육의 지도안에서 거리에 얼어붙은 얼음을 하나의 불투명한 재료로 간주하고 학생들에게 얼음표면에 빛이 비추어질 때 변화되어 보이는 명암의 변화를 관찰하게 하여 도안표현으로 창작해내도록 지도하고 있는 내용을 떠올리게 한다.

『도화과지도세목』을 보면 학년이 올라갈수록 물체와 빛의 상호작용에 의한 명암의 변화를 조형요소로 본격적으로 다루면서 일명 '명암의 도안'[140] 이라는 용어까지 제시하기도 했다. 4학년 4월의 제3주차에서는 색의 명암 연습을 주제로 "백, 흑, 황, 오렌지, 적, 자, 청, 녹의 8개색에 의해 색의 명암을 연습할 것을 지도한다"[141]라고 명시하고 있으며 4학년 4주차에서는 "단계적으로나 비약적으로나 백색-흑색-회색, 회색-백색-흑색, 흑색-백색-회색의 구성교육의 명암에 해당하는 중복의 콤포지션을 만드는 것을 지도할 것"[142]이라고 지도안을 제시하고 있다. 계속하여 5학년에서는 보다 전문적으로 색과 연계하여 빛의 밝기변화에 대해 지도하며 '색의 연습, 명암에 의한 색채배합' 등을 지도하고, 6학년에서는 명암의 아름다움을 고려한 색의 배색에 대해 지도하도록 제시하고 있다. 이는 모홀리나기가 빛을 매개로 하여 새롭게 추구하고자 한 색채의 조형(Gestaltung der Farbe)개념과 흡사하다. 모홀리나기는 색채와 밝기의 상호관계에 의해 만들어진

리나기와 빛공방 활동』, 61-70쪽을 참조하면 자세히 알 수 있다.

140 '명암의 도안'이라는 단어는 『도화과지도세목』의 4학년 5월 제5주차 수업안의 제제로 제시되어 있다.(崔有鍊, 「第4學年」, 앞의 책, 4쪽.)

141 위의 책, 2쪽.

142 위의 책, 3쪽.

조형의 아름다움을 새로운 조형표현의 가능성으로 주목하였는데, 특히 라이팅에 의해서 만들어진 밝기의 그라데이션(gradation)이 주는 시각적인 아름다움을 새로운 조형적 가치로 주목하였다.[143] 그리하여 1922년경부터 모홀리나기는 [그림37]과 같은 '포토그램(photogram)'[144]을 꾸준히 작업하며 빛나는 흰빛에서 무한히 변화하는 회색조의 밝기의 변화를 거쳐서 가장 어두운 검은 빛으로 변해가는 밝기의 그라데이션의 시각적 아름다움을 인화지에 구성하여 보여주고자 했다. 이것은 최유련이 제시하고 있는 '명암의 도안'이라는 교육안내용이나 "단계적으로나 비약적으로나 백색-흑색-회색, 회색-백색-흑색, 흑색-백색-회색의 구성교육의 명암에 해당하는 중복의 콤포지션을 만드는 것을 지도할 것"[145] 등에서 제시하고 있는 교육안과 일치하며, 따라서 최유련은 일본의 구성교육이나 당시 일본에서 주목을 받고 일본어로 번역되었던 모홀리나기의 바우하우스교과서 등을 섭렵하여 상당한 지식을 가지고 있었음을 알 수 있다.

더욱 놀라운 것은 6학년 10월 제6주차의 교안을 보면 '청사진에 의한 재료연습'이라는 제재의 수업이다. 이 수업에서 인화지와 감광작용에 의

---

143 "밝기의 그라데이션을 다룬다는 것은 옵티칼한 형식의 기초적인 '재료'의 하나라고 할 수 있다. 만일 우히가 흑-백-회색이라는 명도의 즉각적인 영역을 넘어 색채의 가치로서 작업하고 생각하는 점을 배운다면, 이 사실은 대등하게 유효하다. 원색과 원색을 대비하여 조합하여 좋고 또한 색조 대 색조를 조합하여 놓는다면 딱딱한 포스터와 같은 효과가 만들어진다. 반면 같은 색이라도 색채의 중간톤과 근접하여 사용하면 이와 같은 포스터같은 효과를 없앨 수 있으며 보다 섬세하게 녹아드는 것 같은 인상을 만들어 낼 수 있다. 모든 색채를 드러내는 사진의 명암의 그라데이션의 생산을 통해 우리는 회색조의 스케일안에서 보다 섬세한 명도의 차이를 인식할 수 있다. 이와 같은 밝기의 그라데이션의 차이는 시각적 표현에 있어서 이전의 표준이라는 기준에 의해 판단하기에는 새로운 것을 재현하며 따라서 지금까지 도달할 수 없는 가치에 이르게 된다."(Rechard Kostelanetz(ed), Moholy-Nagy, "A New Instrument of Vision: What is Optical Quality?", *Moholy-Nagy*, Allen Lane, 1970, pp.50-51.; Written in 1932 and originally published in *Telehor*, 1936.)

144 포토그램이란 사진기를 사용하지 않고 감광지 위에 직접 물체를 놓고 빛을 감광지 위에 비추어 음영을 만드는 방법이다.

145 崔有鍊, 앞의 책, 3쪽.

한 사진의 원리에 대해서 학생들에게 설명하고 명암의 그라데이션이 주는 아름다움을 하나의 조형적 가치로 주목하며 새로운 조형표현의 요소로서 작업하고자 했다는 점을 확인할 수 있다. 이는 최유련 역시 모홀리나기의 포토그램에 의한 교육방식을 그대로 자신의 도화과 교육프로그램에 적용했음을 보여준다. 아래의 내용은 『도화과지도세목』의 '청사진에 의한 재료연습' 수업의 내용이며 포토그램에 의한 재료연습과 조형표현연습을 구체적으로 제시하고 있음을 확인할 수 있다.

> 10월 제6주차: 청사진에 의한 재료연습
>
> 요지: 포토그램에 의한 재료의 구성과 명암감상을 행하여 사진에 대한 초보지식을 가르친다.
>
> 지도:
> 1. 현대생활과 사진에 대해서
> 2. 청사진에 대해서 학습할 것을 알리기: 도안자료집에, 조형적 기초연습에 쓸 것, 도안구성 연습방법으로서, 구도연구에, 제도를 복제할 때 등에 사용되어 간단하면서 생활과 관계가 깊음을 알릴 것.
> 3. 청사진의 원리에 대해서 말할 것, 감광성에 의한 것임
> 4. 미리 준비한 종이를 배포하고 구상한 대로 재료를 재빠르게 인화지 위에 배치하여 태양광 아래에 놓는다. 4,5분 후에 노출부가 푸르게 변하면서 회색빛으로 변하게 될 때 멈춘다.
> 5. 물통에 작업한 인화지를 넣어 깨끗한 물로 감광되지 않은 부분을 씻어낸다.
> 6. 그늘에서 조용히 건조시킨다.
> 7. 정리: 재료감, 명암의 아름다움[146]
>
> (밑줄은 필자에 의해 강조된 내용임)

146 崔有鍊,「第6學年」, 앞의 책, 17-18쪽.

일본의 구성교육에 관한 책에서도 최유련의 『도화과지도세목』만큼 포토그램작업을 통한 조형표현연습이나 빛의 상호작용으로 보여지는 시각효과를 하나의 조형요소로 자세히 정리하여 제시되어 있지 않는데, 이는 최유련이 일본의 구성교육에 관한 책뿐만 아니라 일본어로 번역되어 소개되고 있던 모홀리나기의 조형교육이론을 독학으로 공부하며 새로운 근대적 도안교육에 대해 지대한 관심을 가지고 적극적으로 자신의 교육에 적용해보고자 했던 것임을 알 수 있다.

다음으로 최유련의 『도화과지도세목』에서 일본의 구성교육의 핵심이라고 할 수 있는 '생산구성'개념에 의거한 교육안이 무엇인지 살펴보도록 하겠다. 생산구성의 교육방향이 사회와의 관련성을 두고 그 사회에 필요한 것을 검토하여 공동사회를 발전시킬 수 있는 실용적인 디자인훈련에 초점을 둔 것과 같이 최유련의 『도화과지도세목』에서도 고학년인 5,6학년의 지도세목을 보면 농촌을 배경으로 한 한국의 주거환경을 검토하며 통풍채광의 단점을 분석하고 개선하고자 하는 한국농촌의 주생활 개선을 겨냥한 실용적인 디자인작업을 과제로 다루고 있다. 이와 같은 한국의 주거생활개선을 위한 실용적인 디자인과제를 교수지도안으로 구성할 수 있었던 데에는 제3차 조선교육령의 교육방향을 배경으로 한다. 일본본토의 교육을 그대로 수용하는 것이 아니라 한국의 실정에 맞는 교육으로 전환해야 한다는 제3차 조선교육령이 설정되면서 한국의 실생활과 관련된 교육제재를 다룬 최유련의 『도화과지도세목』이 출판으로 허용되고 공식적인 학교교육 프로그램으로 실시될 수 있게 된 것이다.[147] 그리하여 저학년인 1학년에서 4학년까지는 직선, 수평선, 사선, 나선, 소용돌이선이나 한

---

147 손영범의 박사논문 『バウハウス教育方法の日本を経由した韓国への導入プロセスに関する研究』의 제2장을 보면 조선총독부 산하의 교육시스템과 대구사범학교 부속소학교와의 관계에 대해서 1차부터 3차까지의 조선교육령을 배경으로 고찰하면서 분석하고 있다.(孫聆範, 앞의 책, 35쪽.)

색과 난색에 대한 학습 등 단순한 선과 색의 컴포지션의 연습과 더불어 겨울밤, 정월놀이, 토끼사냥, 짚신그리기, 농기구그리기, 모내기풍경, 무와 배추그리기, 집안 정원그리기, 교실풍경그리기 등의 사생화의 비중이 많던 것이 고학년인 5,6학년에 이르면 실용적인 디자인과제를 다루는 교육안으로 주로 짜여지게 된다. 특히 주거생활 환경의 개선에 최종 교육방향을 맞추고 있듯 5학년부터 건축사수업과 용기화교육을 함께 편성하기 시작하여 아래와 같이 자신의 주택의 평면도를 그리고 한국의 농촌가옥의 주거생활개선을 위해 무엇이 필요한 것인지를 생각하도록 학생들에게 제시하고 있다.

> 먼저 주택에 대해서 학습하기 때문에 자신의 집의 평면도를 그려올 것을 숙제로 내준다. …(생략)… 방을 배치할 때의 주의-위생적으로, 또한 경제적으로나 국방적으로나 여러 면에서 고려할 것, 현대의 한국가정의 방의 배치는 너무 좁아서 통풍과 채광이 나쁨을 지적하고 생활개선을 고려한 방배치를 제안할 것 …(생략)… 주택지식은 한국의 일반가정이 주를 이루지만, 특수한 가정이나 일본의 가정에서도 영향을 끼칠 수 있어야 하며, 일본의 생활과 더불어 이해를 시키고 그 장단점을 비교하여 생활개선을 도모할 수 있도록 할것[148].

계속하여 6학년에 올라가면 더 구체적으로 근대적 주거환경개선을 위한 디자인과제들을 제시한다. 예를 들어 식기·상·벽장의 도안, 화단설계 등을 과제로 제시하기도 하며, 전기사용에 따른 근대적 조명기구에 대한 이해를 도모하며 전기스탠드, 천장용 전기등, 가로등에 대한 디자인을 과제로 내주기도 하면서 한국의 농촌가옥의 근대적 생활개선에 필요한 실생활용품에 대한 디자인에 대해 교육하고자 하였다. 예를 들어 6학년 11

148 崔有鍊,「第5學年」, 앞의 책, 26쪽.

월 제12주차의 교안을 보면 '온돌아궁이의 고안'이라는 과제를 다루고 있는데 대구사범학교 부속소학교가 있는 경상도의 연료소비통계표와 농촌의 화재에 대한 통계표까지 활용하여 비효율적인 연료소비를 어떻게 하면 줄일 수 있는지, 방화를 위해 보다 안전한 아궁이의 도안은 어떻게 만들어내면 좋겠는지 등 생활개량에 대한 의식을 학생들과 검토하면서 개량된 온돌의 아궁이의 도안을 새롭게 고안하도록 제시하고 있다. 한국가옥의 특징에 대한 검토와 한국농가의 생활개선에 관한 디자인을 다루고자 한 『도화과지도세목』의 교육방향은 독일과 일본과는 또 다른 한국의 바우하우스교육의 특징이라고 논할 수 있을 것이다.

앞서 언급했듯이 최유련의 『도화과지도세목』은 제3차 조선교육령을 배경으로 조선총독부의 검열에 통과하면서 실제로 실시된 한국 최초의 바우하우스교육이다. 소학교의 한 미술교사에 의해 제시된 새로운 도안교육의 지도세목이 조선총독부의 검열에서 통과될 수 있었던 데에는 제3차 조선교육령의 교육방향에 합당한 교육내용으로 조선총독부로부터 인증받을 수 있었기 때문일 것이다. 식민지상황을 배경으로 하여 실시된 교육이었던 만큼 최유련은 자신이 제시한 근대적 도화교육안의 교육원리에 대해 황국신민의 육성원리에 의거한 것이라는 교육철학을 제시했는데, 필자는 이것은 식민지상황에서 한국의 모든 교육제도가 조선총독부의 시학제도의 검열에 발맞추어 실시될 수밖에 없었던 상황을 반영한 것뿐이라고 언급하고 싶다. 왜냐하면 근대적 교육제도가 곧 세련된 '황국신민'을 육성하고자 함이라는 것은 당시 식민지 상황에서 상투적으로 언제나 언급되던 표현이기 때문이다. 다음 [그림38]은 『도화과지도세목』의 교사지침서인 『도공교육』에서 최유련이 새로운 근대적 도화교육을 시도하여 어떻게 황국신민을 육성할 수 있는지 자신의 철학을 도식화하여 제시한 것이다. 이 도식을 자세히 살펴보면 '황국신민'다운 새로운 근대적 사고 방식이라는 상투적 문구 뒤로 최유련이 제시하고자 한 것은 '행(行)'하여 알게 된다는 경험을 자신의 교육원리를 중심으로 둔 바우하우스의 기초조형 교육과정에 대한 철학내용임을 알 수 있다.

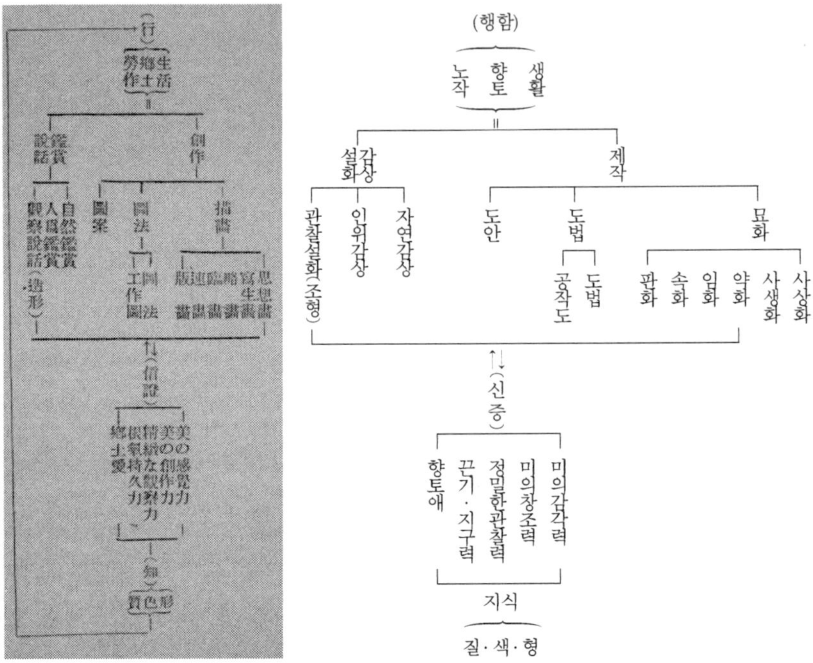

[그림 38] (왼쪽) 최유련의 『도공교육』에서 제시하고 있는 자신의 도안교육의 원리에 대한 도식.
(오른쪽) 한글 번역. (번역자: 서희정)

최유련의 [그림38]과 같은 도식을 보면, 먼저 배움에 대한 새로운 인지과정으로서 '경험을 통해서 알게 되고, 이렇게 알게 된 지식은 다음 행위를 진행하게 되는 동력이 된다'는 교육원리를 언급했다. 종래의 교육이 추상적인 앎을 먼저 배우고 이러한 지식의 틀을 통해서 행위를 행하게 되는 데 반하여, '행(行)하여 알게 됨'이라는 경험을 자신의 교육원리로 두면서 행위를 시작으로 하여 그 행한 경험을 통해서 진리(知)를 얻고 그 진리는 그 다음에 다시 행위의 동력이 된다는 원리를 제시하였다. 이것은 직접 다양한 재료를 경험하여 재료에 대한 감각을 터득하고 이러한 경험을 자신의 조형개념으로 이론화해나가야 한다는 모홀리나기의 바우하우스 기

초조형 교육과정의 철학내용이기도 하다.[149]

이와 같이 한국의 바우하우스의 교육방향은 식민지 상황을 의식하며 새로운 근대적 교육방향을 제시하고 있음을 확인할 수 있으며, 독일과 일본의 바우하우스교육과는 달리 식민지 문화정책의 검열과 관리하에서 실시되었다. 이것은 일제강점기에 실시된 한국의 바우하우스교육의 한 역사적 특징으로서 해석할 수 있을 것이다. 이를 반영하듯 한국의 농촌가옥의 개선을 최종목표로 두고 1학년부터 6학년까지 진행되는 최유련의 『도화과 지도세목』에는 1년에 1번씩 전쟁과 신무기에 관한 사생화나 도안그리기가 편성되어있다. 1학년에는 일본의 히노마루 국기를 그리기, 2학년에는 군사 깃발 축제풍경그리기, 3학년에는 중일전쟁에 대한 포토몽타주작업, 4학년부터 6학년까지는 신무기에 대한 아이디어 도안그리기과 신무기로 전쟁을 하게 될 경우에 대한 상상화그리기 등이 전체적인 조형교육흐름의 방향에 방해되지 않을 정도로 연 1회씩 도안교육의 과제로 편성되었다.

2) 일본 〈동광회(桐光會)〉[150] 강습회 참여: 엘리트 교사와 바우하우스교육의 조우

일제강점기에서부터 해방 직후까지 탐구하며 작업한 최유련의 회화와 디자인습작, 사진작품들이 유품으로 남아있다. [그림39]의 왼쪽은 1938년부터 1943년까지 작업한 것으로 추정되는 회화, 드로잉, 디자인습작을 모아놓은 묶음이며, 오른쪽은 해방 직후 1940년대에 촬영한 최유련의 개인사 기록이나, 혹은 사진작품을 모아놓은 묶음이다. 특히 해방 직후인 1950년대에 최유련이 남긴 사진작품은 1930년대 중반부터 최유련이 관심을 두고 있던 바우하우스의 조형 개념 및 신즉물주의나 일본의 신흥사진

149 Laszlo Moholy-Nagy, *Von Material zu Architekt,* Bauhausbucher14, 1929, 참조.

150 필자는 일본국제교류기금 서울문화센터 및 이희건 한일교류재단의 〈차세대 일본연구자 국외조사 지원프로그램〉의 지원을 받고 일본의 츠쿠바대학(筑波大學), 군마대학(群馬大學), 타마가와대학(玉川大學)에 소장된 동광회(桐光會)에서 발행한 교육잡지 『구성교육(構成教育)』(1932년 1월~1935년 12월) 및 교육프로그램에 대해 조사했음.

[그림 39] (왼쪽) 최유련 습작노트 1938-1943년 추정, 출처: 유족 제공. (필자 촬영)
(오른쪽) 최유련 사진기록모음 1957-1967년, 출처: 유족 제공. (필자 촬영)

의 영향을 받은 추상적인 조형성을 주제로 한 사진작품을 남기고 있다는 점 또한 주목할 만하다.

최유련이 말년까지 재직했던 대륜중고등학교의 정년퇴임기념문집을 보면 "선생의 미술재능은 남달리 뛰어나 선생이 그린 판화를 주위에서 탐을 내어 자주 얻어 갔다"[151]라는 주위의 어록을 보면 천성적으로 손재주가 뛰어난 인물이었음이 틀림없다. 그리고 "1937년 3월 대구수성공립보통학교로 전임되었고, 이어 4월부터는 대구사범학교 훈도 겸 교련으로 근무하게 되었다. 주로 미술과, 공작과를 연구하여 천직이란 개념과 생활의 일치를 교육속에서 찾아온 정력을 쏟았고…"[152]라고 언급되어 근무하고 있던 학교에서 특히 1937년부터 대구사범학교부속소학교에서 미술과와 공작과의 실험적인 교육프로그램을 독학으로 공부하며 실시했다는 것을 확인할수 있다.

최유련이 일본식 바우하우스교육인 구성교육과 바우하우스에 대해 접하게 된 경위는 어떻게 될까? 필자는 최유련이 남긴 생전의 여러 증명서들을 보던 중 1938년에 '동광회(桐光會)'로부터 발급된 한 증명서류[그림40]

---

151 김규섭, 「진실일로의 발자취」, 『설송 최유련선생 정년기념문집』, 경북인쇄, 1982, 28쪽.
152 위의 책, 30쪽.

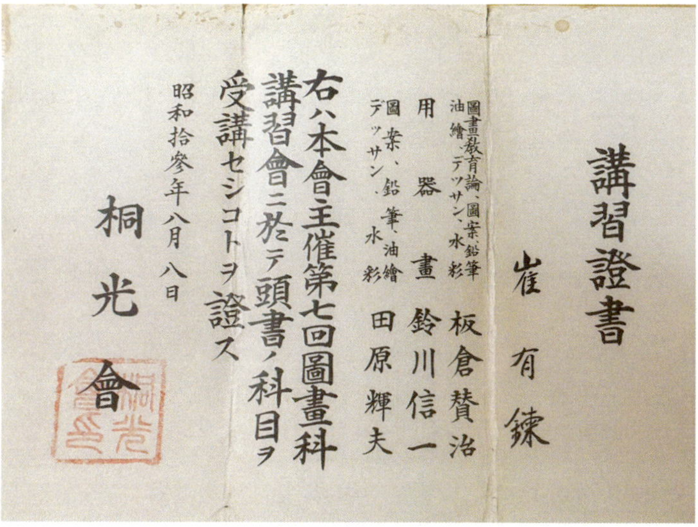
講習證書

崔有鍊

圖畫教育論、圖案、鉛筆 油繪、デッサン、水彩 板倉賛治

用器畫 鈴川信一

圖案、鉛筆、油繪 デッサン、水彩 田原輝夫

右ハ本會主催第七回圖畫科講習會ニ於テ頭書ノ科目ヲ受講セシコトヲ證ス

昭和拾參年八月八日

桐光會

[그림 40] 최유련의 동광회로부터 발급받은 강습증서, 1938년. 출처: 유족 제공. (필자 촬영)

를 발굴할 수 있었다. '동광회'는 일본식 바우하우스교육인 '구성교육'을 기반으로 근대적 도화, 수공, 수공예, 작업교육 등을 연구한 당시로써는 매우 진보적인 미술교육단체였다. 동광회는 1932년 1월부터 1935년 12월까지 매달 1권씩 4년간 교과전문잡지인 『구성교육(構成教育)』[그림41]을 발간했는데 『구성교육』이라는 제목과 같이 가와키타가 일본식 바우하우스 교육으로 제창한 '생산구성'이라는 개념, 즉 생활의 필요를 충족시켜주는 실제적인 제작을 주된 목적으로 하는 일본식 '구성교육'의 교육이념을 따르고 있음을 시사하는 것이었다.

[그림41]의 왼쪽의 사진은 1932년 1월에 발간된 『구성교육』 창간호의 표지이며, 오른쪽의 사진은 매월 발간되는 잡지의 첫 장에 적힌 동광회의 선언문인데, 선언문에는 근대적 조형교육의 이상으로 추구하던 '구성교육'의 이상에 대해 외치고 있다. 동광회가 추구하던 '구성교육'의 이상에 대한 선언문은 다음과 같다.

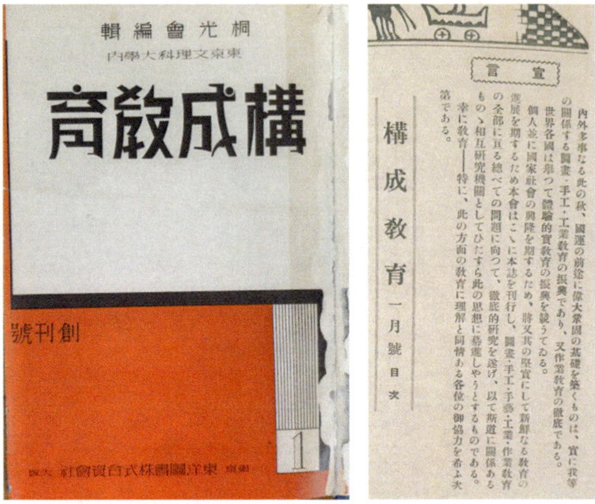

[그림 41] (왼쪽) 1932년 1월 창간호 『구성교육』 표지. (필자 촬영)
(오른쪽) 동광회 선언문. (필자 촬영)

〈동광회 선언〉

국내외로 여러 일이 많은 이 가을, 나라의 운명의 목적지까지 위대하고 공고한 기초를 쌓는 데에는 실로 우리와 관계된 도화, 수공, 공업교육의 진흥, 그리고 작업교육을 철저히 해야 한다. 세계 각국은 모두 체험적인 실제 교육을 진흥시키고자 경쟁하고 있다. 개인과 함께 국가사회의 번성을 기하기 위해서 견실하고 신선한 교육을 발전시키고자 본 모임은 관련 기관지를 간행하고 도화, 수공, 수예, 공업, 작업교육의 전부에 걸친 문제를 다루며 철저하게 연구를 수행하고 그 목표와 관계있다면 서로 같이 연구기관으로서 변함없이 그 사상에 매진하여 탐구하고자 한다. 다행히도 교육 — 특히 이 방면의 교육에 이해와 마음을 함께 하며 여러 협력을 구해야 하는 것이다.[153]

따라서 최유련은 이 일본의 혁신적인 조형교육 단체인 '동광회'가 주최하는 제7회 도화과강습회의 과목을 수강한 것이 일본을 통해 소개되고

153 『構成教育』, 東邦社, 1932年 1月.

있던 일본식 구성교육과 그 지도세목, 그리고 근대적 생활의 개량을 도모하고자 하는 조형교육의 목적과 개념에 대해 접한 결정적인 계기로 보인다. 그리하여 최유련은 1938년에 대구사범학교 부속소학교에서 『도화과 지도세목』이라는 한국의 근대적 바우하우스식 지도세목을 개발하고 실행할 수 있었던 것으로 유추할 수 있다.

유품으로 남겨진 1938년의 동광회의 제7회 도화과 강습증서는 동광회의 기관지인 『구성교육』에서 실린 학생모집을 위한 여름 단기 도화과강습회의 광고내용을 통해 1938년 여름에 열린 단기강습회에 최유련이 참여하여 과정을 이수했음을 확인할 수 있다. 1932년 1월부터 1935년 12월까지 총 4년에 걸쳐 발간된 『구성교육』을 보면 매년 5월부터 7월까지 동광회의 '도화과 하계강습회(圖畫科 夏季講習會)'의 수강생모집에 관한 광고가 게재되어 있다. 1932년부터 매년 1회씩 도화과 하계강습회가 열렸고, 1932년부터 1935년까지 4년간 발간되었던 잡지였던 만큼 예를 들어 [그림42]에서 볼 수 있는 '제4회 도화과 하계강습회'는 1935년에 개설된 것이다. 제4회 도화과 하계강습회의 모집공고(그림42)를 보면 8월 1일부터 10일까지 진행하는 그 커리큘럼과 담당교원이 공개되어 있다. 최유련은 1938년에 '제7회 도화과 하계강습회'를 수료한 것으로 수료증서(그림40)에 적혀 있으며 이것은 1935년 제4회 도화과 하계강습회가 개설된 이후 3년 후로 제7회라는 회수와 연도가 정확히 일치한다. 따라서 최유련은 일본에 어떤 지원을 받아 일본에 여름단기 교사연수를 다녀온 것인지는 알 수 없으나, 1938년 여름에 일본에 방문하여 동광회가 8월에 단기강습회로서 개설한 도화과강습회를 수료한 것은 확실하며 이를 통해 독일의 바우하우스나 당시 일본에서 주목받고 있던 구성교육에 대한 정보를 얻을 수 있었을 것이다.

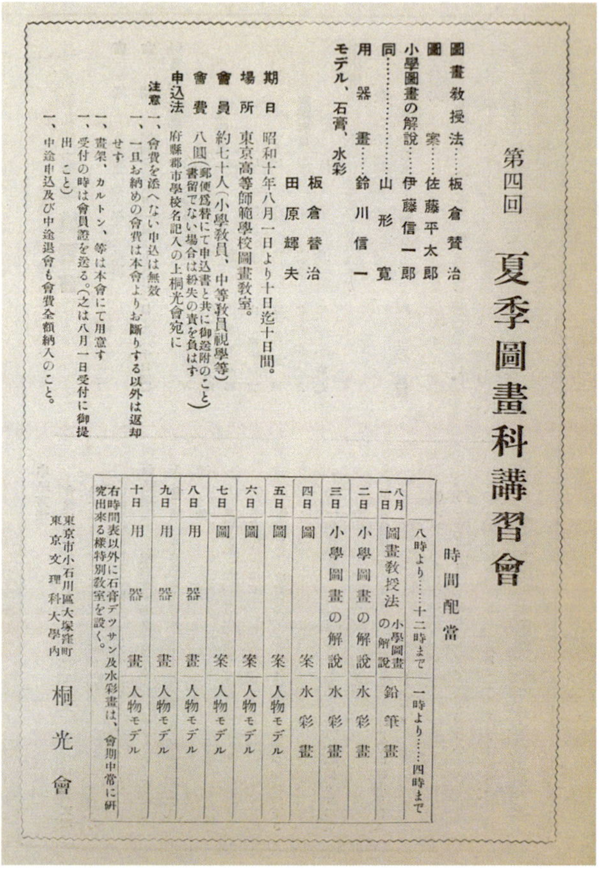

第四回 夏季圖畫科講習會

圖畫教授法……板倉賛治
圖　案……佐藤平太郎
小學圖畫の解說……伊藤信一郎
同……山形寬
用器畫……鈴川信一
モデル、石膏、水彩　板倉賛治　田原輝夫

期日　昭和十年八月一日より十日迄十日間。
場所　東京高等師範學校圖畫教室。
會員　約七十人(小學教員、中等教員視學等)
會費　八圓(郵便爲替にて申込書と共に御送附のこと　書留でない場合は紛失の責を負はず)
申込法　府縣郡市學校名記入の上桐光會宛に
注意
一、會費を添へない申込は無效
一、一旦お納めの會費は本會よりお斷りする以外は返却せず
一、畫架、カルトン、等は本會にて用意す
一、受付の時は會員證を送る。(之は八月一日受付に御提出のこと)
一、中途申込及び中途退會も會費全額納入のこと。

時間配當

	八時より……十二時まで	一時より……四時まで
八月一日	圖畫教授法 小學圖畫の解說	鉛筆畫
二日	小學圖畫の解說	水彩畫
三日	小學圖畫の解說	水彩畫
四日	圖案	水彩畫
五日	圖案	人物モデル
六日	圖案	人物モデル
七日	圖案	人物モデル
八日	用器畫	人物モデル
九日	用器畫	人物モデル
十日	用器畫	人物モデル

右時間表以外に石膏デッサン及水彩畫は、會期中常に研究出來る樣特別教室を設く。

東京市小石川區大塚窪町
東京文理科大學内
桐光會

[그림 42]『구성교육』, 1935년 6월호에 실린 동광회 주최 제4회 하계도화과강습회 학생모집공고. (필자 촬영)

또한 1938년에 발행된 최유련의 강습증서[그림40]와 3년 전인 1935년의 제4회 도화과 하계강습회의 커리큘럼[그림42]을 보면 상당히 비슷하며, 가르친 교사도 당시 동광회에서 활발한 활동을 하고 있던 일본인 담당교원들이었다. 이타쿠라 산지(板倉賛治)가 도화교수법(圖畫教授法), 스즈카와 신이치(鈴川信一)가 용기화(用器畵), 타와라 테루오(田原輝夫)가 수채화와 데상 등을 가르친 것은 최유련의 제7회 도화과하계강습회 수료증서에도『구성교육』에 게재된 제4회 도화과 하계강습회의 모집 광고의 내용에서도 공통되게 볼 수 있다. 연도에 따라 강습회의 내용과 교원이 조금씩 바뀌었다고 치더라도 주된 지도과목과 타쿠라 산지, 스즈카와 신이치, 타와라 테루오라는 동광회의 도화과 하계강습회의 주요 담당교원은 일관되었다. 예를 들어 도화교수법을 가르친 이타쿠라는 도쿄고등사범학교출신으로 졸업 후 도쿄고등사범학교 교수로 재직한 중심역할을 하는 교육자였으며 잡지 『구성교육』에도 많은 근대적 조형교육에 대한 글을 게재했다. 또한 1932년부터 1935년까지 발간된 『구성교육』에서 8월의 10일간 열린 도화과 하계강습회의 모집공고를 보면 장소는 한결같이 도쿄고등사범학교 도화교실이며, 모집회원은 초등학교와 중등학교에 재직하고 있는 교사 70명을 대상으로 했다는 것을 알 수 있다. 따라서 최유련은 대구사범학교 부속소학교의 초등학교 교사로 근무하면서 교사라는 자격으로 도화과 하계강습회에 참가했을 것이다.

[그림 43] 『구성교육』 1934년 9월호에 실린 8월에 실시된 제3회 도화과 하계강습회 수료 기념사진

여기에서 필자는 1938년에 공포된 제3차 조선교육령과 1938년에 발행된 최유련의 『도화과지도세목』 그리고 1938년 8월에 발행된 동광회의 '도

화과 하계강습회 수료증'의 시기적 상관관계를 정리해 보고자 한다. 먼저 1938년 3월~4월 사이로 제3차 조선교육령이 공포되었고 최유련의 『도화과지도세목』은 제3차 조선교육령이 공포된 후 같은 해 1938년 7월에 발행되었다. 『도화과지도세목』에서는 최유련에게는 큰 기회였을 일본의 동광회가 개최한 '도화과 하계강습회'에 대한 언급이 없으므로 최유련은 일본의 전문서적을 통해 '구성교육'과 '바우하우스'를 독학으로 공부하고 있었던 것이 『도화과지도세목』이라는 교사지침서의 발행을 계기로 같은 해 8월에 일본인 교사 누군가의 추천으로 구성교육을 내용으로 한 동광회의 단기하계 교사연수에 다녀온 것으로 추측된다.

마지막으로 최유련의 사진작품과 바우하우스의 모흘리나기의 '빛조형' 개념의 영향관계에 대해 논하고자 한다. 앞 장에서 최유련의 『도화과지도세목』의 6학년 10월 제6주차의 교안에서 '청사진에 의한 재료연습'이라는 제재의 수업을 살펴보았다. 최유련은 이 수업에서 인화지와 감광작용에 의한 사진 원리에 대해서 학생들에게 가르치면서 명암의 그라데이션이 주는 아름다움을 탐구하도록 지도하고 있으며, 동시에 모흘리나기의 라이팅에 의한 재료의 표면처리의 효과를 카메라에 담아낸 표현연습을 도안교육으로 제시했다는 것을 확인했다. 카메라에 의한 빛의 효과를 조형표현과 재료의 표면처리에 적용한 최유련의 지도안은 1938년경 당시로서는 카메라라는 최첨단 테크놀로지에 의한 조형표

[그림 44] 카메라를 들고 찍은 최유련, 1942년.
출처: 유족 제공.

현이었기에 카메라조차도 조선인들에게 낯설던 시대에 상당히 획기적인 것이었다. 이것은 최유련의 유품으로 남아있는 1942년경 카메라를 들고 찍은 최유련의 기록사진[그림44]을 발견하게 되면서 이 기록사진을 통해 실제로 최유련이 빛의 시각효과를 다루는 카메라라는 매체를 탐구하고 있었으며 이를 『도화과지도세목』의 지도안으로 적용하게 된 경위를 확인할 수 있었다. 최유련의 빛의 표면처리의 효과와 사진 작업에 대한 관심은 해방 이후인 1957년부터 1967년까지 작업한 다수의 사진작품을 통해서도 확인할 수 있다.

구체적으로 해방 이후인 1957년부터 1967년까지 작업한 최유련의 사진작품을 살펴보면서 1930년 후반부터 카메라를 이용한 빛의 조형 표현에 대해 탐구한 최유련의 모홀리나기의 『재료에서 건축으로』의 중심개념과의 영향 관계를 검토해보도록 하겠다. 모홀리나기는 물체에 빛을 비춘다고 하는 라이팅의 프로세스에 주목하면서 물체의 형태에 따라 반사되는 빛의 음영과 그라데이션을 독립된 조형표현으로 포착했다. [그림45]를 보면 기록의 도구로서의 카메라가 아닌 빛의 음영관계를 인화지에 고정시키는 표현매체로서 카메라를 다룬 모홀리나기의 영향을 볼 수 있다. 모홀리나기는 빛이 물체에 닿아 보이는 다양한 빛의 밝기의 효과를 사진으로

[그림 45] (왼쪽) 최유련의 라이팅을 조형요소로 포착한 흑백사진, 1957년, 출처: 유족 제공.
(오른쪽) 모홀리나기의 비타민제의 광고사진, 1939년. 출처: *Moholy-Nagy*.

촬영하였는데, 예를 들어 비타민제 광고사진의 경우 또한 투명한 유리에 비추어진 빛의 둥근 스포트라이트와 어두운 배경이 검은 그림자 사이의 명료한 명함대비를 디자인 표현의 주요 주제로 다루고 있다. 최유련 역시 마찬가지로 교실에 앉아 수업을 받고 있는 한국인 학생들을 기록하기보다는 창문으로 쏟아져 내려오는 빛이 교실에 앉아 있는 학생들에 비춰질 때 보여지는 빛의 스포트라이트와 어두운 배경의 명암의 대비를 카메라로 촬영하였다. 서구의 전문적인 형식주의 사진표현나 미학을 고등교육기관에서 배우거나 유학을 한 것이 아님에도 불구하고 명료하게 모흘리나기의 빛에 의한 표면처리, 라이팅을 하나의 조형개념으로 포착하는 근대적인 미학을 완전히 이해하고 표현하고 있는 것이다.

계속하여 모흘리나기의 『재료에서 건축으로』에 쓰인 「재료의 조직에 대한 전문용어」[154]를 보면 물체를 재료로 보면서 재료의 조직에 대해서 구조(Struckur), 텍스처(Textur), 표면처리(Factur), 축적(Hauwerk)이라는 네 가지로 분류하고 이러한 재료의 표면에 빛을 비추었을 때 생기는 반사, 비추어

[그림 46] (왼쪽) 최유련의 물표면의 빛의 반사(표면처리) 흑백사진, 1962년. 출처: 유족 제공.
(오른쪽) 모흘리나기, 〈배수구가 있는 도로〉, 흑백사진, 1925년. 소장: 폴 게티 뮤지엄.

154 Moholy-Nagy, *Von Material zu Architektur*, bauhaücher, 1929, 33-58쪽.

져 보이는 명암의 효과를 카메라에 담아내어 인화지 표면 위에 나타난 밝기의 변화를 일종의 재료의 표면처리라 하였다. 재료의 표면처리는 바우하우스의 기초조형교육에 있어서 재료를 체험하게 하게 하는 교육프로그램의 하나로 간주된 것이었다.[155] 예를 들어 [그림46]의 왼쪽에서 볼 수 있는 최유련의 사진작품은 모홀리나기의 〈배수구가 있는 도로〉에서 볼 수 있는 물이라는 재료의 표면에 라이팅된 빛과 그림자의 음영의 시각효과를 하나의 텍스처로 포착한 것이다. 1962년경 촬영된 것으로 기록된 최유련의 사진작품들에는 물결치는 물의 표면과 그 위로 비추어지는 빛의 시각적 효과를 빛에 의한 표면처리로 다룬 모홀리나기의 조형표현의 영향을 보여준다.

또한 바우하우스의 기초조형교육으로 재료의 조직에 대한 탐구를 반영한 최유련의 사진작품들 또한 존재한다. 모홀리나기의 「재료의 조직에 대한 전문용어」에 따르면 '축적'이란 규칙적으로 리드미컬하게 분해된 혹은 불규칙적으로 축척된 재료의 조직을 말한다. 같은 물체가 축적되어 합해져 하나로 보이는 것을 말하며 [그림47]의 오른쪽의 사진이 모홀라나기가 제시한 '축척'의 예이다. 마찬가지로 [그림47]의 왼쪽의 최유련의 사진작품을 보면 돌무더기가 규칙적으로 축척되어 쌓여진 것이 하나의 통합체로 합해져 보이며 이것이 사진으로 촬영되었다. 「재료의 조직에 대한 전문용어」에서 '구조'라는 재료조직에 대한 개념은 바꿀 수 없는 재료의 조직구조를 말한다. 예를 들어 종이의 경우 섬유질의 구조를 가지며 금속의 경우 결정성의 구조를 가진다고 모홀리나기는 언급했다. 그리고 그 예시로 산의 조직구조를 찍은 사진[그림47]을 제시한다. 마찬가지로 최유련은 모홀리나기의 '구조'에 대한 개념을 완전히 이해한 듯 [그림48]의 왼쪽 사진작품과 같이 나뭇가지라는 재료의 '구조'를 보여주는 사진을 남겼다. 최

155 서희정, 「1. 재료의 표면처리의 한 종류로서의 라이팅」, 『모홀리나기의 빛공방 활동』, 62-70쪽 참조.

유련이 남긴 이러한 재료의 표면처리와 관련된 시각효과를 찍은 여러 사진작품들은 이번 장의 후반부에 모아서 게재하였으므로 확인할 수 있다.

[그림 47] (왼쪽) 최유련의 돌무더기의 축적으로 보는 표면 텍스처 흑백사진, 1962년. 출처: 유족 제공.
(오른쪽) 모홀리나기의 『재료에서 건축으로』(1929)에서 제시한 '축적'에 의한 재료조직 예시 사진.

[그림 48] (왼쪽) 최유련의 나뭇가지의 구조를 보여주는 흑백사진, 1957년 추정. 출처: 유족 제공.
(오른쪽) 모홀리나기의 『재료에서 건축으로』(1929)에서 제시한 '구조'에 의한 재료조직 예시 사진.

최유련 기록사진/ 디자인, 데상, 풍경, 인물, 정물의 습작/ 사진작품

자택에서 모형항공기를 만들며, 1941.

최유련 선생님 유화 작품을 보는 가족들(1940년대 추정)

카메라를 들고 찍은 사진, 1942.

모형항공기를 들고 찍은 사진, 1958.

학교 근무 기록 사진, 1958.

해방 직후 대륜학교 교사 시절(연도 미상)

디자인 습작, 1939.

디자인 습작, 1939.

디자인 습작, 1939.

디자인 습작, 1939.

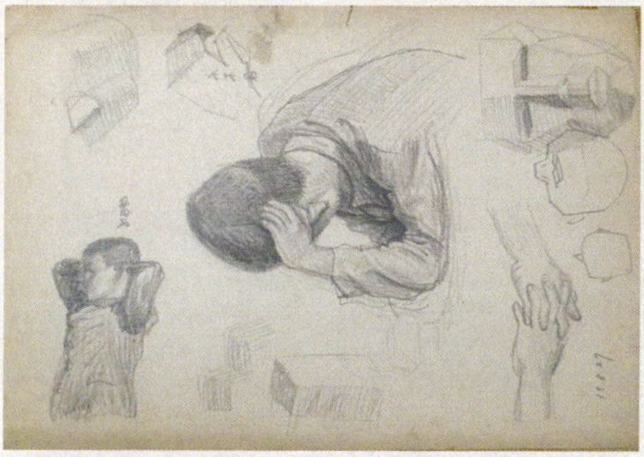

소묘 습작, 1940. 8. 27.

소묘 습작, 1939.

색연필 풍경, 1942.

수채화 정물, 1939. 2. 11.

수채화 정물, 1938. 1. 2.

수채화 정물, 1938. 1. 2.

수채화 인물(연도 미상. 1938~9 추정)

크레파스 풍경, 1938.

조형 사진, 1957~1967 사이 추정.

조형 사진, 1957~1967 사이 추정.

조형 사진, 1957~1967 사이 추정.

조형 사진, 1957~1967 사이 추정.

사진, 1967.

사진, 1957~1967 사이 추정.

사진, 1962.

사진, 1962 추정.

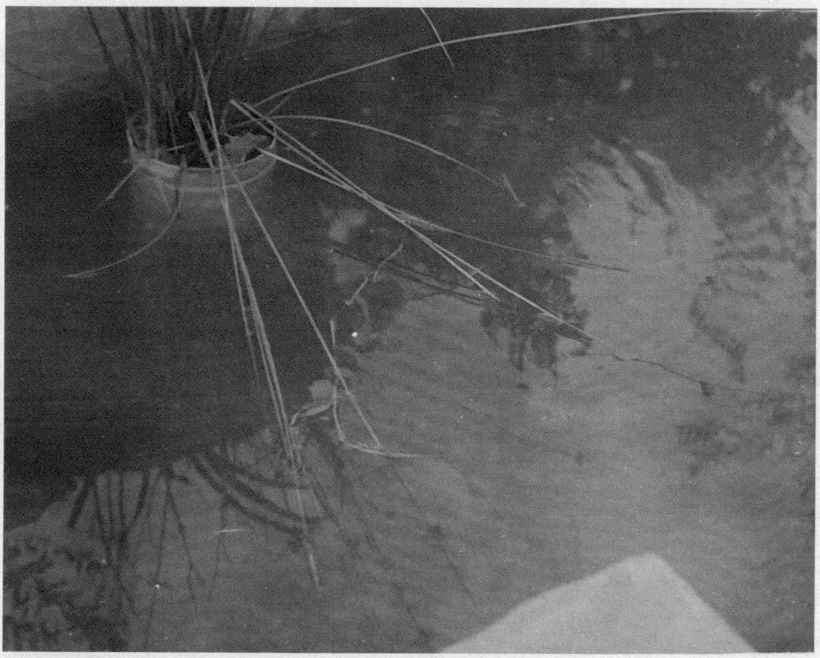

사진, 1962 추정.

조형 사진, 1962.

조형 사진, 1962.

사진, 1962 추정.

조형 사진, 1962.

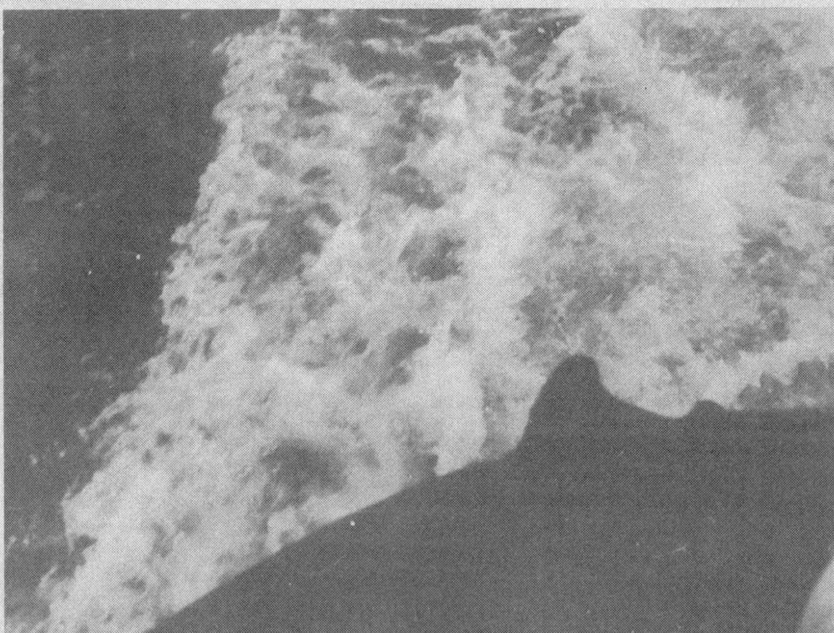

조형 사진, 1962.

사진, 1957.

사진, 1957.

■ 나가며

지금까지 본 책을 통해 일제강점기에 도입되었다고 볼 수 있는 한국의 바우하우스 디자인교육의 도입양상을 살폈다. 그리고 1938년에 시행되기 시작한 제3차 조선교육령을 배경으로 대구사범학교 부속소학교에서 미술교사였던 최유련에 의해서 『도화과지도세목』이라는 교육안이 조선총독부의 시학제도의 검열을 거쳐 공식적으로 실행될 수 있었다는 점을 확인할 수 있었다. 최유련의 『도화과지도세목』은 당시의 국정교과서의 교육프로그램에 의존하지 않은 자체적인 교수세목으로 최유련 자신이 근대적 디자인교육에 관심을 두고 섭렵해 온 바우하우스교육의 내용이 반영된 것이다. 『도화과지도세목』을 구체적인으로 분석함으로써 일본을 통해 일본식 바우하우스교육이었던 구성교육과 당시 일본을 통해 활발히 소개되고 있었던 모홀리나기의 기초조형교육의 영향을 상당히 받고 있었음을 확인할 수 있었다. 최유련은 독일의 바우하우스나 일본의 미술대학에서 근대적인 바우하우스교육을 직접 공부한 바도 없는 한 지방의 소학교 미술교사였지만, 최유련의 『도화과지도세목』을 보면 일본의 구성교육안뿐만 아니라 모홀리나기의 조형교육이론까지 상당히 완벽하게 이해하고 이를 소학교의 교육안으로 새롭게 재구성하여 편성해내었음을 확인할 수 있었다, 이는 매우 한국의 근대디자인사에서 획기적인 일이라고 생각된다. 그리고 더 넓게는 지금까지 연구되지 않았던 동아시아의 바우하우스의 도입역사라는 관점에서 볼 때에도 매우 주목할 만한 역사적 사실이라고 논하고 싶다.

앞에서 논한 바와 같이 최유련의 『도화과지도세목』은 독일의 바우하우스가 아닌 일본의 구성교육을 도입하여 한국의 실정에 맞추어 교육안으로 편성한 것이다. 독일이 아닌 일본의 구성교육을 통해 바우하우스에 대한 지식을 얻게 된 데에는 당시 한국이 처한 식민지상황을 배경으로 한다. 가와키타의 구성교육의 이념 중, 독일의 바우하우스교육과 구별되는 '생산구성'이라는 새로운 개념이 조형교육의 방향을 사회와의 관련성을 두고 살피어 그 사회에 필요한 것을 검토하고 공동사회를 발전시킬 수 있는 실용적인 디자인훈련을 하는데 초점을 두었던 만큼, 최유련의『도화과 지도세목』역시 자신의 디자인교육의 최종과제를 한국의 농촌가옥을 살펴 농가의 주거환경개선에 필요한 근대적 디자인을 개발할 수 있는 디자인훈련을 하는데 두었다. 그러나 일본적인 것이 아닌 한국적인 것을 그대로 살피며 그 향토성을 살린 디자인을 창작해 내고자 한 이와 같은 교육방향이 당시 교육제도를 관리하던 조선총독부의 검열에서 통과될 수 있었던 데에는 한국의 풍토에 맞는 교육으로 전환해야 한다는 교육사상을 기저로 1938년에 공포된 제3차 조선교육령을 배경으로 한다. 따라서 한국의 바우하우스교육은 한국농가의 실생활개선의 고찰과 생활개량을 위한 근대적 디자인교육을 실시했다는 '자주성'이 엿보이는 반면, 이러한 새로운 근대적 디자인교육의 실시를 통해 세련되게 개량된 '황국신민'을 육성하고자 한다는 당시의 식민지문화정책을 배경으로 둔다는 이중적인 측면이 있다.

일제강점기에서부터 해방 직후까지 탐구하며 작업한 최유련의 회화와 디자인습작, 사진작품들이 유품으로 남아있으며, 본 책에서 조금이나마 유형별로 정리하여 최초로 공개하였다. 1938년부터 1943년까지 작업한 것으로 추청되는 회화, 드로잉, 디자인 습작, 그리고 1940년대부터 촬영한 최유련의 개인사 기록, 해방직후인 1950년대에 남긴 사진작품들은 소중한 역사자료이다. 그의 사진작품의 경우 1930년대 중반부터 관심을 두고 있던 바우하우스 조형 개념, 신즉물주의나 일본의 신흥사진의 영향을 받은 것으로 보인다. 그의 남겨진 유작을 통해 당시 홀로 시대를 앞서 선진적이고 근대적인 문물을 탐구해 간 선구적인 지식인의 면모를 확인해 볼 수 있게 한다.

동아시아의 근대디자인의 전개와 바우하우스교육의 수용이란 어떤 의미를 지니는가? 필자는 다년간에 걸쳐 실시한 일본의 구성교육에 대한 연구를 기반으로 하여 한국의 바우하우스교육에 관한 연구결과에 이르렀다. 자유와 합리성을 가치로 내걸며 나치에 반대로 활동해 나갔던 독일의 바우하우스와는 달리 일본의 구성교육의 경우 전쟁선언을 하던 제2차 세계대전을 전후로 근대국가로서의 일본의 국가이미지를 포장하여 대외적으로 선전하거나 대동아건설을 교육의 기치로 한 국민교육의 한 양상으로 전개되었다. 한국의 경우 식민지적 상황과 조선총독부의 시학제도라는 검열제도를 의식하며 황국신민양성을 목표로 한 제3차 조선교육령의 방향에 맞추고자 한다는 상투적인 교육목표의 배경 아래, 어려운 식민지 상황 속에서 최유련의 근대 디자인교육이라는 신식 문물에 대한 탁월한 식견과 재능은 비정규교과의 교재인 『도화과지도세목』을 통해 확인할 수 있었고 이는 실로 획기적인 사실이 아닐 수 없다. 최유련의 바우하우스교육에 대한 흥미와 독학, 그리고 조선의 실정에 맞춰 농촌가옥의 개량을 살피는 그의 관심은 시대를 앞서간 탁월한 개인적인 재능과 함께 조국의 발전을 염원했던 애국심을 엿볼 수 있다. 동아시아의 바우하우스 수용과 전개는 일본의 제국주의 문화정책과 식민주의 문화정책의 길항관계에서 전개되어 갔기에 동아시아에 있어서 바우하우스교육의 도입은 제국주의와 식민주의의 문화적 양상이 동시에 반영된 하나의 근대적 상징과도 같다고 논할 수 있을 것이다. 본 연구를 통해 동아시아의 근대체계의 설립과 전개를 고찰하는 근대문화사연구에 있어서 제국주의와 식민주의의 상호작용을 배경으로 전개된 근대제도의 전개를 살펴볼 수 있는 연구에 하나의 참조가 될 수 있기를 기대한다.

제5장
식민권력의 지방도시 개발과 도화교육의 맨 얼굴

한국의 근대적 도화교육의 한 예를 보면, 1907년 대한제국시기 경성에 소재한 관립공업전습소에서 근대적 산업화를 위한 실업교육의 일환으로 용기화교육을 비중있게 편성하여 가르치다가 1910년 일제강점기 이후 조선총독부로 그 소속이 바뀌면서 기물생산을 위한 단순한 도면제작 위주의 수업으로 개편되어 식민지경영을 위한 운영 목적으로 변모되었다.[156] 이후 조선총독부 공업전습소는 1916년 6월에 개교한 경성공업전문학교의 부속교육기관으로 편성되던 것이 1922년부터 1934년까지 관립경성공업학교로 이름이 바뀌어 운영되고, 1934년부터 1945년 해방전까지 경성고등공업학교로 운영되면서 공업기술수업과 함께 이와 관련된 기초적인 도화교육이 계속하여 이루어졌다. 한편 일제강점기에 들어서 도시뿐만 아니라 지방의 지역개발 역시 식민지경영의 일환으로 운영되었다. 지방의 근대적 학교 교육의 경우에도 1,2,3,4차에 걸쳐 개정되면서 시행된 조선교육령과 연계하여 운영되었다.

필자는 지금까지 경성(현재 서울지역)을 중심으로 연구되었던 근대화와 도화교육의 양상을 '지방사 연구'의 문맥에서 식민권력에 의한 지방도시의 지역개발과 함께 실제적으로 근대적 도화교육이 어떻게 실행되었는지 구체적인 사료를 조사하여 고찰해보고자 했다. '지방사연구'가 학문적으로 정착

156 본 책의 제1장 고종의 관립공업전습소, 부국강병을 꿈꾸며 시작한 근대 도화교육에서 다루었다.

한 것은 1947년 영국에서 레스터대학의 영국지방사학과(Department of English Local History at University Leicester)가 설치된 후이다. 역사지리학자 윌리엄 호스킨스(William J. Hoskins)를 주임교수로 초빙한 이후 허버트 핀버그(H. P. R. Finberg), 찰스 피티언-애덤스(C.V. Phythian-Adams) 등이 연구진에 합류해 지방사 연구자들을 배출함으로써 이른바 레스터학파가 형성되었다.

여기에서는 경상도의 거점도시인 대구와 경성의 외곽도시였던 용인의 사례를 살펴보고자 하는데 이 두 도시를 선정한 이유는 다음과 같다. 일제강점기 행정구역의 개편에 따라 전국 12개 주요 도시는 '부(府)', 촌락의 성격을 벗어나지 못했던 220개 지역은 '군(郡)'으로 편제했다. 따라서 경성이 아닌 지방 도시의 지역개발과 도화교육의 상황을 살펴보는데 있어서 각각 지역개발의 규모와 성격이 다른 지방 도시를 하나로 아울러 일반화하여 경성 대 지방도시라는 이분법으로 고찰하기보다 지방 도시의 규모에 따른 식민권력의 지역개발과 도화교육의 상황을 고려하여 다각적으로 살펴야 할 필요가 있다고 봤다. 그리하여 '부(府)'의 규모의 지방 도시로 대구, '군(郡)'의 규모의 지방 도시로 용인을 선정했다. 대구의 경우 영남의 거점도시이며 내륙에 위치한 지방도시이지만 개항기부터 서양선교사들이 정착을 하며 서양문물이 꾸준히 소개되고 경부선 개통이후 대구역을 중심으로 일본의 자본이 투자되면서 상업도시로서 식민개발이 활발히 진행된 곳이었다. 반면 용인의 경우 경성과 지리적으로는 대구보다 가깝지만 경성의 외곽지대이면서도 일본의 자본이 투자되고 상권이 개발되었던 곳이라기보다 쌀생산을 중심으로 한 농업도시였다.

따라서 대구와 용인의 각각의 예는 지방도시에 따라 식민권력에 의한 경제개발의 방향이 제각기 다르며 따라서 근대도화교육의 비중 또한 다를 수 있다는 것을 구체적으로 비교하며 살펴볼 수 있는 예가 될 것이다. 특히 대구라는 지방도시에서 최유련이라는 한 명의 초등학교 교사가 어떻게 하여 독일의 바우하우스와 일본의 구성교육이라는 당시로는 최신식 근대적 도화교육을 공부하여 『도화과지도세목』(1938)이라는 교수세목을 개발하여 실시할 수 있었는지, 이번 장에서 지방도시의 식민개발과 근대적 교육의 역사적 사실을 고찰하는 가운데 그 이유를 대구라는 도시의 지역개발 상황을 살피며 명료히 파악할 수 있을 것이다. 또한 기존의 역사연구가 서울을 구심점으로 설정하고 이를 역사의 전체적인 성격으로 규정하여 바라보던 시각에서 벗어나 지금까지 주목받지 못했던 지방도시들의 지역개발의 특색과 근대적 도화교육이 실제로 어떻게 운영되었는지 다각적인 관점에서 검토할 수 있게 될 것이다.

특히 용인의 경우 한국전쟁기 폭격으로 크게 손실된 도시면서 농업중심의 농촌사회였기 때문에 일제강점기의 행정과 관련된 기록자료보다 당시 생존하였던 사람들의 구술기록을 중심으로 기록이 남아있다. 당시 근대적 교육의 중심을 담당하였던 용인공립보통학교(현재 신갈초등학교), 김량장공립보통학교(현재 용인초등학교), 송전공립보통학교(현재 송전초등학교)의 역사기록들 역시 졸업생들의 구술기록이 상당 부분 차지하고 있었다. 학교의 명칭의 경우, 1911년의 제1차 조선교육령을 거쳐 1943년에 공포된 제4차 조선교육령까지 여러 번 공식적인 교명이 바뀌었다. 이 책에서는 논의를 위해 편의상 개교 당시의 교명인 '공립보통학교'로 통일하여 학교의 교명을 언급할 것이다.[157]

---

157 제1차부터 제4차 조선교육령까지 초등학교의 학교의 교명이 교육정책에 따라 여러 차례 바뀌었다. 현재의 '신갈초등학교'는 1909년 5월에 개교할 당시는 사립용인보통학교로, 제1차 조선교육령 때에는 기흥공립보통학교로, 제3차 조선교육령 때에는 신갈심상소학교로, 그리고 1941년 국민학교령이 반포되면서 신갈공립국민학교로 교명이 변경되었다가 현재의 신갈초등학교라는 교명을 사용하게 되었다. '용인초등학교'는 제1차 조선교육령 시기인 1915년 11월에 개교할 당시는 김량장공립보통학교라는 교명으로 개교하였으나 제3차 조선교육령 때에는 김량공립심상소학교로, 1941년 국민학교령이 반포되면서 김량공립국민학교로 교명이 변경되었다가 현재는 용인초등학교라는 교명을 사용하게 되었다. '송전초등학교'는 제1차 조선교육령 시기인 1919년 10월에 개교할 당시는 송전공립보통학교라는 교명으로 개교하였으나 제3차 조선교육령 때에는 송전공립심상소학교로, 1941년 국민학교령이 반포

1. 일제강점기 지방도시 근대화 연구들

'지방사연구'가 학문적으로 정착한 것은 1947년 영국의 레스터대학에서 역사학의 한 분야로서 영국지방사학과(Department of English Local History at University Leicester)가 설치된 후이다. 역사지리학자 윌리엄 호스킨스(William J. Hoskins)를 주임교수로 초빙한 이후 허버트 핀버그(H. P. R. Finberg), 찰스 피티언-애덤스(C. V. Phythian-Adams) 등이 연구진에 합류해 지방사 연구자들을 배출함으로써 이른바 레스터학파가 형성되었다. 영국의 레스타학파의 지방사연구와 '지방사'라는 용어는 1986년 오주환에 의해「지방사연구: 그 이론과 실제 – 영국을 중심으로」라는 제목으로 대구의 역사에 대해 연구하고 발표하는 학회지『대구사학』에 처음 소개되었다. 그로부터 약 12년 후인 1998년 역사문화학회에서 '지방사'연구를 주제로 한 연구모임을 만들었고『지방사와 지방문화』라는 학회지를 발행하기 시작했다. 첫 창간호에서 고석규는「지방사 연구의 새로운 모색」이라는 논문을 발표하며 한국의 지방사연구에 대한 인식과 이론적 모색의 토대를 영국의 레스터학파의 '지방사'연구의 개념을 통해 제시했다.[158] 2000년대 이전에는 근대기 지방사 연구의 대상은 관공서의 기록을 토대로 연구되어 지리지, 세금, 재방재정 등에 관한 것이 대부분이었고[159] 일제강점기의 생활문화와 근대화에 대한 연구가 거의 없었다.

그러던 것이 2000년대 이후 일제강점기 지방도시의 근대적 시각문화

되면서 송전공립국민학교로 교명이 변경되었다가 현재는 송전초등학교라는 교명을 사용하게 되었다.

158 오주환,「지방사연구: 그 이론과 실제 – 영국을 중심으로」,『대구사학』 제30호, 1986과 고석규,「지방사 연구의 새로운 모색」,『지방사와 지방문화』 제1권 제1호, 1998, 참조

159 이윤상,「갑오개혁기 근대적 조세제도 수립시도와 지방사회의 대응」,『한국문화』 29권, 2002, 김대웅,『한국근대 지방재정 연구』, 아카넷, 2012, 이재은,「구한말 근대적 지방재정제도 도입과정에 간한 연구」,『한국지방세연구원』, 2014, 김종준,「1900년대 충북 지역의 학교 설립 양상과 학교비 징수 문제」,『역사교육』 149권, 2019와 같은 연구들이 발표되었다.

예술이 연구대상으로 주목되기 시작하면서 연구되기 시작했다. 2006년 고석규의 「근대도시 목포의 대중문화를 통해 본 식민지 근대성」과 2009년 김취정의 「근대기 지방화단 연구－서울화단과의 영향관계를 중심으로」 등이 괄목할 만한 연구성과로 보인다. 고석규는 국립목포대학의 역사학 교수로 일제강점기 개항도시인 목포의 근대화 과정에 대해 조선인 마을과 일본인 마을로 확연하게 구분되던 당시의 도시공간의 이중성을 통해 고찰하고자 했다. 그리하여 대중문화를 소재로 대중문화와 관련된 공간과 거기서 일어난 문화행위를 조선인 마을과 일본인 마을이라는 공간의 이중성을 살피며 목포라는 도시의 식민지 근대성에 대해 고찰했다. 김취정은 근대기 서울화단과 지방화단 간의 화풍의 밀접한 영향관계의 연유를 밝히고 지역화단인 평양화단, 함경화단, 호남화단, 대구화단에서 제작된 작품의 양식적 특징과 서울과의 영향 관계를 고찰했다. 특히 대구화단의 경우 일제강점기 향토회 등 지역미술인의 모임이 활발한 도시였기 때문에 근대기 대구화단과 '향토회'에 대한 기록이 잘 보존되어 남아있어 지방사 연구의 문맥에서는 아니었지만 1996년 이후 윤범모의 「향토회와 대구화단」을 비롯하여 여러 편의 논문이 발표된 적이 있기는 하다.[160]

그러나 대구를 제외하면 근대미술과 근대디자인의 역사연구의 관점에서 지역미술을 연구한 논문은 드물다. 2014년 이후 근대기 부산화단과 개성화단, 광주화단, 호남화단에 대한 연구가 한 편씩 정도 발표된 적이 있는 정도이다.[161] 대구화단에 대한 선행연구의 경우에도 지방도시로서 대

---

160 윤범모, 「향토회와 대구화단」, 『한국근현대미술사학』 제4권, 1996, 한생태, 『경북, 대구화단의 서양화연구: 1920년에서~1930년대를 중심으로』, 동국대학교 교육대학원 석사논문, 1999, 이중희, 「대구의 초기 수채화단 성립과 1930년 향토회 발족배경」, 『한국근현대미술사학』 제23호, 2012, 조덕연, 「대구 구상화단의 성립과 전개」, 『한국학논집』 제49집, 2012, 장문정, 『대구근대의 화단 성립과 발전기연구: 1910~1930년대를 중심으로』, 대구카톨릭대학교 석사논문, 2003, 김태곤, 『대구화단의 서양화 수용과 전개에 과한 연구』, 영남대학교 석사논문, 2004 등 참조.

161 배진영에 의해 2014년에 『향토부산』이라는 학회지에 「1930-40년대 부산화단의 성립연구－

구지방의 산업을 검토하며 고찰한 지방사연구의 문맥이라기보다는 '영과회'와 '향토회' 활동 등을 중심으로 한 미술가들의 활동 사항과 작품에 대한 기록을 정리한 것에 더 가깝다. 다시 말해 일제강점기 근대적 도화교육의 양상에 대한 연구는 경성의 조선미술전람회와 상급학교의 도화교육, 일본의 대학수준의 고등미술학교 유학파를 중심으로 고찰되었고 그 외에 작은 시나 군의 행정지역에서 실시된 도화교육의 활동에 대해 주목된 적이 없어 지방도시를 포함하여 근대기 도화교육의 시행 양상에 대해 다각적으로 고찰된 적이 없다고 해도 무방하겠다.

물론 서양식 그림 재료와 신문화에 대한 정보는 도시문화의 환경에서 쉽게 접할 수 있고, 생계와 직접적인 관련성이 없는 예술에 대해 큰 관심을 가지고 든든한 후원을 제공할 수 있는 지역문화인들의 조직이 결성되어야 하기 때문에 근대적 산업경영이 아직 안정화되지 않은 지방의 소도시에서는 근대적 도화교육이 크게 발달할 수 없었을 것이다. 그러나 근대기 도화교육의 양상을 다각적으로 고찰하기 위해서는 미술화단이 활성화되지 않던 지방도시의 특색과 활성화된 지방도시의 특색을 함께 고찰하여 근대기 한국의 도화교육에 대해 전체적인 그림을 그려 보는 것 또한 필요하다고 본다.

여기에서는 지방사연구의 문맥에서 일제강점기 경성의 수도권 지역이면서 군(郡)의 규모로 농업을 중심으로 한 촌락도시인 용인과 부(府)의 규모로 영남의 거점도시이자 상업도시로 발전하고 있던 대구의 사례에

일제동화정책과 부산화단의 대응을 중심으로」 제30호, 2018년에는 『문물연구』에 「일제강점기 민족동화정책과 부산서양화단의 형성연구 – 조선미술전람회를 중심으로」 제33집이 발표된 것이 주된 근대기 부산화단에 대한 연구이며, 2014년에는 김취정에 의해 근대기 평양화단로 「근대기 평양지역 동양화단의 형성과 전개」가 『한국근현대미술사학』 제28집에 발표된 것이 유일하다. 또한 2014년에 김소정이 『미술사와 문화유산』에서 광주화단에 대해 쓴 「1930-40년대 광주화단」 제5집과 2021년에 장선예가 『한국근현대미술사학』에서 개성화단에 대해서 쓴 「1920-30년대 개성화단 전개와 특징: 미술단체, 후원자, 전람회를 중심으로」 제41집이 각각 광주화단과 개성화단에 대해서 연구발표된 현재까지 유일한 연구논문이다.

주목하여 두 도시가 가지고 있던 지역경제개발의 특색과 근대적 도화교육의 운영에 대해 다각적으로 살펴볼 것이다.

2. 대구와 용인의 지역경제개발과 근대교육

일제강점기 한국사회는 일본을 통해 신문물이 들어오면서 근대화가 지속되고 있었지만 식민지 상황에서 진행되었기 때문에 식민지성을 내포하고 있었다. 즉, 일제는 식민지인 한국사회를 수탈하기 위해서 사회간접시설, 근대적 제도들을 보급하면서 식민지 개발을 주도하였고 따라서 외적인 근대적 경제성장 이면에는 민족차별과 식민지성이라는 사실이 함께 존재했다. 식민지시기 한국사회의 근대적 변화에 대한 관점은 식민지수탈론이냐 식민지근대화론이냐 등에 따라 관점이 다양하다. 식민지 시기 조선으로 이주한 일본인들의 생활의 편의를 근본적인 목적으로 두고 도시환경과 교육이 근대화되면서 조선의 도시들이 변화되고 있었음은 틀림없다. 한국사회는 식민지적 특성을 수반하며 근대화가 지속된 것이다. 따라서 필자 역시 지방도시의 근대적인 변화에 주목하는 동시에 식민지 수탈과 민족차별이라는 식민지성의 의미에 대해 함께 고찰하고자 한다. 또한 일제의 주도적인 근대적 식민지 개발과 함께 이에 자극을 받은 한국인들 스스로 시도한 근대적 자기계발은 개별적으로 무엇이었는지도 다각적인 관점에서 함께 살펴봐야 할 것이다.[162]

---

162 이 책에서는 정연태의 '장기근대사론'에서 언급하는 논점을 참조하고자 하며 정연태의 한국근대의 식민지근대화논쟁에 대한 논의는 다음과 같다. "식민지기 한국사회의 변화의 특성을 보여주는 핵심 키워드는 식민지적 근대성이다. 식민지적 근대성은 식민지적 근대화의 계기·전개방식·내용·구조가 가진 특성을 표현한 것이다. 이때 식민지적 근대화는 식민지기에도 한국사회의 근대화가 지속됐으며 그 근대화가 식민지적 특성을 수반하며 진행됐다는 점을 의미하는 것이다. 이 점에 관련하여 식민지 근대화의 주장을 검토할 필요가 있다. 이 주장은 일제가 한국사회를 수탈하기 위해서도 사회간접시설을 건설하고 근대적 제도를 도입·보급하여 식민지 개발을 주도했고, 한국인 또한 일제 개발에 자극 받아 근대적 기술과

[그림 49] 대구의 달성공원에 있던 일본 신사를 찍은 사진엽서. 출처: 대구근대역사박물관.

지방의 경우 개항도시냐 내륙이냐에 따라, 쌀생산을 위한 도시냐 아니냐에 따라, 철도 노선이 통과하냐 아니냐에 따라 각각의 지역의 경제개발의 방향과 사회변화, 그리고 근대적 교육의 보급양상이 다르게 나타났다. 일본인의 조선 이주 현상이 뚜렷한 도시들은 일본인 인구가 증가하면서 일본거류민회(日本居留民會)가 설치되었고 심지어 [그림49]와 같이 일본의 전통적인 종교시설인 신사가 도심 중심부에 들어서기도 했다. 대구의 경우 전국에 설치된 12개소의 일본거류민회중에서 부산, 인천, 경성, 원산, 평양, 진남포, 마산, 목포에 이어서 9위에 해당된다.[163]

처음에 대구는 조선과 일본의 양국 정부간에 체결된 조약에 의해서 일본인들의 거류지로 만들어진 곳은 아니었다. 지정학적으로 대구는 내륙

제도를 적극 수용하여 근대적 역량을 축적하고 주체적으로 자기 성장을 도모했다는 것이다. 이에 따르면 식민지 근대화는 일제의 주도적인 식민지개발과 한국인의 자기 계발, 이 양자의 종합적 산물이라고 할 수 있다."(정연태, 『한국근대와 식민지근대화논쟁 – 장기근대사론을 제기하며 –』, 250쪽.)

163 대구시사편찬위원회, 『大邱市史』 권1(通史), 대구광역시, 1995, 891쪽.

도시였기 때문에 개항도시인 부산에 비해서 일본인과 일본의 자본 진출이 늦었고 개항도시였던 부산에 먼저 일본인들이 대거 이주하여 살기 시작했다. 1903년 경부선 철도부지 공사가 시작되면서 대구역이 경성에서 부산을 잇는 주요한 기차역으로 주목받게 되었다. 이를 계기로 부산의 일본영사관은 대구가 상업도시로서 발전할 가능성이 높다고 보고 부산에서 거주하던 일본인들을 대구로 진출시켰다.[164] 그리하여 대구역 주변으로 일본인들은 음식점을 열고 토지를 매점하기 시작했고 일본 자본이 유입되어 급속하게 근대적 도시화와 산업화가 진행되었다. 이주한 일본인들의 생활편의를 위한 목적이 크기는 했지만 [그림50]과 같이 상하수도의 개선, 전기공급, 병원과 백화점 등의 건립 등 일제의 주도로 대구는 변모해 갔다. 게다가 대구는 다른 지방도시에 비해서 대구로 이주한 일본인들 중 상당수가 수채화, 유채화 및 일본의 근대미술에 경도된 화가들이 있어[165] 지방도시임에도 불구하고 서양식 근대미술의 정보가 활발히 유입되어 들어왔다.

그러나 일본인들의 대구지역 자본투자와 개발과 함께 횡포도 동시에

---

164 "그후 부산의 일본영사관에서도 대구를 중시하여 1900년 11월에는 불과 10여 명 밖에 되지 않은 대구의 일본인을 규합하여 일본인회를 조직하고, 장차 일본상인들의 대구진출을 위한 터전을 닦아 놓았다. 이것은 후일 일본인 거류민단의 모태가 된 것이다. 그러나 아직 부산과 대구를 잇는 철도가 부설되기 이전이라 교통이 매우 불편했기 때문에 부산의 일본상인들도 대구에 대거 진출하지 못하였다. 한편, 경부철도 공사를 계기로 대구에 이주해 온 일본상인들의 수가 급증하면서 대구는 일본인들의 새로운 시장으로 부각되었다. 1903년 대구에 경부철도 공사가 진행되었고 1904년 러일전쟁이 일어나자 일본인들이 급증하였다(1904년 2월 200명, 4월 700-800명, 6월 1000명)…남문(지금의 염매시장 남쪽)에서 달성공원에 이르기까지 도로변은 일본인 상점으로 메워졌다. 개항이후 대구가 부산상권으로부터 벗어나 독자적인 무역거래가 가능하게 된 것은 1907년 대구보세화물취급소가 설치되어 일본에서 화물을 직접 대구로 운송하여 보세창고 업무를 수행하면서 부터이다"(이병찬 외, 『대구·경북산업경영사』, 북랜드, 2006, 30-31쪽.)

165 이인범, 「이인성의 초기 작품 연구」, 『근대한국미술논총』, 학고재, 1992, 145-146쪽 및 김지영, 「대구 근대화단의 일본인 미술가의 규모와 한일 미술교류」, 『한국근현대미술사학』 제44집, 2022, 122-154쪽 참조.

[그림 50] 일제강점기 대구의 풍경, 왼쪽은 근대식 우체국 건물이며 도로가 말끔히 포장되고 전기사용을 알 수 있는 전봇대가 설비되어 있다. 출처: 대구근대역사박물관.

일어났다. 1906년 일본의 침략기관인 한국통감부가 경성에 설치되면서 그 하부조직으로 대구이사청이 설치되었다. 특히 경상북도 관찰사 겸 대구도호부사가 친일파인 박중양이었고 그는 대구이사청의 식민통치에 대해 저항없이 받아들였다. 그리고 1910년 한일합방전까지 대구로 이주하는 일본인들에게 지원을 베풀어 대구를 일본인들의 산업기지로 건설하는데 전력을 다했다. 대구이사청의 이러한 식민정책에 대한 적극적인 협조로 인해 대구에서는 이주한 일본인들을 중심으로 대구거류민단을 조직할 수 있었고 잇달아 대구일본인상업회의소도 발족하게 되었다. 1930년대의 대구는 근대적 상업도시로서의 면모를 갖추고 일본인이 경영하는 미나카이(三中井)백화점 등이 들어서면서 대구상업계에 일본인 경영인들이 군림하기 시작했다. 일본인들은 대구 상권이 확대되어 가면서 빠르게 부를 축척해나가게 되었으나 동시에 조선인들은 영세상인으로 전락하는 경향이 점차 드러나기 시작했다. [표6]은 조선인을 중심으로 하는 대구상무소와 대구일본인상업회의소의 운영현황 기록표인데 대구상무소의 경우 의원수가 대구일본인에 비해서 2배로 많아도 재정규모는 일본인상업회의소의 4분에 1에도 미치지 못하다고 있다. 일본인상업회의소는 경성, 평양, 대구를 제외하고 모두 개항지에 설치되었는데 경성과 평양은 조선의 중심 수도의 역할을 한 곳이기 때문이라고 해석할 수 있겠지만 수도도 아닌 지방의 내륙도시였던 대구가 빠르게 일본인거류민단을 주축으로 하여 상업도시로 발전하게 된 데에는 대구이사청의 설치와 함께 대구도호부사이자 친일파였던 박중양의 적극적인 협조가 정치적으로 큰 몫을 했다고 볼 수 있겠다.[166]

[표 6] 조선인대구상무소와 대구일본인상업회의소 운영현황, 출처: 대구상공회의소

	의원수	재정규모		
		1913	1914	1915
대구상무소	25	491	1,020	1,100
대구일본인	12	2,272	2,741	2,588

다음으로는 대구의 근대적 학교교육에 대해 살펴보겠다. 다른 지방도시가 1945년 해방이 된 이후 비로소 중등교육기관이 들어서고 일제강점기에는 조선인들을 위한 근대적 교육기관이 조선총독부 관리하에 초등학교 수준의 공립보통학교를 중심으로 설립되고 운영되었던 것에 비하여 특이하게도 대구는 내륙의 한 지방도시였으나 중등교육기관과 고등전문기관이 모두 설립되어 운영되었다. 이것은 일제강점기 이전부터 대구로 서양선교사들의 이주가 늘고 있었던 것이 큰 몫을 했다고 본다. 이들에 의해 기독교계 사립학교인 중등교육기관들이 대구 중심가에 개교를 하게 되었고 서양선교사들은 식민지 교육이 아닌 기독교 사상과 평등에 대한 철학을 기본으로 조선인들에게 중등교육 이상의 교육을 받을 기회를 마

166 이병찬 외, 앞의 책, 34-38쪽.

련해 주고자 했다. 예를 들어 계성학교는 1906년 10월 15일, 미국 기독교 선교사인 제임스 아담스(James.E.Adams)가 설립한 대구 최초의 근대 중등학교이며, 기독교 선교를 위한 성경뿐만 아니라 물리, 화학, 생물과 같은 과학 과목과 영어, 역사, 도화 과목 등 근대적 교육의 전 영역을 걸쳐 가르쳤다. 계성학교가 개교한 뒤 1년 후 1907년 10월에 미국인 기독교 선교사인 마르다 부르엔(Mrs. Marda Bruen)에 의해서 계성학교의 자매학교격인 신명여학교[그림51]가 개교하게 되었고 현재의 대구의 동산동 선교사 사택을 임시 교실로 삼아 첫 수업을 시작했다.

[그림 51] 신명여학교 학생들이 하교하는 모습, 1933년. 출처: 신명여고.

당시 지방에서는 초등교육수준의 공립보통학교에도 조선인 여학생들의 입학이 저조했던 상황이었으므로 내륙의 지방도시인 대구에서 여자를 대상으로 한 중등교육기관인 여자중학교가 개교했다는 것은 경성을 제외하고는 처음있는 일이었고 매우 획기적이었다고 볼 수 있다. 경부선의 대구역 개통과 함께 대구의 서양선교사들의 정착은 내륙의 지방도시인 대구를 개항도시 못지않게 외부의 신문물과 교류할 수 있는 최적의 조건들을 마련해 주었음을 시사해준다. 그 이후에도 대구에서는 초등교육 이상의 중등학교와 전문학교들이 많이 개교했다.[167]

한편 용인의 경우, 경성에서 지리적으로는 가까운 수도권의 지방도시지만 대구와는 매우 다른 특색을 가지고 일제강점기의 근대적 지역개발의 역사를 경험했다. 일제강점기라는 동시대적 잣대에서 두 지방도시를 함께 비교해보면 일제강점기의 사회변화와 그에 따른 식민지 근대화의 양상을 다각적으로 볼 수 있게 해준다. 역사적으로 용인은 한양도성과 영남지방으로 연결되는 영남대로가 지나가는 길목 역할을 했고 특히 수여면(水餘面)에 수원과 여주를 거쳐 원주까지 연결되는 신작로가 건설되었던 곳이다. 1910년 일제강점기에 들어서 조선총독부에 의해 전국의 행정구역이 개편되기 시작하면서 용인군으로 개편되고 수여면을 비롯한 12개면으로 편성되게 되었다.

용인에 일본인들이 본격적으로 이주하게 된 것은 김량장동에 담배농사를 위한 연초조합이 들어서게 되면서부터이다. 1931년에는 수려선(水驪線)이라 하여 수원-용인-이천-여주(총 73.4km)를 이은 협궤 철도노선〔그림52〕이 건설되었지만 이 노선은 경성과 대구를 거쳐 부산으로 이어진 경부선과 달리 경기도의 주요 쌀 곡창지대였던 여주, 이천, 용인에서 수확한 쌀을 일본으로 이출하기 위한 철도였다.[168] 운송용 협궤 철도노선이었기 때문에

167 상공업도시로 급속하게 발전하고 있는 대구의 상황을 고려하여 1923년에 대구공립상업학교와 대구사범학교가 인가되었다. 서양식 근대병원인 대구자혜병원이 1907년에 개원하면서 1923년 12월에는 자혜병원 내에 의학강습소로 서양의학을 배울 수 있는 전문교육기관인 공립대구의학전문학교 또한 개교했다. 그리고 공립대구의학전문학교는 1939년에는 일본인 196명, 한국인 91명으로 학생수가 무려 287명에 달했다고 한다. (하종성, 『사진으로 보고 읽는 대구 근대의 발자취』, 삼일출판사, 2008, 268-303쪽)

168 일제강점기 용인의 지역개발과 관련된 행정자료는 남아있지 않기 때문에 대부분 당시 생존자들의 구술기록에 의존해야 한다. 예를 들어 1909년에 사립소학교로 개교하여 1910년 이후 일제강점기에 공립용인보통학교로 운영되었던 신갈초등학교의 경우 1981년에 일제강점기에 생존하였던 졸업생들의 소중한 구술기록을 책으로 출판하여 일제강점기의 용인의 실제적인 생활사를 파악할 수 있게 해준다. "농사를 지어 추수해 놓으면 일본 놈들이 모두 빼앗

[그림 52] 수려선 지도. 출처: 용인문화원.

수원에서 여주까지 무려 5시간이나 걸렸고 대구역과 달리 수여선의 역주변은 상업시설이 발달하지 않았다. 따라서 역주변의 상업시설에 투자를 하고자 하는 일본인 인구가 대거 이주되거나 신문물이 들어오는 결정적인 관문의 역할을 한 것은 아니었다. 용인으로 이주한 일본인의 경우 담배농사를 위한 연초조합, 경기도 곡창지대인 용인지역의 쌀의 생산과 일본으로의 이출을 위해서이며, 조선총독부에서 파견된 보통학교 일본인 교원과 관련된 일본인 가족들이 이주한 정도였기 때문에 개항지나 경성, 평양, 대구와 같이 다수의 일본인이 이주하여 거주했던 것은 아니었다. 따라서 일본인거류민단과 같은 조직도 형성되지 않았다. 그리하여 개항도시에 비해 용인의 전반적인 분위기는 반제국주의와 민족주의에 대한 사상이 강했고, 서양미술을 중심으로 한 미술정보가 교류되거나 미술인을 위한 화단이 형성이 되는 등 신문화와 관련된 문화교류 또한 활발하지 않았다.[169]

아 가고 몰래 숨겨 놓은 곡식마저도 수시로 돌며 긴 꼬챙이로 찾기만 하면 무조건 가져갔고 개를 기르면 눈에 보이는 대로 잡아갔으며 우리의 식량은 배급 강냉이와 쌀겨, 보리겨 그리고 쑥을 뜯어 먹던 생활이 지금도 생생하다. 제38회 졸업생, 윤인섭" (신갈초등학교동창회, 「졸업생 기별현황」, 『신갈초등학교 개교70년사』, 인쇄계명사, 1981, 114쪽)

근대적 학교교육의 경우에도 용인의 경우는 1945년까지 초등학교 수준의 보통학교까지만 개교되어 운영되었고 중등이상의 근대적 교육기관은 해방 1년 후인 1946년에 개교한 태성중학교가 처음이었다. 이어서 1년 후 1947년에 용인여자중학교와 백암고등공민학교(현재의 백암중학교)가 개교했으며, 근대적 고등학교 교육 또한 1952년에 들어서 태성고등학교가 생긴 것이 처음이었다. 따라서 도시의 외부로부터 이주한 서양선교사들에 의해 1906년에서 1907년경에 계성학교나 신명여학교와 같은 보통학교이상의 중등교육기관이 일찍부터 개교되고 공립대구의학전문학교와 같은 근대적 전문의학학교가 개교되어 운영된 대구와는 차이가 있었다. 따라서 용인은 1910년대 초반만 해도 근대교육이나 신문물에 대한 정보와 인식이 개항도시나 대구에 비해서 부족하였을 것이다.

1909년에 사립소학교로 가장 먼저 개교한 용인보통학교의 졸업기록을 보면 1935년에 8명의 여학생이 졸업한 것이 첫 기록이다. 즉 당시 보통학교조차도 용인에 거주하였던 조선인 여학생들에게는 낯선 근대적 교육기관이었음을 알 수 있다.[170] 이것은 앞에서 살펴본 바와 같이 대구에서 1907년에 서양의 선교사에 의해서 중등교육기관이었던 신명여학교가 개교하여 많은 수의 조선인 여학생들이 보통학교 이상의 중등교육의 기회를 접할 수 있었던 대구와는 대조적이다.

[그림51]의 경우 대구의 신명여학교에서 하교하는 여학생의 모습이고 [그림53]의 경우 용인의 송전공립보통학교의 여학생들의 등교하는 모습이다. 여학생들의 외모로 봐서는 중등학교인 신명여학교의 학생들과 초등교육기관이었던 송전공립보통학교의 여학생들의 나이 차이가 느껴지지 않는다. 즉, 보통학교는 지금과 같이 만7살에 입학하여 아동기에 다니는

169 용인초등학교총동문회, 「용인지역의 역사적 변화」, 『용인초등학교100년사』, 인현인쇄종합기획, 2015, 131-133쪽 참조.

170 신갈초등학교동창회, 앞의 책, 81쪽.

[그림 53] 송전공립보통학교(용인 소재) 여학생 등교사진, 1930년대.
출처: 『송전초등학교80년사』.

교육기관이 아니었다.[171] 따라서 청소년기의 나이에도 초등교육기관에 해당하는 보통학교에 입학하여 공부를 시작했기 때문에 보통학교에 재학하는 학생의 나이가 학년별로 일정하지 않았음을 추측할 수 있다.

또한 1930년대 송전공립보통학교의 재학생들의 재학시절의 기념사진 [그림54]을 보더라도 초등교육기관인 보통학교에 재학하고 있는 남학생들이지만 장성하여 17세부터 20대의 성인 남성처럼 보인다. 이는 용인보통학교 제12기 졸업생의 "친구 장가가서 신혼의 꿈을 꾸던 친구들을 모집하여…(생략)…보통 15,16세 내지 19세까지 된 학생이 입학을 하는 경향이 있어"[172]라는 인터뷰 구술기록을 통해 확인할 수 있기도 하다.

---

171 "1909년 6월 19일, 當時學生들은 訓導行政機關에서 勸誘하여 15歲~19歲까지의 學生으로 두루마리에 상투를 짜고 다녔다고 함."(위의 책, 19쪽.)

172 "내가 학교에 입학할 당시는 신학에 대한 인식이 부족하여 학교 입학을 꺼려했고 그래서 학교 교사(훈도)로 하여금 또는 행정 기관을 통하여 권유했던 시대였다. 이로 인하여 상투를 찌고 서당에서 공부하든 친구 장가가서 신혼의 꿈을 꾸던 친구들을 모집하여 강습 비슷한 교육을 한두 달 하여 정규 학생이 되고 보니 보통 15,16세 내시 19세까지 된 학생이 입학을 하는 경향이 있어 여학생이란 학교에 가고 싶어도 입학이란 생각조차 할 수가 없었습니다. 그러고 보니 연령의 차가 심했고(9시~19세) 갓 쓰고 두루마기를 입고 학교에 입학하는 학

[그림 54] 송전공립보통학교(용인 소재) 재학생 사진, 1930년대.
출처: 『송전초등학교100년사』.

계속하여 [그림51]의 옷차림을 살펴보더라도 신명여학교의 여학생들은 교복처럼 보여지는 검정색 개량한복을 입고 공부하고 있는 책을 손에 들고 하교를 하고 있지만, [그림53]의 송전공립보통학교의 여학생들의 경우 가마니를 옆구리에 끼고 나무 한 짐씩을 지게에 지고 등교하고 있어 밭일을 하다가 시간을 내서 학교로 등교하고 있는 것과 같이 보인다. [그림53]의 사진에 대해서 "대부분 농업 실습으로 채워지고, 운동장에 모여 '가마니 짜기 대회'를 열거나 집에서도 가마니를 짜서 학교에 가져왔다"[173]는 당시의 보통학교의 수업에 대한 기록이 함께 남아있기도 하다.

제3차 조선교육령이 시행되었을 당시인 1940년에 발행된 오늘날의 성적표나 학생기록부에 해당하는 통신부[그림55]를 보면 왼쪽에 황국신민서사가 함께 인쇄되어 있는 것을 확인할 수 있다. 비슷한 시기 1938년에 용인공립보통학교를 다닌 졸업생의 구술기록을 보면 식민지근대화 및 근대교육의 보급과 함께 구체적으로 교육 및 경제적 불평등이 어떻게 공존되

생도 있었어요. (제12기, 1924년. 졸업생, 김학찬)" (위의 책, 84쪽)

173 송전초등학교동창회, 『송전초등학교 100년사』, 책과나무, 2019, 167쪽.

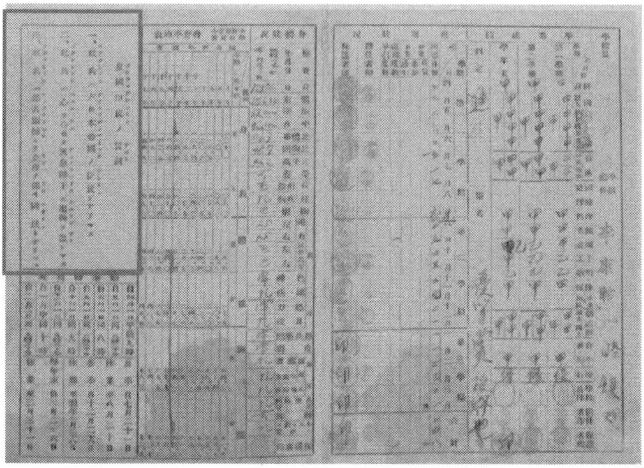

[그림 55] 송전공립보통학교 성적표에 인쇄된 황국신민서사, 1940년.
출처: 용인 소재 송전초등학교. (필자 촬영, 사각형 강조 표시 부분이 황국신민서사)

었는지 살펴볼 수 있다.

2, 3학년 때부터 제2차 대동아 전쟁 말엽인지라 있는 집이 아니면 신도 없어서 짚신을 신고 학교에 다녔지요…또 한국 선생님 한 분이 일본어로 일본이 이기면 과자도 많이 먹고 옷도 잘 입고 신발도 잘 신을 수 있다며 춤을 추는 것을 본 생각이 아직도 납니다. 그러나 나이가 들은 몇몇 저희들은 그 선생을 졸업때 까지도 당당히 미워했지요. 왜냐면 우리들은 신도 제대로 못 신고 옷도 제대로 못 입고 하던 왜정시대를 좋다고 하니 미워하였지요. (제32회, 1944년, 졸업생, 김한동)[174]

일제 시대에 국민학교를 다녔으므로 우리나라 글과 언어 등을 마음대로 사용하지 못한 점과 우리나라의 이름도 창씨하는 등, 일본 속국의 교육을 받은 것과 한민족의 멸시 대우에 분개하였으며 차별 대우와 경제 조건등 무지하여

174 신갈초등학교동창회, 앞의 책, 104쪽.

상급 학교 진학을 제대로 못하고 몇십리씩 걸어서 등교하는 등 현실과는 상상조차 할 수 없는 학교 생활이었습니다.(제34회, 1942년, 졸업생 김경희)[175]

조회 시간이면 일본 교장 선생님이 일본말로 훈화해서 전혀 알아듣지 못하고 들을 생각도 하지 않고 옆의 친구들하고 장난만 하였다. 공부시간에도 학생들끼리 일본말로만 써야 했고 그렇게 하지 않으면 벌을 받기도 했다. (제35회, 1943년, 졸업생, 김석기)[176]

위의 용인공립보통학교의 졸업생들의 구술기록은 이전의 서당과 향교가 아닌 근대적 교육기관인 공립보통학교에서 근대적 교육을 경험하기 시작하였으나 식민지정책의 일환으로 운영되었던 만큼 근대적 문물의 경험과 함께 일본인과의 불평등이 공존했음을 명료히 확인할 수 있게 해준다. 이와 같이 용인지역의 구체적인 생활사 관련 사료는 지금까지 경성과 개항도시를 중심으로 논해졌던 한국의 근대사 연구와 달리 주목받지 못했던 지방도시의 근대적 변화를 공시적인 관점에서 다각적으로 연구해야 할 필요성이 있음을 시사해준다.

3. 대구와 용인의 근대적 도화교육의 식민지 근대성

이어서 조선교육령에 따라 근대적 학교교육으로서 보급된 도화교육이 실제로 지방도시인 대구와 용인에서 각각 어떻게 운영되었는지, 지역경제개발과 수탈이 동반된 각 도시의 상황을 비교하면서 고찰해 보고자 한다. 박휘락의 『한국미술교육사』에 따르면 '도화교육'은 1895년 갑오개때 소학교령, 1906년에 보통학교령이라는 학교교육령이 공포되면서 종전

175 위의 책, 108쪽.
176 위의 책, 110쪽.

의 초등교육기관의 명칭이 보통학교로 변경되고 '고안화'와 '용기화'라는 용어와 함께 학교의 근대적 미술교육으로 도입되었다고 언급된다. 그러나 1895년부터 1905년까지는 '무교과서 시대'로 지금의 교육부와 같은 역할을 하는 학부(學部)에서 인가한 도서가 언제 어떻게 수입되어 사용되었는지에 대한 기록이 정확하지 않다고 한다. 1907년부터 1908년에 걸친 대한제국 시대에는 학부에서 한국 최초의 도화과 검정교과서라고 할 수 있는 보통학교용 『도화임본(圖畫臨本)』 4권이 출판되었다. 같은 시기 1908년에는 한국인 저자인 오영근에 의해 중등학교의 용기화교과서라고 할 수 있는 『중등용기화기법(中等用器畵技法)』이 발행되었다. 박휘락에 따르면 초기 보통학교에서 시행한 도화교육은 교과서에 인쇄된 임본을 보고 물체와 풍경을 모사하여 그리는 임화교육이 중심이 되어 모사기술 훈련에 중점을 두었다고 논해진다.[177] 이는 도화교육이 형체를 파악하여 정확하게 그리는 것에 교육목표를 두고 있었기 때문이다.[178]

일제강점기에 들어서는 학부에서 주관하던 교육정책을 조선총독부가 담당하게 되었다. 조선총독부는 제1차 조선교육령을 공포하면서 식민지 정책을 목적을 한 근대적 학교교육을 운영하기 시작했다. 1910년부터 『도화임본』을 조선총독부 발행으로 『보통학교학생용 도화임본(普通學校學生用 圖畫臨本)』이라 정정하여 국정교과서로 사용하였지만 도화교재에 등장하는 태극기를 모사하는 부분이 일본의 국기로 바뀐 것 빼고는 도화교육의 내용은 크게 변화된 것 없이 사용되었다. 그러던 것이 문화통치기간인

---

177 박휘락, 『한국미술교육사: 미술교육100년의흐름(1895–1995)』, 303–307쪽

178 "도화는 통상의 형태를 바하여 바르게 그리는 능력을 얻게 하고 그리하여 미감을 양성하는 것을 요지로 함. 도화는 간단한 형태로부터 시작하여 더 나아가 실문 또는 임본에 의해 혹은 자신이 노력하고 연구함으로써 여러 형태를 그릴 수 있게 함."(官報, 普通學校令施行規則改正件, 內閣法帝國官報課, 亞細亞文化社, 1910, 29쪽; 심영옥, 「한국근대교육령 변천에 의한 초등미술교육 시행규칙 분석 – 1895년부터 1945년까지를 중심으로」, 『교육발전연구』, 제21권 제1호, 2005, 221쪽 재인용.)

[그림 56] 임화교육중심의 교과서,『보통학교도화첩 제2학년 학생용』 교재 내부, 조선총독부 발간.
출처: 한밭교육박물관. (필자 촬영)

1922년에 제2차 조선교육령이 공포되면서 조선총독부에서『보통학교도화첩(普通學校圖畫帖)』을 검정교과서로 발행하여 1938년까지 16년간 검정교과서로 사용되었다.『보통학교도화첩』을 보면 임본을 보고 모사하여 따라 그리던 임화교육 중심의 이전 도화교육과 달리, 스스로 물체와 풍경을 보고 관찰하여 그리는 사생화와 자신의 생각과 상상을 그리는 고안화에 대한 교육이 제시되었다. 그러나 학교교육 현장에서는 임본을 보고 그리는 임화교육에서 크게 벗어나지 못했다고 언급된다. 예를 들어 [그림56]과 같이 보통학교 제2학년 학생용 교재의 내용을 보면 오른쪽 페이지에 모방하여 그릴 기차와 철교가 그려진 모사본이 있고 왼쪽 빈 공간에 그것을 보고 학생이 크레파스로 그린 흔적이 남아 있어 모사본을 보고 어떻게 학생들이 연습했는지 추측해 볼 수 있다. 또한 일본의 국기, 한복을 입은 조선인 학생과 교관복을 입은 일본인 선생님, 새로운 근대적 문물인 철교와 기차 등의 주제들이 임화교육 중심의 교과서에서 다루어져 당시 신문물에 대한 관심사와 식민지시기의 생활사를 동시에 파악할 수 있게 해준다.

[그림 57] (왼쪽) 『보통학교도화첩 제2학년 학생용』, 조선총독부 발간. 소장: 한밭교육박물관. (필자 촬영)
(오른쪽) 일제강점기 조선총독부 발간 도화교과서들, 왼쪽부터 시계 방향으로 『최신도화』, 『심상소학』, 『보통학교도화첩』. 소장: 한밭교육박물관. (필자 촬영)

[그림 58] (왼쪽) 시멘트 구조물 실습. 소장: 한밭교육박물관. (필자 촬영)
(오른쪽) 모형 글라이드 전투기 제작 및 비행실습, 제4차 조선교육령 시기 발행, 『초등공작 제6학년 남학생용』 교재 내부, 조선총독부 발간. 소장: 한밭교육박물관. (필자 촬영)

계속하여 조선교육령은 시대적 상황에 맞춰 개정되고 조선총독부 발행의 검정교과서도 새롭게 발행되었다. 1938년부터 1943년까지 5년간의 시행된 제3차 조선교육령 시기에는 『초등도화(初等圖畵)』나 『심상소학도화(尋常小學圖畵)』가, 1943년부터 1945년까지 2년간의 제4차 조선교육령 시기에는 『에노혼(エノホン)』, 『초등과도화(初等科圖畵)』, 『초등공작(初等工作)』이 보통학교(제4차 조선교육령부터는 국민학교로 개칭)의 근대적 도화교육을 위한 검정교과서로 사용되었다(그림57). 특히 제4차 조선교육령 시기는 태평양전쟁기로 군국주의와 전시체계가 극에 달하여 『초등공작(初等工作)』에서는 임화교육위주의 도화교육내용와 함께 전쟁준비 도구로서의 '공작(工作)'수

업이 강조되었다는 점이 눈에 띈다[그림58]. 이와 같이 경성에 소재하는 조선총독부를 중심으로 근대적 도화교육을 위한 교과서가 발행되었고, 보통학교규정 제5절 61조를 보면 "보통학교에서는 조선총독부가 편찬한 보통학교 교과용 도서를 사용하여야 한다."라고 명시되어 전국적으로 조선총독부 발행의 검정교과서만 학교에 배급되어 사용되었음을 알 수 있다.

이러한 근대적 도화교육의 교육방침이 실제로 지방도시에서는 어떻게 적용되어 교육되었을까? 보통학교 규정에 따라 경성과 전국의 지방도시가 일괄적으로 똑같이 근대교육으로서의 도화교육을 학교에서 실시할 수 있었을까? 먼저 여주, 이천과 함께 경기도의 쌀생산을 주요산업으로 했던 지방 소도시인 용인의 경우를 살펴보도록 하겠다. 앞서 살펴본 바와 같이 용인은 서양선교사가 이주하여 소공동체의 마을을 형성하거나 많은 수의 일본인들이 이주하여 일본인거류민단을 형성하는 등 외국인들의 이주가 대거 일어난 곳이 아니었다. 따라서 대구나 다른 개항도시에 비해서 신문물과 외부적인 교류가 활발하지 않고, 농업중심의 경제활동을 하며 촌락의 성격을 벗어나지 못한 지방도시였다. 제1차 조선교육령을 발표하기 전, 용인에서는 용인공립보통학교와 양지공립보통학교 2개교 밖에 없었다. 이후 1915년 김량장공립보통학교, 1919년 송전공립보통학교와 백암공립보통학교가 개교하여 용인소재의 근대교육기관은 해방이전까지 모두 5개교의 초등교육수준의 보통학교만 존재했다.

이러한 용인의 지역적 특색을 고려하면서 당시 용인의 주요한 근대적 교육기관으로 운영되었던 용인공립보통학교, 송전공립보통학교 그리고 김량장공립보통학교의 역사관에 남겨진 기록과 자료를 조사한 것을 토대로 조선교육령에 따른 근대적 도화교육의 공포와 함께 실제로 어떻게 수업이 운영되었는지 검토해 보도록 하겠다. 먼저 조선교육령에서 제시하고 있는 공립보통학교의 도화수업시수와 실제 용인소재의 보통학교에서 시행한 도화수업시수를 비교해 보면 다음과 같다. 근대적 학교기관에서 도화과목이 편성된 것은 1906년에 발표된 보통학교령부터이다. 보통학교령에 따르면 보통학교의 수업연한은 4년으로 교과목으로 수신, 국어 및 한문, 일어와 산술, 지리역사와 이과, 도화와 체조이며, 이때부터 도화과목이 정규과목으로 편성되기 시작했다. 임화중심으로 간단한 여러 형체를 파악하여 바르게 그리는 것을 교육목적으로 하여 1,2학년은 주당 시수가 2시간, 3,4학년은 남자는 2시간, 여자는 1시간으로 배정하고 있다.[179]

1906년에 공포된 보통학교령은 1911년까지 유지되었는데 용인에서는 1909년에 사립소학교로 용인보통학교 한 곳만 개교된 상태였다. 당시의 용인보통학교의 역사를 기록한 『신갈교육70년사』의 기록을 보면 1910년에 용인공립보통학교로 교명이 바뀌고 편성된 과목으로는 수신, 국어, 조선어와 한문, 산술, 이과 창가, 체육이 전부이며 도화과목이 누락되어 있다. 이를 통해 학부에서 편찬한 『도화임본』교재가 보급되지 않았으며 이것을 가르칠 교원이 없었음을 추측해볼 수 있다. 이를 반영하듯 학교기록에 따르면 '학교라고는 하나 인원도 적고 학교관사를 수리한 시설에서 공부를 했다'[180]라고 적혀 있다. 학교의 개교후 첫 졸업생의 수에 대한 기록도 정확히 남아있지 않으나 여학생은 전혀 없으며 전교 약 20명 내외의 15세부터 19세의 학생들이 입학했다'고 기록이 남아 있다.[181] 따라서 경성의 학부에서 『도화임본』을 국정교과서로 발행하기는 했으나 경성과 가까운 경기도지역이라고 할지라도 근대적 교육기관의 개교가 아직 미비한 지방도시의 경우에 학교의 시설이 제대로 갖추어지지 않고 학생수가 많지 않아 여건에 따라 정해진 모든 과목을 배울 수 없고 교과서도 보급되지 못했다는 것을 알 수 있다.

179 學部, 『普通教育學 附錄』, 韓國政府印刷局印刷, 1911년, 33쪽.; 심영옥, 「한국 근대 교육령 변천에 의한 초등미술교육 시행규칙 분석」, 『교육발전연구』 제21권 제1호, 2005, 219쪽, 재수록.

180 신갈초등학교동창회, 앞의 책, 19쪽 참조.

181 위의 책, 19쪽.

1911년부터 1922년까지 제1차 조선교육령 시기이며, 이 시기에 용인에서 두 번째 근대교육기관으로 김량장공립보통학교가 1915년에 개교하였다. 제1차 조선교육령에서는 보통학교의 수업연한을 4년으로 규정하고(제1차 조선교육령 제12조), 보통학교의 교과목으로 수신, 국어, 조선어와 한문, 이과, 창가와 체조, 도화, 수공, 재봉과 수예, 농업초보, 상업초보를 두었으며 그 중에서 이과, 체조, 도화, 수공, 수예와 재봉는 상황에 따라서 선택할 수 있도록 하였다(제1차 조선교육령 제4조).

[표 7] 1915년 제1차 조선교육령 개교당시 김량장공립보통학교 교육과정 주 시간배당표

(출처: 『용인초등학교100년사』)

학년	수신	국어 (일본어)	조선어 및 한문	산술	이과	창가 체조	도화	수공	수예 재봉	농업 초보	상업 초보	계
1	1	10	6	6		3						26
2	1	10	6	6		3						26
3	1	10	6	6	2	3						27
4	1	10	6	6	2	3						27

김량장공립보통학교의 개교당시 교육과정 주 시간배당표는 [표7]의 기록과 같다.[182] 개교 당시 김량장공립보통학교의 경우, 국어(일본어), 조선어 및 한문, 산술, 이과, 창가와 체조과목은 있지만 상황에 따라 선택하도록 규정된 도화, 수공, 수예와 재봉, 농업초보, 상업초보 과목은 학교의 교과목으로 편성되지 않았다. 따라서 제1차 조선교육령이 발표된 시기까지도 1911년에 『정정 보통학교생도용 도화임본』(1911)과 같은 국정교과서가 조선총독부에서 발행되어 근대적 학교교육기관인 보통학교의 국정교과서로 사용되었다고는 하지만 용인의 근대교육기관이었던 보통학교에서는 제1차 조선교육령까지 도화과목은 선택과목이었기 때문에 도화과목의 교과서가 보급되면서 교육이 실시되지는 못하였다고 보인다. 대신 국

182 용인초등학교동문회, 앞의 책, 154쪽.

어로서의 일본어의 주당 시수가 약 10시간씩 가장 많이 배정되어 일본어 보급이 가장 우선시되었음을 알 수 있다.

1919년 3.1운동이 일어난 이후 일본은 문화정치로 그 식민지 정책을 바꾸면서 제2차 조선교육령을 1922년에 공포하고 1938년까지 16년간 시행했고 보통학교의 학년도 일본인학교와 동등하게 4년에서 6년으로 연장되었다. 이때부터 상황에 따라 선택하여 교육하도록 편성했던 이과, 체조, 도화과목은 필수과목으로 설치되어 제3-4학년은 주당 1시간, 5-6학년은 남학생은 주당 2시간, 여학생은 주당 1시간으로 정해졌다. 교과서도 조선총독부에서 1921년에 『보통학교도화첩』을 새롭게 발행했고 1938년 제3차 조선교육령이 공포될 때까지 16년이라는 긴 시간동안 도화교과서로 사용되었다.[183]

그러나 용인공립보통학교, 김량장공립보통학교, 그리고 1919년에 용인에서 세 번째로 개교한 송전공립보통학교의 주 시간배당표를 보면 제2차 조선교육령에서 공포한 도화교육의 시수와 달리 일괄적으로 도화과목의 경우 주당 1시간씩밖에 배정하고 있지 않다. 예를 들어 주 시간배당표가 자세히 남아 있는 김량장공립보통학교의 주 시간배당표 [표8]을 보면 송전공립보통학교와 같이 제2차 조선교육령에서 정한 도화과목의 주배당시간표의 시수보다 축소되어 주당 1시간씩으로 도화교육이 매우 축소되어 시행되었음을 알 수 있다.[184]

---

183 심영옥, 앞 책, 217-236쪽과 김희엽, 『한국근대 초등도화교과서에 수용된 서양 근대미술교육 요소: 제1-2차 조선교육령기를 중심으로』, 서울대학교 미술교육전공 석사논문, 2020, 35-39쪽 참조.

184 신갈초등학교동창회, 앞 책, 21쪽과 용인초등학교동문회, 앞의 책, 155쪽 그리고 송전초등학교동창회, 『송전초등학교 100년사』, 225쪽.

[표 8] 1922년 제2차 조선교육령 당시 김량장공립보통학교 교육과정 주 시간배당표

(출처: 『용인초등학교100년사』)

학년	수신	국어(일본어)	조선어 및 한문	산술	일본사	지리	이과	창가	체조	도화	수공	수예 재봉	농업 초보	상업 초보	계
1	1	10	6	6					3	1					27
2	1	10	6	6					3	1					27
3	1	10	5	6			2		3	1					28
4	1	10	5	6			2		3	1					28
5	1	9	4	5	2	2	2		3	1					29
6	1	9	4	5	2	2	2		3	1					29

또한 1930년대 중반의 용인소재의 보통학교 야외수업을 기록한 사진을 보면 학교의 교과목으로 '농업초보'라는 과목이 편성되어 있지 않음에도 불구하고 농업실습, 양계실습, 벌목작업, 그리고 학교운동장에 모여 가마니짜기 실습 등을 하고 있는 기록사진이 많이 남아 있다. 당시 학생들의 구술기록에 따르면 '농업실습은 직업교육의 일환으로 1주일에 2-3시간 배정되었지만, 실제로는 거의 매일같이 실습지의 농작물을 기르고 가축을 사육했으니 지금으로 치자면 농업학교나 다름없었다.'[185]고 언급되기도 한다. [그림59]와 [그림60]은 1930년대 제3차 조선교육령이 시행되던 시기의 용인공립보통학교 학생들의 기록사진이다. 마찬가지로 당시 일손이 모자라 농촌의 부족한 일손을 채우고자 학생들은 농업실습시간이라 하여 노동력으로 동원되었으며 이는 정규수업 시간보다 더 많았다고 하는 기록이 남아있다.

185 김종경, 『용인, 그 위대한 여정 - 포토히스토리 100년』, 용인신문사, 2015, 57쪽.

[그림 59] 용인공립보통학교의 벼베기실습 수업, 1935년.
출처: 『용인, 그 위대한 여정-포토히스토리 100년』.

[그림 60] 용인공립보통학교 농업실습, 1936년.
출처: 『용인, 그 위대한 여정-포토히스토리 100년』.

다음으로 제3차 조선교육령이후 편성된 교과목과 주 시간배당표에 대한 기록이 자세히 남아 있는 김량장공립보통학교의 기록인 [표9]를 살펴보도록 하겠다. 먼저 조선어과목이 사라지고 '체련과'의 체육과 무도가 주당 5시간, 그리고 도화와 수공에 대한 시수가 고학년으로 가면서 주당 남학생이 3시간, 여학생이 2시간으로 대폭 늘어나 있는데 도화와 수공이라

[표 9] 1941년 제3차 조선교육령 당시 김량장공립보통학교 교육과정 주 시간배당표

(출처: 『용인초등학교100년사』)

<table>
<tr><th rowspan="2">학년</th><th colspan="4">국민과</th><th colspan="2">리수과</th><th colspan="2">체련과</th><th colspan="4"></th><th>직업과</th><th rowspan="2">계</th></tr>
<tr><th>수신</th><th>일본어</th><th>일본사</th><th>지리</th><th>산술</th><th>이과</th><th>체조</th><th>무도</th><th>음악</th><th>습자</th><th>도화</th><th>수공</th><th>가사재봉</th><th>농업</th></tr>
<tr><td>1</td><td colspan="2">11</td><td></td><td></td><td colspan="2">5</td><td>5</td><td></td><td></td><td></td><td colspan="2">2</td><td></td><td></td><td>23</td></tr>
<tr><td>2</td><td colspan="2">12</td><td></td><td></td><td colspan="2">5</td><td>6</td><td></td><td></td><td></td><td colspan="2">2</td><td></td><td></td><td>25</td></tr>
<tr><td>3</td><td>2</td><td>9</td><td></td><td></td><td>5</td><td>1</td><td>5</td><td></td><td>2</td><td>1</td><td colspan="2">2</td><td></td><td></td><td>27</td></tr>
<tr><td>4</td><td>2</td><td>8</td><td></td><td></td><td>5</td><td>2</td><td>5</td><td></td><td>2</td><td>1</td><td>남3</td><td>여2</td><td>3</td><td>남2 여1</td><td>32</td></tr>
<tr><td>5</td><td>2</td><td>7</td><td>2</td><td>2</td><td>5</td><td>2</td><td colspan="2">5</td><td>2</td><td>1</td><td>남3</td><td>여2</td><td>3</td><td>남2 여1</td><td>34</td></tr>
<tr><td>6</td><td>2</td><td>7</td><td>2</td><td>2</td><td>5</td><td>2</td><td colspan="2">5</td><td>2</td><td>1</td><td>남3</td><td>여2</td><td>3</td><td>남2 여1</td><td>34</td></tr>
</table>

는 두 과목을 합하여 표기하고 있다. 1938년의 제3차 조선교육령부터 문화정치가 끝나고 1943년부터 1945년까지 공포된 제4차 조선교육령에서 일본은 전시체계로 들어가게 되고 전쟁을 수행하기 위한 물자 생산에 필요한 노작교육, 그리고 군수산업에 직결되는 기술훈련으로서 도화와 수공을 함께 교육과정의 필수과목으로 편성했기 때문으로 보인다. '체련과'에서 가르친 체조와 무도는 군사훈련을, 그리고 '직업과'에서 가르친 농업실습은 [그림59], [그림60]에서 볼 수 있듯이 학생 노농력으로 동원되었을 것이다. 다음의 1940년대에 용인소재의 보통학교에서 공부했던 졸업생들의 구술기록을 검토하면 정규수업시간이 축소되면서 비공식적으로 농업, 양계, 산림실습을 위해 야외수업으로 학생들이 노동력으로 동원되었음을 생생하게 확인할 수 있다.

아버지가 징용이니 보국대니 끌려가 월사금(月納金) 60전(錢)을 못내 선생님으로부터 독촉을 받고 괴로워했던 일, 6교시 수업중 보통 2시간 이상 광솔따기 보리밭에서 깜부기뽑기, 일요일이면 애국반(부락단위) 별로 광솔따기 하든일도 기억에 생생 하군요.(당시 광솔기름으로 군에서 기름을 쓴다고 했음) (제31회, 1940년, 졸업생, 이명렬)[186]

학교에 가면 만주에 있던 일본군이 자랑하던 관동군이 우리 학교에 와서 주둔하고 있어 교실이 부족하게 되었으나 야외에서 공부하지는 않았지요. 왜냐하면 3학년 이상은 주로 지곡리 쪽으로 나무(장작)하산 작업과 광솔따기등을 하느라 교실이 비곤 했지요. 모심기 시기가 되면 모심기 동원등 공부라곤 별로 하지 못했지요. (제36회, 1945년, 졸업생, 한석희)[187]

요컨대 개항도시가 아닌 용인과 같은 지방도시의 근대적 학교기관에서 실시된 도화교육의 실제 운영상황을 보면 제1차 조선교육령까지는 도화과목이나 검정교과서가 보급되지 않았고, 제2차 조선교육령 시기에도 주당 배당된 수업시간이 축소되어 형식적으로 편성되어 있음을 확인할 수 있었다. 군국주의 기반에 전쟁동원을 목표로 한 제3차, 제4차 조선교육령 시기의 도화와 수공과목은 미술교육의 목적보다 전쟁물자의 생산을 목적으로 하여 개설된 과목이었기 때문에 미술교육의 기능과 거리가 있던 것으로 보인다. 용인지역미술인들의 단체인 '미술인회(美術人會)'가 조직된 것도 해방 이후 한참이 지난 1989년이 되고 나서였다.[188] 지방도시 용인의 근대적 도화교육의 양상을 분석한 것은 지금까지 검정교과서와 근대기 미술활동이 활발했던 경성과 대구와 같은 도시를 중심으로 한국의 근대도화교육의 양상을 전체적인 특징처럼 해석해왔던 기존의 연구의 시야에서 벗어나 다각적인 시각으로 파악할 수 있게 해준다는데 그 의의가 있다.

---

186 위의 책, 103쪽.

187 위의 책, 111쪽.

188 "초창기 용인지역 미술의 움직임은 '용인미술교사전시회'가 전부였다. 이로 인해 미술에 대한 지역사회의 인식이 전혀 되어있지 않았으므로 용인지역에는 화단이니 미술단체이니 하는 것은 그 이름조차 없었다. 이러한 현실속에서 지역적 특수성으로 미루어볼 때 '용인미술인회'이 발족을 먼저 손꼽을 수 있다. 1989년에 미술동호인 형태로 발족한 용인'미술인회'는 지역 향토미술인 및 용인거주 미술인으로 구성되어, 이강수 씨를 초대회장에 추대하여 활동해 나갔다." (오성만, 「용인미술의 동향」, 『용구문화』, 1999년 1월, 제28호, 45쪽.)

한편 앞서 논의한 바와 같이 영남의 거점도시인 대구의 경우 경부선의 대구역이 개통되면서 영남지역의 개항도시인 부산에서 정책적으로 대거 일본인들이 이주하였고 이주한 일본인들 중 수채화, 유채화 및 일본의 근대미술에 경도된 화가가 상당수 있어 지방도시임에도 불구하고 서양식 근대미술에 대한 정보가 활발히 유입되어 들어온 특징이 있다. 예를 들어 대구출신의 대표적인 서양화가인 이인성을 일본의 대학 수준의 미술학교인 태평양미술학교(太平洋美術学校)로 유학을 갈 수 있도록 주선해준 사람 또한 경북여고의 교장으로 근무했던 고미술사가인 시라가 주키치(白神壽吉)였다. 또한 용인과 달리 대구는 보통학교를 졸업하고 진학할 수 있는 중등교육기관이 설립되어 있었고, 그중 1923년에 설립된 경북도립사범학교가 1929년에 대구사범학교로 교명을 바꾸어 운영된 것도 주목해야 한다. 사범학교의 경우 조선총독부의 직결된 산하기관으로 경성사범학교 외에 조선 8도의 큰 거점도시에 설치되었기 때문에 대구사범학교가 개교하여 운영되었음은 대구가 지방도시이지만 교육행정면에서 경성만큼이나 큰 도시로 발전하고 있었다는 것을 증명해 준다.

[그림 61] (왼쪽) 대구미술사 기념사진. 소장: 대구미술관.
(오른쪽) 이인성 양화연구소 광고포스터, 1936년. 소장: 대구미술관.

그렇다면 다른 지방도시와 달리 일본인 이주민과 경성을 통해 서양의 근대미술에 대한 정보가 활발히 소개되면서 지역미술인그룹이 일찍이 형성되었던 대구의 근대적 도화교육의 양상은 크게 두 가지로 나누어 그 특징을 고찰할 수 있다. 첫째, 서동진(1900~1970)은 1927년에 대구미술사[그림61-왼쪽]를 설립하여 운영하였는데 바로 이 대구미술사를 중심으로 경성화단의 서화가 활발히 유통되는 동시에 서울화단의 화풍이 빠르게 대구에 소개되었다. 그리고 수채화 보급과 미술지도는 물론 석판 인쇄, 도안 제작 등 인쇄시설까지 갖춰 대구문화의 중심 역할을 했다. 그리하여 대구미술사는 대구지역미술인의 구심점이 되어 1927년에는 '영과회', 1930년에는 '향토회'와 같은 대구화단이 발족되었다. 특히 서동진은 수채화의 전통을 세우는데 힘을 쓰며 한국의 주요한 근대화가로 성장하게 된 이인성, 김용조와 같은 후학을 양성하기도 했다. 이인성의 경우 일본의 태평양미술학교에 유학을 한 후 귀국하여 1936년에 '이인성 양화연구소'라는 미술교습소[그림61-오른쪽]를 열어 학생을 모집하여 서구식 미술을 가르치고 예술인들이 모여 교류할 수 있는 '아르스 다방'을 오픈하기도 했다. 이것은 중등교육 이상의 근대적 학교가 없고 제2차 조선교육령까지 도화과목을 보통학교에서조차 채택하지 않으면서 농업위주의 야외실습으로 학생의 노동력을 필요로 했던 용인이나 기타 다른 지방도시의 상황과는 매우 다르다. 즉 대구에서 대구지역미술인들이 미술단체까지 조직하면서 적극적으로 미술활동에 참여한 것은 지방도시로서 매우 이례적인 예라 본다.

◇大邱師範學校
▲募集人員 約一〇〇名(官費生約四〇、私費生約六〇)
▲出願期日 二月十日까지 (最近在學한 學校를 거처서)
▲修業年限 五個年
▲入學資格 年齡十二歲以上의男子로서 修業年限 六個年의普通學校卒業한者 又는 今春三月에
▲考査期日 二月二十五日부터同二十八日까지 四日間
▲考査種目 同上 口頭試驗及 身體檢査
▲試驗場所 大邱府大鳳町六〇番地 同校、[illegible]公普校
▲入學許可發表 三月十日 午後一時 同校에揭示

[그림 62] 대구사범학교 학생모집광고, 1934년 1월 24일, 동아일보.

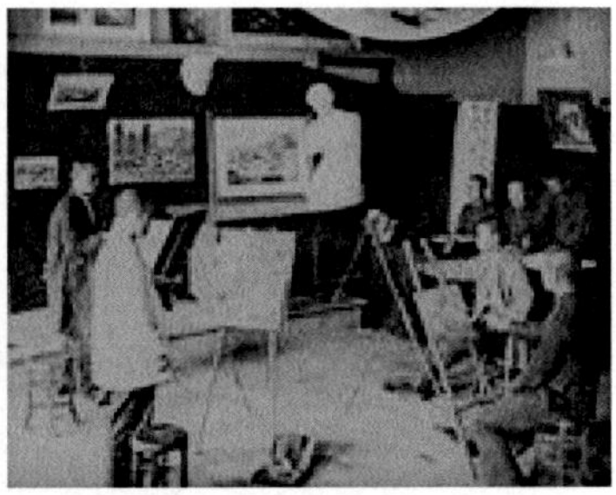

[그림 63] 대구사범학교 미술부 특별활동. 출처: 국채보상운동기념사업회.

둘째, 조선총독부에 직결된 산하기관으로서 고등교육기관인 대구사범학교가 개교하여 운영되었고[그림62], 대구사범학교 또한 근대적 도화교육과 미술활동에 활발히 관여했다. 예를 들어 대구사범학교에서는 [그림63]과 같이 서구식 근대미술을 그리는 미술부 특별활동이 존재했다. 서구식 근대미술에 대한 높은 관심과 지역미술인들의 단체활동이 활발했던 당시 대구의 분위기를 봤을 때 수채화나 유채화에 관심이 있는 학생들이 모여 미술부를 조직하고 특별활동을 했다는 것은 자연스러운 일이었을 것이다. 또한 앞서 「제4장 국내 일본식 바우하우스 교육의 고독한 탐색」에서 살펴보았듯이 대구사범학교 부속소학교에서 당시 소학교 교사인 최유련에 의해 독일의 바우하우스를 참조로 한 일본의 구성교육을 토대로 한국 상황에 맞게 재구성하여 지도세목을 집필한 『도화과지도세목』이 발행되고 실시되었다. 지방도시의 한 소학교에서 바우하우스식 교육이 바우하우스에 유학을 간 적도 없는 한명의 조선인 교사에 의해 기획됐음은 매우 획기적인 사실이 아닐 수 없다. 이것은 대구사범학교가 조선총독부의 직결된 산하기관이면서 대구사범학교 부속소학교의 학장이 조선총독부와 면밀한 관계를 맺고 있는 정치적 실세로 인해 가능했던 것이라고 앞서 논의한 바 있다.[189]

그렇다면 최유련은 어떻게 하여 독일의 바우하우스를 도입하여 재정

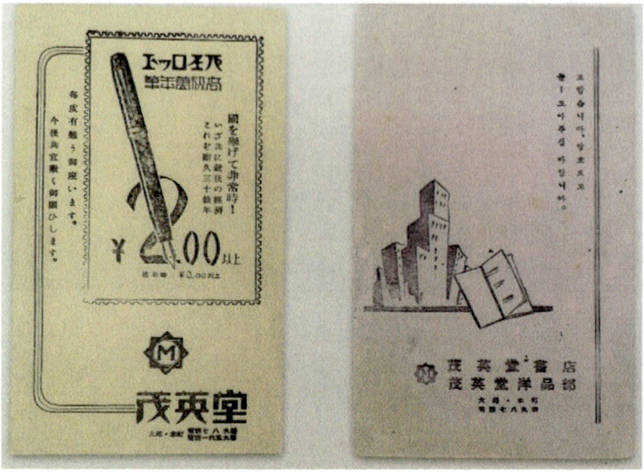

[그림 64] 대구의 무영당 서점 팸플릿. 출처: 『사진으로 보고 읽는 대구근대 발자취』.

리한 일본의 구성교육이라는 당시로서는 최신의 근대적 도화교육방식을 접할 수 있었을까? 그리고 당시 조선총독부 발행으로 보급된 제3차 조선교육령(1938~1943년) 아래 발행된 국정교과서 『초등도화』나 『심사소화도화』가 아닌 『도화과지도세목』이 대구라는 지방도시의 한 초등교육기관에서 발행되어 교육안으로 실행될 수 있었을까? 최유련이 일본유학을 한 것이 아닌데도 일본의 구성교육이라는 당시로서는 최신식 도화교육에 대한 정보를 접할 수 있었던 것은 대구역의 개통 이후 대구역 주변의 상권이 크게 형성되면서 백화점과 서점이 발달하게 된 것을 배경으로 한다고 본다. '무영당(茂英堂)'〔그림64〕과 같은 대형 서점이 대구에 존재했고 최유련은 일본을 통해 들어오고 있는 최신식의 미술서적과 잡지들을 자유롭게 접할 수 있었을 것이다. 이것은 그의 유족이 가지고 있는 몇 권 남아있지 않은 당시의 미술서적유품을 통해 확인할 수 있기도 했다.[190] 그리고 최유

189 孫聆範, 앞의 논문, 21쪽.

190 실제로 최유련의 유족인 아드님과 인터뷰를 할 때 어린 시절 아버지인 최유련이 자주 들러서 책을 사오던 곳이 '무영당' 서점이라는 곳이었다고 서점의 이름을 기억하고 있었다.

련은 다음과 같이 그의 또 다른 저서 『도공교육』(1938)에서 일본의 『구성교육에 있어서 신도화』를 참조했음을 밝히고 있어 일본으로부터 대구로 수입되어 들어온 서적을 섭렵하고 있었음을 알 수 있다.

> 현대는 회화중심의 교육에서부터 생활지도중심 — 생활적 도화교육 — 의 교육이 되었다. 그렇다고 우리는 과거의 것을 모두 비판하여 버려야만 한다는 것은 아니다. 과거의 자유화, 신개정화첩의 정신을 살려 현대에 활용해야만 한다. 새로운 술은 새로운 부대에 담아야 하므로 도화교육의 선각자들이 닦아온 길의 근본사상을 정확히 이해하고 그것에서 취해야할 것은 취하고 버려야 할 것은 버려 이 시대에 맞는 도화교육의 방법을 논해야 한다. 『구성교육에 있어서 신도화(構成教育による新図画)』에서도 생활지도중심으로 교육을 해야한다는 점에서는 확실하게 하지 않았다. 온고지신이라고 하는 말을 다시 한번 되새겨 보도록 하자.[191]

다시 말해 서구식 근대미술과 디자인에 대해 대구지역 미술인들이 높은 관심을 가지고 있던 만큼 대구의 대형서점에는 최신식 일본의 미술잡지와 미술교육에 관련된 서적들이 수입되어 판매되었을 것이다. 그리하여 최유련은 대구의 대형서점에서 활발히 수입되어 들어오는 일본의 최신서적들을 손쉽게 접하면서 홀로 독일의 바우하우스교육과 일본의 구성교육에 대해 공부해 볼 수 있었던 것으로 해석된다.

■ 나가며

본 연구는 지방사연구의 관점에서 지방도시인 용인과 대구의 구체적인 사료를 조사하고 식민권력에 의한 지역개발과 함께 각각의 지방도시

191 崔有鍊, 『圖工教育』, 373쪽.

의 여건에 따라 근대적 도화교육이 실제로 어떻게 실행되었는지 살펴보았다. 중등교육이상의 근대적 교육기관이 있느냐 없느냐, 그리고 도시의 상권이 형성되고 대형서점이 운영되어 미술문화와 관련된 경성과 일본의 최신 정보가 보급되고 있으냐 아니냐, 지역미술인의 후원과 활동이 활발하냐 아니냐, '대구미술사'와 같은 미술정보교류의 거점이 있느냐 없느냐에 따라서 조선교육령에 따른 도화교육과 검정교과서의 보급이 각각 다르게 수행되었음을 구체적인 사료분석을 통해 증명하고 확인할 수 있었다.

한국민족문화백과사전에 따르면 초등학교 수준의 공립보통학교를 졸업한 후 고등보통학교로 진학하는 일본인은 1만 명당 113명이었던 반면 조선인은 1만 명당 1명이었다는 기록이 있다.[192] 따라서 공립보통학교를 기준으로 일제강점기의 근대적 학교교육의 도화교육을 살펴본 것은 8세부터 20대까지 당시 조선인들의 대부분이 나이와 관계없이 가장 보편적으로 입학하여 교육받을 수 있는 근대적 교육기관이었기 때문이다. 또한 중등이상의 교육기관인 고등보통학교의 경우, 도화과목은 필수과목으로 편성되어 있지만 주당 1시간씩만 배정되어 있으며 수학, 물리, 화학, 국어, 학문, 외국어 등의 고등교육이 중심이 되어 편성되어 있어,[193] 지방도시의 도화교육 및 화단의 형성에 큰 영향을 준 것은 공립보통학교나 고등보통학교가 아닌 대구미술사과 같이 지역미술인들의 모임, 신문물에 대한 정보가 교류될 수 있는 상권과 대형서점임을 알 수 있었다.

---

192 "1919년 5월 말의 통계에 의하면, 우리나라에 거주하는 일본인 자녀의 취학률이 91%인 데 비하여 우리나라 학생은 겨우 37%에 불과하였으며, 고등보통학교와 여자고등보통학교의 입학률은 일본인 거주민이 1만 명당 113명인 데 비하여 우리나라 학생은 1만 명당 1명이었다." (한국민족문화대백과사전, "고등보통학교(高等普通學校)", http://encykorea.aks.ac.kr/Contents/Item/E0003405(검색일: 2023년 1월 10일))

193 고등보통학교규칙 제23조에 각 학년의 각 학과목의 매주 교수 시수를 표로 표시했다.(조선총독부령 제22호, 1927년 3월 31일 일부개정)

대구의 경우 개항도시가 아닌 내륙도시로 외부와 접촉할 수 있는 지리적 이점을 가지고 있지는 않았지만 식민권력과의 밀접한 정치적 관계로 개발된 지방도시였다는 점도 하나의 주목할 만한 사항이었다. 경부선 대구역의 상권개발을 둘러싸고 대구도호부사 박중양의 식민개발에 대한 적극적인 협조가 정치적으로 작용하여 정책적으로 경성의 통감부의 하부조직으로 대구이사청이 설치되고 대구거류민단 및 대구일본인상업회의소 등이 조직되는 등 일본의 자본투자에 의해 산업기지로 발전한 지방의 거점도시였다. 그리하여 식민권력에 의한 지역개발이 진행됨과 동시에 신문물의 교류를 기반으로 근대적 도화교육와 미술화단에 대한 관심이 높아지게 되었다는 점도 식민권력의 지역개발과 근대적 도화교육과의 영향관계를 볼 수 있는 한 예로 주목할 수 있을 것이다.

아울러 지금까지 근대기 역사연구는 서울을 구심점으로 설정하고 이를 일반화하여 고찰되어 왔다. 본 연구를 통해 근대기 연구에서 지금까지 주목받지 못했던 지방도시의 근대적 변화를 공시적인 관점에서 다각적으로 살펴 서울과 함께 비교하여 고찰해볼 가치가 있음을 시사하고자 한다.

제3부

해방직후 식민지 교육의 잔재 청산

제6장
1950년대 후반 미국의 창의성 중심 조형교육의 도입과 전환

1895년 갑오개혁 때 소학교령, 1906년에 보통학교령이라는 학교교육령이 공포되면서 보통학교 위주의 근대적 학교교육과 도안교육이 시작되었다. 박휘락의 『한국미술교육사』에 따르면 1895년부터 1905년까지는 '무교과서 시대'로 지금의 교육부와 같은 역할을 한 학부(學部)에서 인가한 미술교과서가 언제 어떻게 수입되어 사용되었는지 기록이 정확하지 않다고 언급된다.[194] 또한 1907년에서 1908년까지 학부에서 최초로 근대적 조형교육을 가르치는 검정교과서인 『도화임본(圖畫臨本)』이 편찬되었다고 하더라도 지방도시의 경우 서당이나 향교와 같은 작은 규모의 시설에서 초등학교 수준의 보통학교가 시작되고 입학 인원도 적었기 때문에 서구식 근대적 도안교육 및 교과서가 제대로 보급될 수도 없었다.[195] 그러던 것이 1910년 일제강점기가 시작된 후 일본의 식민지교육정책으로 제정된 제1차부터 제4차까지의 조선교육령이 시행되면서 보통학교에서는 '도화'와 '수공'이라는 과목명으로 일본식 임화교육 방식의 근대적 조형교육이 보급되었다.

일제강점기의 근대적 조형교육을 논하는데 있어서 초등학교 수준의 보통학교에서 시행된 미술교육을 중심으로 언급하는 것은 당시 대다수의

---

194 박휘락, 『한국미술교육사: 미술교육 100년의 흐름(1895-1996)』, 216쪽.

195 서희정, 「지방도시를 통해 본 식민권력의 지역개발과 근대 도화교육 – 대구와 용인의 사례를 중심으로 –」, 『인문과학연구』 제47집, 2023(본 책의 제5장 재편집 및 재수록) 참조.

조선인들이 입학하여 공부할 수 있던 근대적 교육기관이 보통학교였기 때문이다. 또한 지금과 같은 6-3-3-4년의 학제[196]에 의거하여 일괄적으로 만 7세에 보통학교에 입학하던 것도 아니었다. 다시 말해 근대식 학교교육으로 대부분의 조선인들이 먼저 경험할 수 있었던 학교는 보통학교였으며 만 7세뿐만 아니라 청소년기인 15, 16세부터 장성한 20대 성인 남성까지도 동시에 입학하여 공부하던 곳이었다.[197] 게다가 식민지 상황의 조선에서 고등 미술교육기관은 더더욱 설립될 수 없었고 전문적인 고등 미술교육기관에서 교육을 받기 위해서는 일본으로 유학을 떠날 수밖에 없는 실정이었다.[198]

1945년에 조선은 식민지 상황에서 해방되면서 조선총독부를 중심으로 계획되고 구성되었던 식민지 잔재를 모두 청산하고 독립 국가를 건설하고자 했다. 그러나 이념의 대립으로 말미암아 1948년 한반도의 38선을 기준으로 북쪽과 남쪽이 나뉘어 각각 단독정부를 세우게 되었다. 북쪽은 공산주의 이념을 기반으로 한 조선민주주의인민공화국이, 남쪽에는 미국의 원조를 받아 민주주의를 기반으로 한 대한민국이라는 단독정부가 새롭게 수립된 것이다. 그리하여 1945년부터 1948년의 미군정기를 거쳐 대한민국은 미국의 원조를 받으며 민주주의 국가를 수립하고 민주주의교육을 기조로 한 새로운 교육체계를 재정립하기 시작했다. 일제강점기 조선총독부에서 공포했던 제1차부터 제4차까지의 조선교육령을 버리고, 미국의 교육원조의 도움과 민주주의교육 이념을 바탕으로 교수요목기(1946~1954년)를 거쳐 제1차 교육과정(1954~1963년)을 공포하게 되었다. 이로

---

196 현재의 6-3-3-4년의 학제는 의무교육제도와 함께 모든 사람에게 평등한 교육기회를 제공하고자 한국에 도입된 미국식 교육체제이다. 본 논문의 「2.피바디사절단과 '새교육운동: 일제 식민지교육 청산으로」에서 자세히 조사한 내용을 다루고 있다.

197 본 책의 제5장 참조.

198 노유니아, 「도안시대의 한국디자인」, 『모던 데지안: 생활, 산업, 외교하는 미술로』, 국립현대미술관, 2022, 30쪽 참조.

써 일제강점기의 황국신민화를 목표로 한 교육이념을 토대로 그림책을 보고 따라 그리며 배우는 일본식 임화교육 방식에서 벗어나고자 '새교육운동'이 시작되고 학습자 개개인의 경험과 창의성을 중심으로 하는 '창의성 중심 조형교육(Creative-centered Art Education)'이라는 새로운 패러다임을 모색하게 되었다. 그렇다면 식민지경영을 목적으로 민족차별을 저변에 깔고 조선민족을 억압하던 일본식 근대교육과 조형교육은 해방 이후 민주주의라는 새로운 국가기반 아래 어떤 큰 전환점을 맞이했을까?

본 연구에서는 1945년 해방 직후 일제 식민지 잔재를 청산하고 대한민국이라는 새로운 민주주의 국가건설하고자 한 시대적 배경을 살피며 미국으로부터 도입된 민주주의교육의 기조에 따라 어떻게 학교의 근대적 조형 교육이 전환점을 맞이하게 되었는지 주목해 보고자 한다. 이러한 문제제기는 지금까지 한국의 근대연구에서 개항기, 일제강점기, 해방공간을 각각의 단독적인 주제로 삼아 지엽적으로 논의해 오던 연구와 달리, 일제의 식민지 잔재 청산이라는 연장선에서 대한민국이라는 민주주의 국가건설의 전환점을 아울러 살펴본다는 점에서 새로운 시사점을 제공해 줄 수 있다고 본다.

연구방법으로 먼저 본 연구는 1945년 해방이후 1956년부터 1962년까지 세 차례에 걸쳐 한국의 교육원조를 위해 방문한 조지 피바디 사범대학교육사절단(일명 피바디사절단, George Peabody College for Teachers)의 방문활동과 영향에 대해 역사적으로 주목하고자 한다. 왜냐하면 이를 통해 식민지교육을 청산하면서 개인의 자유와 권리의 가치를 주된 교육적 가치로 둔 민주주의교육으로 어떻게 전환하게 되었는지 알 수 있다고 생각하기 때문이다. 피바디사절단은 한국에 적극적으로 존 듀이(John Dewey: 1859~1952)의 민주주의교육에 대해 소개하였고 한국에서는 듀이의 영향을 받아 '새교육운동'이 일어나게 되었다. 이로써 민주주의적 인간의 양성을 목표로 한 듀이의 교육사상의 영향을 받아 창의성 중심 조형교육으로 전환하게 되었다. 그리고 같은 시기 미국식 민주주의교육에 대한 모색이 시작되면서 한국의 교육자들에게 보급된 허버트 리드(Herbert Read: 1893~1968)의 『평화를 위한 교육(Education for Peace)』(1950)[199]을 검토하여 철학적 의미를 고찰한 후, 그 구체적인 사례로 1960년대에 창의성 중심 미술교육이론의 구축과 보급을 위해 실험적인 교수지도안을 연구하고 실천한 박휘락(1935~)의 『새교육과정에 의한 우리 학교 美術敎育②』(1964)에 대해 분석할 것이다. 『새교육과정에 의한 우리 학교 미술교육②』은 1960년대 제1, 2차 교육과정기에 민주주의교육을 기반으로 창의성 중심 교육이론을 선구적으로 연구하여 만든 박휘락의 교수지도안이다. 박휘락은 1935년생으로 일제강점기를 거쳐 한국전쟁과 피바디교육사절단의 영향을 직접 받으면서 당시 창의성 중심의 새교육운동을 영향력있게 이끌어간 개척자이자 교육자이다. 이와 관련된 소중한 교수지도안의 역사적 기록과 자료를 박휘락으로부터 제공받아 본 연구가 가능하게 되었다.

1. 해방 이후 일제 식민지교육의 청산에 대한 고찰

해방 이후 일제 식민지 잔재 청산의 연장선에서 주체적인 근대 독립국가의 건설이라는 전환점에 주목하고 고찰하기 위해서는 먼저 일제 식민지 교육이 무엇이었고 해방 이후 일제의 식민지교육으로서 무엇을 청산하고자 했는지에 대해 구체적으로 살펴볼 필요가 있다.

1910년 일본제국주의는 조선총독부를 세워 조선의 행정, 사법, 입법, 군대를 장악하고 토지조사사업을 근간으로 조선의 경제를 식민지 경영을 위한 체제로 재편했다. 교육에서는 천황숭배와 군국주의를 내세워 한국어

199 1950년에 미국에서 *Education for Peace*(평화를 위한 교육)가 출간되었고 한국에서는 1959년에 안동민에 의해 한국어로 번역되어 을유문화사에서 출간되었다.

및 한국 역사를 말살하고자 했다. 식민지적 상황에 맞게 사회구조가 재편되는 한편, 조선총독부 관리 아래 근대적 교육기관과 검정교과서가 보급되었다. 경제적으로는 농촌은 궁핍하게 더 몰락되고, 교육적으로는 일본인과 항상 차별화되며 조선의 민족의식이 말살되는 기형적인 근대적 교육이 전개되었다. 해방 이후 현재의 한국의 학교교육은 초등과 중등교육인 의무교육 기간이 법적으로 설정되어 6-3-3-4제로 교육을 받고 있는 교육체제이지만 일제강점기의 학교교육의 학제는 지금과 완전히 달랐다는 점을 주지해야 할 것이다.

[그림65]는 오천석에 의해 정리된 일제강점기와 해방 이후의 근대교육 학제표이다. 일제강점기의 근대적 학제의 경우, 해방 후 현재까지의 초등 6학년, 중등 3학년, 고등 3학년 대학 4학년의 학제와는 완전히 다른 체제였다. 현재의 초등교육 기관에 해당하는 보통학교는 4년의 교육 기간을 가지고 있으며, 앞서 언급한 바와 같이 입학 연령은 만 7세에 일괄 입학하는 의무교육이 아니었기 때문에 만 7세부터 20대까지 연령이 모두 섞여 입학했고, 여학생의 입학은 매우 저조했다. 지방의 경우 해방 전까지 '보통학교'만 설립되어 운영된 것이 그 지역의 근대적 학교교육 시설의 전부인 곳도 많아, 앞서 언급한 바와 같이 '고등보통학교'로의 진학은 1919년 5월말의 통계에 따르면 1만 명당 1명꼴이었다는 기록이 있다. 지금하고 비교하여 늦은 나이인 십대에 근대적 학교교육으로 설립된 4년제 보통학교를 졸업한 것이 조선인들에게 보급된 일반적인 근대교육이었던 것이다. 최고의 지성으로 공부할 수 있는 것으로는 보통학교의 상급기관인 고등보통학교를 수학한 후 1년간 사범과를 수학하는 것이었다. 사범과를 졸업하면 교사 자격을 취득할 수 있기 때문에 만 7세부터 4년제 보통학교를 졸업한 이후 바로 4년제 고등보통학교로 진학하고, 이어서 1년간의 사범과를 졸업한다면 17세에 교사가 되어 학교에서 교편을 잡을 수 있던 것이다. 따라서 당시의 초등교육기관이었던 보통학교에서 만 7세부터 20대까

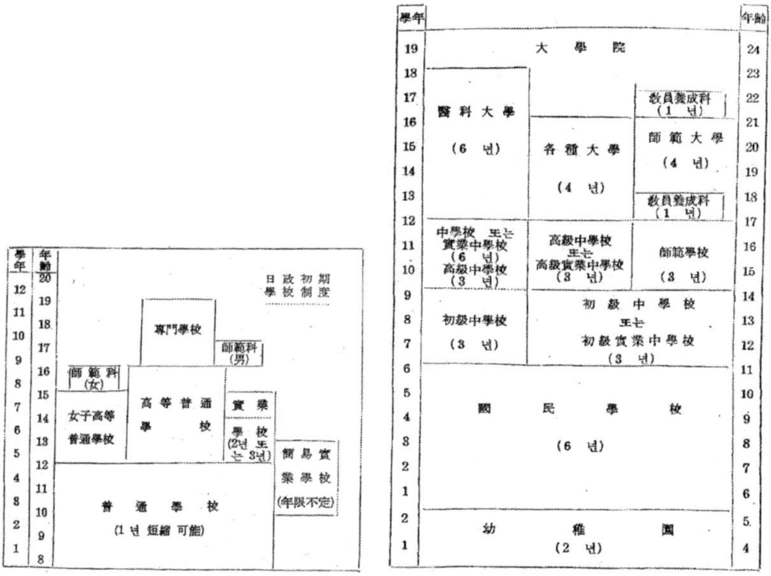

[그림 65] (왼쪽) 일제강점기 조선의 근대교육 학제. 출처: 오천석, 『한국신교육사』(1964).
(오른쪽) 해방 후 대한민국 6-3-3-4제 근대교육 학제. 출처: 오천석, 『한국신교육사』(1964).

지 학생들이 뒤섞여 함께 공부하던 학교에서 뒤늦게 10대 중후반이 되어 보통학교에 입학한 학생들의 경우 자신의 학교 스승이 자신과 나이가 같은 동년배인 경우가 종종 발생했다. 실제로 일제강점기 대구사범학교를 졸업한 후 오랫동안 교편을 잡은 아버지의 모습을 회상하는 유족의 인터뷰에서도 어린 시절 아버지가 같은 동년배의 제자를 두고 가르침을 사사했다고 회고하고 있기도 하다.[200]

200 "어릴 때 기억이 아버지가 가르치는 제자분들이 같은 동년배 제자들이 집에 찾아와 배웠어요. 학생인데 아버지보다 나이가 비슷하거나 많았던 기억이 나요", 최유련 교사 유족 인터뷰 (2023년 1월 26일)

[표 10]『조선총독부통계연보』1918년도 서당수에 대한 자료, p.1004 참조

(표의 일부 정리자: 서희정)

연도	서당수	생도수		
		남	녀	계
1911	16,540	141,034	570	141,064
1912	18,238	168,728	349	169,077
1913	20,268	195,298	391	195,689
1914	21,358	203,864	297	204,161
1915	23,441	229,028	522	229,550
1916	25,486	258,614	917	259,531
1917	24,294	264,023	812	264,835

1911년에 공포한 제1차 조선교육령에 따른 조선인들의 근대적 학교교육은 일본어의 보급과 황국신민사상의 주입이 주요한 교육목적으로 모든 교과활동이 편성된 것이었다. 조선민족의 민족주체성을 배울 수 있는 한국어와 한국역사는 사라지고 '국어'라는 과목명으로 일본어를 배우고 천황제 이데올로기를 학교교육의 중심원리로 삼았다. 이러한 일제강점기의 '공교육'의 교육 방향에 대한 반발로 오히려 일제의 공교육기관인 보통학교의 입학을 꺼리며 서당에서 학습을 하는 조선인들이 늘어 전근대적 교육기관이었던 서당이 수가 문화정치를 기반으로 한 제2차 조선교육령이 시작되기 전까지는 오히려 더 늘어났다는 통계기록[표10]이 남아 있기도 하다. 당시 보통학교의 경우 지금과 같은 의무교육이 아니었기 때문에 학자금이 궁한 가정의 학생들은 전근대적인 교육기관이라고 할지라도 유일한 동네 교육기관인 서당으로 모였을 것이다.[201] 따라서 이와 같은 일제강점기 초창기의 통계자료를 검토해 보면 일제강점기 초반 10년간은 여러 근대적 시설들이 조선에 유입되면서 식민지 경영을 위한 기반체제가 설립되었다고 할지라도 실제로 서민층 조선인들은 그 근대적 혜택을 크게

201 윤건차,『한국근대교육의 사상과 운동』, 청사, 1987, 408-409쪽 참조.

받은 것은 아니었다는 점을 주지할 수 있기도 하다.[202]

이와 같이 일제강점기의 근대적 교육의 학제는 해방 이후 대한민국이라는 한민족의 새로운 독립국가를 건국하는 데 있어서 청산해야 할 하나의 과제였다. 그렇다면 무엇을 청산하고 새로운 민주주의 독립국가에서 어떻게 새로운 교육을 실행해야 했는가? 일제강점기의 교육목표로 하였던 황국신민화와 식민지교육을 위한 검정교과서, 일본인교사에 의해 주입되었던 일본어와 일본역사에 대한 강요, 태평양전쟁기부터 1945년경까지 일본의 전쟁완수를 위한 수단으로 시행된 군국주의 교육, 식민통치기관에 의해서 감시되었던 민족교육에 대한 금지탄압을 벗어던지고 한민족의 민족주체성을 가지고 민주주의 국가를 이끌어나갈 국민을 양성해야 했다. 그리하여 한국은 민주주의 국가의 선두에 서서 한국의 독립을 지원해주던 미국의 민주주의교육과 사상을 도입하며 새로운 기반을 마련하고자 하게 되었다.

1945년에서 1948년까지 3년간의 미군정기를 거쳐 1948년에 민주주의를 이념으로 한 대한민국이라는 국가를 한반도의 남쪽에 단독정부로 수립하게 되었다. 미국의 한국을 위한 교육원조의 대표 사례인 조지 피바디 사범대학(George Peabody College for Teacher)의 코리안프로젝트(Korean Project: 별칭, 피바디프로젝트)가 시행되었다. 피바디프로젝트는 1956년 3월 사전타당성 조사를 바탕으로, 1956년 8월 ICA와 피바디 사범대학간 계약 체결로 시작되어 1956년 8월부터 1962년 8월까지 총 6년간 진행되었

202 "일본의 무단 통치 및 한국 부르조아 민족운동의 도달점이라고 해야할 1919년에 있어서 총독부 권력에 의하여 뒷받침된 관공립학교는 학교수는 어찌되었든 교원수, 생도수에 있어서 사립학교보다도 우위를 점했다…(생략)…약 170만 명의 한국인구를 볼 때, 일본에서는 학령인구의 98%가 취학하고 있음에 비해 한국에서는 학령인구의 98%가 취학하지 못했다고 하는 브라운의 지적은 학령인구가 인구의 1할인 170만이라고 가정하여도 약간 지나친 경향이 있는데, 그러나 취학자가 학령인구의 1할에 미치지 못하였다는 것은 확실하다."(윤건차, 앞의 책, 409쪽)

다. 이 기간동안 총 39명의 미국인으로 구성된 피바디사절단이 미국에서 파견되었으며 한국인 담당자 총 17명이 참여하였다. 주요 활동은 초·중등 교원양성, 현직교원교육, 교육대학개편, 교육과정개발, 교과서편찬, 중앙교육연구소 연구활동지원, 교육행정연수원 운영지원, 교사양성 외 대학프로그램으로 이화여자대학교 유아교육, 연세대학교 사서교육, 서울대학교 영어교육, 유학생파견프로그램 등 기술원조와 학교의 건축과 기자재 도입 등의 원조였다. 미국의 교육원조로서 한국에 파견된 피바디사절단은 해방 후 새로운 민주주의 국가의 민주화 발판을 마련하기 위한 민주적 교육방침을 제안했는데 이는 개인의 자유를 존중하고 창의성을 중요하게 생각하는 새로운 교육방침이었다. 한국에서는 이를 총칭하여 '새교육운동'[203] 이라고 하였고 활발히 시도하고자 했다.

조형교육의 측면에서는 피바디사절단의 미술과 공예 분야의 전문가였던 던 서들로(Don Sudlow)를 통해 미국의 '창의성 중심 조형교육'이 소개되어 일제의 모방과 기능습득 위주의 식민지교육에서 벗어나 학습자 개인의 창의성과 자유를 존중하는 민주적 교수-학습 방법으로 전환하는 중요한 계기가 되었다. 이를 통해 황국신민화와 태평양전쟁기 군수물자 조달을 위한 군국주의 공작교육을 목표로 하던 식민지교육으로서의 조형교육은 청산되고 민주주의 국가의 주체적인 민주시민의 양성을 위한 조형교육으로 새롭게 모색하게 되었다.

이와 같이 대한민국이 일제의 식민지교육을 청산하고 민주적 실천을 위한 교육으로 새롭게 전향하는데 피바디사범대학 교육사절단의 영향력이 컸다는 점은 중요한 역사적 사실이지만 피바디사절단에 대한 연구와 논의는 많지 않은 실정이다. 1999년과 2002년에 김성숙에 의해 「피바디(Peabody)사절단에 관한 연구(Ⅰ) – 미술교육학의 관점에서 한국의 Peabody

203 https://encykorea.aks.ac.kr/Article/E0027435#section-2 (검색일: 2023년 3월 13일)

Project의 설립과정과 Don Sudlow에 관한 고찰 - 」과 「피바디(Peabody)사절단에 관한 연구(Ⅱ) - Peabody의 미술교육활동사례 및 영향」이 각각 발표되었다. 그리고 10년 정도 이후, 2012년에 김지연에 의해 피바디교육사절단의 코리아프로젝트의 성립과 운영에 대한 전반적인 데이터가 정리되어 『전후 미국의 한국 교육원조, 1956-1962: 피바디프로젝트 사례 분석』이라는 서울대학교 교육학과 석사논문으로 발표된 것이 전부이다.[204]

또한 미국의 교육원조를 통해 한국에 소개된 존 듀이의 『민주주의교육의 건설』(1946)과 그의 교육사상의 영향을 받은 오천석은 '새교육운동'에 참여하며 1960년에 『민주교육을 지향하여』를 발표했다. 다음 오천석이 발표한 『민주교육을 지향하여』의 글을 보면 해방 이후 새롭게 구축해보고자 했던 교육의 민주화에 대한 당시의 의지를 확인할 수 있다.

> 해방과 더불어 우리 가슴 속에 끓어 오른 옛 교육의 反抗情神은 우리 교육의 全面的인 改革을 요구하였다. 첫째로, 우리는 전통적 교육의 階級主義, 差別主義를 배격하였다. 日本人이 우리 땅에 남기고 간 封建思想의 殘滓인 教育制度의 全般을 지배한 것은 支配者와 被支配者를 차별하는 階級思想이었다. 다스리는 사람이 따로 있고 다스림을 받는 사람이 따로 있는 獨裁國家에 있어서 이러한 差別教育이 필요하였지마는, 民主社會의 건설을 志向하는 우리에 있어서는 절대로 容納할 수 없는 사상이다. 그러므로, 우리는 이와 같은 封建社會의 殘滓를 배격하고, 민주 정신에 터를 둔 새로운 교육 제도를 希願하였던 것이다.[205]

---

204 김성숙, 「피바디(Peabody)사절단에 관한 연구(Ⅰ) - 미술교육학의 관점에서 한국의 Peabody Project의 성립과정과 Do Sudlow에 관한 고찰」, 『造形教育』 제15호, 1999, 33-58쪽과 「피바디(Peabod)사절단에 관한 연구(Ⅱ) - Peabody의 미술교육활동사례 및 영향」, 『造形教育』 제20호, 2002, 1-28쪽, 김지연, 『전후 미국의 한국 교육원조 1956-1962: 피바디프로젝트 사례분석』, 서울대학교대학원 교육학과 석사논문, 2012.

205 오천석, 『民主教育을 志向하여』, 乙酉文化社, 1960, 54쪽.

따라서 본 연구에서는 식민지교육을 청산하고 민주주의 국가를 건설하면서 새롭게 구축한 한국의 민주주의교육에 대해 크게 세 가지 특징으로 정리하고자 한다. 첫째, 식민지시기 설립되지 못하였던 고등전문 교육기관인 '대학교육'이 본격적으로 시작되면서 누구나 대학 수준의 교육을 받을 수 있게 되었다는 점이다. 특히 1945년 이전에는 일본과 달리 전문적인 미술대학의 설립이 전무했던 상황이었으나 해방 이후 1945년에 이화여자대학교 미술대학, 1946년에 서울대학교와 조선대학교 미술대학, 1949년에는 홍익대학교 미술대학 등 전문적인 미술교육을 전담할 수 있는 미술대학이 설립되어 운영되기 시작했다.[206] 둘째, '6-3-3-4제'라는 학제의 실시이다. 6-3-3-4제는 미국의 교육제도를 모델로 새롭게 재편성된 학제로 상급학교와의 연계를 개방적으로 하여 교육의 기회를 누구에게나 균등하게 보장할 수 있도록 하는 것을 목적으로 한 것이다. 따라서 일제의 식민지 상황에서 일본인과 항상 차별적 교육기회를 받았던 비민주성을 타계하고 해방 이후 한민족이 주체가 되어 국민들에게 교육의 기회를 균등하게 제공하기 위해 구축한 민주적 교육체제이라고 할 수 있다.[207] 셋째, 피바디사절단의 던 서들로를 통해 미국식 민주주의 교육이념을 기반으로 한 듀이, 리드, 프란츠 치첵(Franz Cizke: 1865~1946) 등의 창의성 중심 미술교육이 소개된 것이다. 그리하여 일제강점기에 도안을 따라 그리며 기능중심으로 연습하던 임화중심의 조형교육은 학습자 개인의 자유로운 발상과 창의성을 양성하여 민주주의적 인간을 교육하기 위한 교수법으로 전환하게 되었다.

다음 장에서는 해방 이후 한국의 '새교육운동'의 움직임에 따라 창의성 중심 조형교육으로 전환하게 된 사상적 이념에 대해 검토하도록 하겠

---

206 김형숙, 『한국미술교육의 지평』, 교육과학사, 2018, 44쪽.

207 위의 책, 155-157쪽 참조.

다. 이를 위해 창의성 중심 조형교육의 이념을 뒷받침하며 민주화 실천으로서의 교육이념을 제안한 듀이의 이론과 제2차 세계대전의 종말 이후 1950년대 한국에 소개된 리드의 『평화를 위한 교육』(1950)을 살펴보고자 한다. 이 두 명의 교육사상가가 제시하고 있는 궁극적인 교육의 목적은 공동체를 회복하고 새로운 사회를 재건하는 것에 두었고, 이는 민주주의 국가로서 식민지교육을 청산하고 새로운 사회를 재건하고자 했던 대한민국의 교육의 중요한 토대가 되었기 때문이다.

2. 민주주의적 인간의 양성: 창의성 중심 조형교육으로

해방 이후 피바디사절단은 일제의 식민지로부터 독립하여 새롭게 건국한 대한민국에 미국의 민주주의 교육이념을 소개했다. 그리고 미술교육 분야에서 듀이, 리드, 치첵, 빅터 로웬펠드(Victor Lowenfeld: 1903~1960) 등의 창의성 중심 조형교육에 대한 이론과 서적을 소개했다. 이들의 조형교육 이념은 조형교육 활동을 통해 민주시민을 양성하고자 민주주의교육에 궁극적인 방향을 두고 있었다.

이번 장에서는 대한민국의 교육체계를 수립할 당시 민주화 실천으로서의 교육이념에 큰 영향력을 준 듀이의 『민주주의와 교육』과 리드의 『평화를 위한 교육』을 검토하여[그림66], 민주시민의 양성을 목표로 새롭게 거듭나고자 한 대한민국의 근대적 조형교육의 변화란 무엇인지 고찰해 보고자 한다.

1945년 해방된 이후, 일제강점기에 실행되었던 임화 위주의 교육에서 탈피하고자 하게 된 데에는 듀이의 『민주주의와 교육』의 사상이 피바디사절단을 통해 한국에 소개되면서부터이다. 한국에서는 듀이의 이러한 사상에 영향을 받아 '새교육운동'이 일어나게 되었고 임본을 보고 모방하여 따라 그리는 미술교육을 탈피하고 학습자가 자유롭게 일상생활에서 얻은

[그림 66] (왼쪽) 존 듀이, 『민주주의와 교육』(초판, 1916)의 속표지, 출처: openlibrary. (필자 촬영)
(오른쪽) 허버트 리드, 안동민 옮김, 『평화를 위한 교육』(국내 번역초판, 1959)의 표지. 출처: 필자 소장 (필자 촬영)

미적 경험을 떠올리고 표현하는 행위 자체를 존중하고자 했는데 이것은 민주주의 사상이 뒷받침된 것이다.

듀이의 『민주주의와 교육』에 따르면 조형활동은 개인의 인격성장을 교육의 궁극적인 목표로 해야 하며, 이를 통해 상실된 인간성과 감성이 회복되어 개인의 삶의 질을 개선시킬 수 있게 된다고 언급됐다. 개인의 삶의 질이 변화되면 이것은 공동체의 삶을 위한 방향으로 전환되며, 이를 통해 이웃 사회가 변화하고 궁극적으로 민주주의 사회가 형성되게 된다는 것이 주요 골자이다. 본 연구에서는 듀이의 『민주주의와 교육』 중 인간의 성장을 위한 교육의 개념, 교육적인 것으로서의 사회적 생활환경에 대한 개념, 그리고 국가 차원에서 실시하는 교육에 반영되어야 하는 민주적 이상에 대한 그의 개념에 주목하고자 한다. 이것은 해방 후 한국의 민주주의교육을 주요 골자로 새롭게 정비하는 과정에서 큰 영향을 주었다고 보기 때문이다.

듀이는 성장의 제1조건은 미성숙으로 보았으며 미성숙에 대해 '성장의 가능성'이라 의미를 두고 교육을 출발해야 한다고 언급했다.[208] 예를 들어 짐승새끼는 생후 얼마 지나지 않아 물질적 상황에 잘 순응하지만, 인간은 태어나자마자 물질적 세계에 무력하여 오랫동안 스스로 해결할 수 있는 힘이 없고 생계를 스스로 해결할 힘도 없다. 하지만 인간의 갓난아이는 짐승의 새끼와 다르게 사회적 소질을 지녔기 때문에 자연적으로 무능력해도 살아갈 수 있는 것이다. 이를 잘 관찰해 보면 인간의 아이는 사회적 집단에서 경험하고 그 사회집단 속에서 어떤 행동을 학습하게 되며, 상황의 변화에 따라 적응하는 습관을 획득하게 되는데 듀이의 교육개념에 따르면 이것이 바로 교육인 것이다.

따라서 듀이는 인간에 대해 "타자와 더불어 활동하는 존재는 사회적 환경에 놓여있다. 그가 무엇을 행하는가, 그리고 무엇을 행할 수 있는가는 다른 사람의 기대나 요구, 찬성, 비난을 통해 전해진다. 남과 관련지어진 문제는 남의 활동을 고려에 넣지 않고서는 자기 자신의 활동을 수행 할 수 없다."[209]고 언급하면서 인간이 자신을 성장시키는 신념이나 정서를 배우기 위해서는 직접 이를 전달하여 주입받는 것이 아니라 소속된 사회집단에 널리 퍼져 있는 관심을 공유하면서 배우게 되는 것이라고 논했다. 이에 대해 듀이는 호전적인 부족에서 태어난 아이가 호전적인 부족의 일원으로 성장해가는 과정을 예를 들어 설명했다. 호전적인 부족에서 태어난 아이는 그 부족이 노력해서 달성하고자 하는 업적과 성공에 대한 가치가 전투의 승리에 관한 것이기 때문에 자라면서 전투의 승리를 통해 인정받고자 한다. 이는 소속된 집단의 사회적 관심에 동화되어 점차 호전적인 부족의 일원으로 성장해 나가게 되는 것이다.

---

208 존 듀이, 김성숙 외 옮김, 『민주주의와 교육/철학의 개조』, 동서문화사, 2020, 54쪽.
209 위의 책, 23쪽.

그리하여 듀이는 미성숙자가 받는 교육을 의식적으로 통제하는 바람직한 방법으로 그들의 행동과 사고와 감정을 일으키는 환경을 통제해야 한다고 논했다. 또한 환경을 통해 간접적으로 교육하는 데 있어서 국가적 교육기관인 학교의 역할의 중요성을 언급했다. 학교란 학습자가 자신이 태어난 가정이라는 사회집단의 한계로부터 나와 한층 넓은 환경에서 새롭게 여러 가지를 접촉하며 배울 수 있는 곳이다.[210] 그리고 다음과 같이 학교는 국민 모두 장래의 생활에 필요한 지식이나 기능을 평등하게 습득하도록 보장해야 하며 이것이야말로 교육이 가지고 있는 '민주적 이상'이라고 주장했다.

> 한쪽 계급이 다른 쪽 계급을 착취하는 것을 수월하게 해주는 도구로서 교육이 적극적으로 이용되는 일이 없도록 조심하는 것만으로는 충분하지 않다. 학교시설을 충분히 확충하고 그 능률을 충분히 높여, 경제적 불평등의 효과를 명목뿐만이 아니라 실제로 줄이고, 국민 모두가 장래의 생활에 필요한 지식이나 기능을 평등하게 습득하도록 보장해야 한다…(생략)…이 이상이 우리의 공교육 제도를 보다 더 지배하지 못한다면 교육의 민주적 이상은 우습고 비극적인 망상에 지나지 않는다.[211]

듀이의 교육에 대한 '민주적 이상'에 영향을 받아 해방 후 한국은 6-3-3-4학제[그림65]를 실시하게 되었다. 이것은 식민지 상황에서 일본인과 차별적 교육기회를 받았던 비민주성을 타파하면서 국민 누구나 개방적으로 교육의 기회를 균등하게 보장받을 수 있도록 하고자 한 것이다. 그리고 듀이가 주장한 교육의 민주적 기준인 '개인의 능력을 존중하여 자유롭게

---

210 위의 책, 25-30쪽 참조

211 위의 책, 112쪽.

발휘할 수 있도록 하면서 스스로 흥미를 갖도록 하는 것'은 해방 후 교수요목기(1946~1954년)를 거쳐 제1차 교육과정(1954~1963년)과 제2차 교육과정(1963~1973년)의 창의성 중심 조형교육의 주된 목표로 설정되었다. 예를 들어 다음의 제1차 교육과정의 원문(1955년 8월) 중 '국민학교 미술과의 목표'와 '국민학교 그림그리기의 목표'를 통해 확인해 볼 수 있을 것이다.

> 미술과의 목표는 일상생활과 산업에 필요한 조형 예술(造形藝術)과 기술에 대한 일반적인 이해와 기초적인 기능을 얻어 생활을 명랑하고 여유있게 영위(營爲)할 수 있는 능력과 태도를 길러 개인으로서 사회인으로서 평화적이며 문화적인 생활을 할 수 있는 자질(資質)을 기르는 데 있다. (국민학교 미술과 목표)[212]

> 개인으로서 조형적(造形的)창조 활동을 통하여 생활 경험을 풍부히 하고 자기의 흥미·적성 능력을 될 수 있는 대로 발달시킨다. (국민학교 그림그리기의 목표)[213]

리드의 『평화를 위한 교육』 또한 듀이의 교육사상과 함께 식민지교육에서 벗어나 새로운 방향을 모색하기 시작한 대한민국의 교육에 큰 영향을 줬다. 리드의 이 교육사상은 듀이의 민주주의교육에 대한 신념과 미적 경험에 대한 예술교육의 방법론 등에서 일맥상통하는 부분이 많다. 『평화를 위한 교육』에서 리드는 제2차 세계대전이 끝난 후, 인간의 도덕적 결함으로 인해 전쟁이 발생한 것이라고 지적하며 인간의 정서를 순화하고 사

212 국가교육과정정보센타, "1차시기 > 국민학교 (1955.08) > 국민학교 미술과의 목표" https://ncic.re.kr/mobile.kri.org4.inventoryList.do;jsessionid=BE6DB105A24BEEF26ABD5880892C020E, 1955, (검색일: 2023년 5월 23일)

213 국가교육과정정보센타, "1차시기 > 국민학교 (1955.08) > 국민학교 그림그리기의 목표" https://ncic.re.kr/mobile.kri.org4.inventoryList.do;jsessionid=BE6DB105A24BEEF26ABD5880892C020E, 1955, (검색일: 2023년 5월 23일)

회 속에서 상호작용을 원활하게 하여 도덕적인 사회를 만들어 가는 것이야말로 교육의 궁극적인 가치가 되어야 한다고 주장했다. 그리고 이를 목표로 하는 도덕교육 혹은 평화를 위한 교육이 필요하다고 언급하며 그 방법으로 '자유인의 교육'이라는 개념을 논했다.

『평화를 위한 교육(平和를 爲한 敎育)』은 1959년에 안동민에 의해서 한국어로 번역되어 을유문화사(乙酉文化社)에서 출판되었고 한국에서 널리 읽히며 한국의 새교육운동에 영향을 준 책이었다. 한국의 1960~70년대 창의성 중심 미술교육을 도입하고 이끌어간 교육자인 박휘락에 의하면 다음과 같이 1960년대 당시 각 도서관에서 손쉽게 읽을 수 있었던 영향력이 있는 번역서였다고 한다.

> 우리나라에서 리드 책 봤습니까? 이것이 『평화를 위한 미술교육』미술책입니다. 2차 대전 끝날 때 쯤, 양 대전 인간의 폭력성 본능적인 파괴의 본능, 그 파괴의 본능을 교육을 통해서 예술 평화를 유지할 수 있다는 내용입니다. 세계를 다니며 강의한 내용이고, 예술을 통한 평화에 관한 책입니다. 그래가지고 4학년 아이들 졸업논문을 쓰는데, 나는 졸업논문도 쓰고, 전시도 하라고 해요. 도서관에 가면 이 책이 있어요. 예전엔 없었어요.(First in-depth interview with Professor Park, Hwi Rak, July 29, 2015)[214]

그러나 해방 이후 한국의 민주화를 위한 실천과 교육의 정립에 큰 뜻을 품고 영향을 주었던 서적임에도 불구하고 역사 속으로 사라지듯 리드

214 양민영, 「미술교육자 박휘락 교수 생애사적 탐색」, 『교원교육』 제35권 제2집, 2019, 178쪽. (양민영 박사의 위와 같은 선행연구는 제1차와 제2차 교육과정의 중심 교육사상이었던 창의성중심 조형교육을 이끌어간 당시의 교육자들을 선정하여 생애사와 심층 면담을 도구로 연구를 수행한 것이다. 양민영에 의해 생애사연구의 대상으로 선정된 교사들은 원로 교육자이자 연구자로 생존하고 있어 그들이 육성을 담은 심층면담기록을 논문으로 정리해 놓아 해방이후 창의성 중심 조형교육의 영향력을 생생하게 파악하는데 좋은 참조가 된다.)

의 『평화를 위한 교육』의 한국어 번역서가 소장된 국내도서관도 없으며 출판 및 유통도 되지 않고 있다. 연구를 진행하며 자료수집을 하는 과정에서 고서점에 있는 것을 필자가 발견하게 되면서 역사적으로 검토할 수 있게 된 것은 이번 연구에 있어서 큰 수확 중 하나라고 생각한다. 그러면 듀이의 민주주의적 교육이념에 대한 검토에 이어서 리드의 『평화를 위한 교육』을 검토하여 어떤 교육방법과 신념이 한국에 전반적으로 소개되고 영향을 주었는지 고찰해 보도록 하겠다.

리드는 사회의 강압적 규칙 등에 의해 개인이 가지고 있는 독자성이 억압되며 이를 통해 인간사회는 정신분열증적인 병리 현상이 나타나게 되고 급기야는 제2차 세계대전과 같은 전쟁으로 수많은 생명이 죽음을 맞이하게 된 것이라고 지적했다. 그리고 듀이와 같은 맥락에서 학습자는 예술교육, 특히 조형교육을 통해 미적 경험과 자아성취감을 느낄 수 있으며 이로써 상실된 인간성과 감성을 회복할 수 있다고 주장했다. 즉, "온갖 必要 중에서 단 하나 考慮해볼 價値가 있는 것은 「藝術의 必要」라는 것이다. 그가 善을 行하고 있을 때, 道德的인 人間은 美의 必要에 따르고 있다는 것이다"[215]라고 하며 인간성의 함양을 위한 도덕교육이 예술교육을 통해 가능하다고 본 것이다. 또한 리드는 "教育者의 첫째 任務는, 個人個人이 가지고 있는 이 獨自性을 分明히 잡아서, 個人個人의 有機的인 集團속에서 — 家族 속에서, 學校 속에서, 社會속에서 — 힘의 相互作用이 한층 生氣는 것이 되도록 도웁는 것에 있다"[216]라고 제안하고 있다. 이는 교육을 행하는데 있어서 개인의 독자성을 잘 헤아리고 존중해야 하며 예술교육의 경우 창의적으로 자유롭게 표현하도록 독려하는 것이 가장 바람직한 방법이라고 언급한 것이다. 그리하여 이러한 교육과정을 통해 인간성을 함양시킬 수 있으

215 허버트 리드, 안동민 역, 『평화를 위한 교육(平和를 爲한 敎育)』, 을유문화사(乙酉文化社), 1959, 124쪽.

216 위의 책, 202쪽.

며 이것을 예술교육의 주요 목적으로 두어야 한다고 주장했다.

리드의 이와 같은 교육사상 역시 한국의 교수요목기를 거쳐 제1차와 제2차 교육과정에 큰 영향을 주었다. 그리하여 학교에서 행하는 조형교육은 훌륭한 미술가나 디자이너를 양성하는 것이 아닌 인간교육의 한 방법으로 조형교육의 가치를 두고자 했으며, 학습자들 개개인의 독자성과 능력을 잘 살피면서 이를 자유롭게 표현할 수 있도록 했다. 1955년경 당시 학교 현장의 교사로 활동하며 새로운 조형교육 방법으로 창조·표현주의 미술교육의 방법을 한국에 도입하고자 노력한 박휘락의 다음 인터뷰 기록을 통해서도 확인할 수 있다.

> 우리나라의 미술교육은 그 목적을 전인교육에 두고 있다. 미술교육이 인간교육의 일환이지 미술가를 만들기 위한 교육이 아니라는 것이다. 박휘락의 미술교육 신념은 다음의 말에서 엿볼 수 있다. "어떤 대상을 보고 그리는 것을 사생화(寫生畫)라고 하는데, 개화기 때 교육과정을 보면 간취화(看取畫)라고 있다. 여기서 간(필자 주: 看)이라는 글자는 살필 간자이다. 손 수(필자 주: 手)에다가 눈 목(필자 주: 目)자를 쓰고 있는데, 그냥 보지 말고 손바닥을 유심히 보듯이 성실히 보라는 뜻이다. 간호사 할 때에도 이 간(필자 주: 看)자를 쓴다. 간호사(看護師)와 사(필자 주: 師)자가 스승 사(필자 주: 師)자이다. 그래서 교사가 학생을 볼 때 그림을 잘 그린다, 못 그린다 하는 것 보다는 학생의 본질을 옳게 보는 것이 중요하다"[217] (밑줄, 필자 강조)

또한 전인교육의 입장에서 어린이들의 자유로운 조형표현과 아동미술의 세계에도 큰 관심을 기울이게 되기도 했다. 다음은 어린이들만의 독창적인 조형표현의 가치를 강조하며 전인교육으로서의 조형교육의 의미

---

217 신경아, "창의성 교육, 교사교육에서 출발해야", http://daemun.or.kr/?p=5596, 2020, (검색일: 2023년 5월 19일)

를 설명하고 있는 리드의 『평화를 위한 교육』의 '제7장 자유인의 교육'의 일부 내용이다. 리드가 제안하고 있는 '자유인의 교육'이란 개개인의 본성을 지켜주며 강제하고 간섭하지 말아야 한다는 것이다. 그리고 자유와 자발적인 활동의 여지를 줌으로써 한 명의 인간을 자연스럽게 성장할 수 있도록 해야 한다는 것을 주요 골자로 삼았다. 같은 논리의 연장에서 어린이의 예술교육 역시 전인교육을 목표로 두면서 어린이 자신의 자발적인 활동을 존중하고 어떤 외적 간섭이나 통제를 하지 않도록 해야 한다고 논하고 있다.

> 過去 五十年 동안 어린이의 藝術에 對한 認識은 온 世界 어느 곳에 있어서나 革命的으로 높아지고 있는 바이다. 우리들은 藝術은 教育의 方法이며, 그것은 단지 教科에 지나는 것이 아니라는 것을 생각하게 된 것이다. 어린이들은 藝術을 가지고 있다. 그것은 무슨 말이냐 하면, 情神發達에 알맞은 視覺像 및 形態像에 依하여 自己를 表現할 수 있다는 것을 말한다…(생략)…藝術이란 오늘날 特殊한 것은 아니다. <u>우리들은 극히 小數인 藝術的 天才를 타고난 어린이만 뽑아내어서, 이 소수의 어린이만 藝術家로서 길러낸다는 생각을 해서는 안된다는 것이다.</u> 우리들은 모든 어린이가 一種의 藝術家라고 본다. 藝術家인 <u>온갖 어린이의 正常的인 創造的 活動을 激勵해 준다는 것은, 그 個性을 充分히 發達시켜 均衡을 이룬 發達을 하게 하는데 必修不可缺하다는 것을 主張한다.</u> 이것은 實로 많은 哲學者, 心理學者 및 教師에 依해서 만들어낸 하나의 革命이었다. <u>어린이의 藝術的인 活動에 對해서는 外部로부터 어떠한 간섭도 해서는 안 된다.</u>[218] (밑줄, 필자강조)

이는 박휘락의 다음의 인터뷰기록을 통해서 당시의 교육현장에 어떻게 적용되고 있었는지도 함께 확인할 수 있다.

---

218 허버트 리드, 안동민 역, 앞의 책, 176쪽.

> 선생님이 '오늘은 물감으로 그리지 말고 크레파스로 그리자.'이런 것도 재료상의 억압입니다. 나는 아버지이고 낚시 간 것 그리고 싶은데, 소풍 간거 그리자 하면 이것도 억압입니다. 이런 억압에서는 인간의 창의성이 발휘될 수 없다고 하는 것이 교육학에서 보는 프로이드 심리학입니다.(Second in-depth interview with Professor Park, Hwi Rak, October5, 2015)[219] (밑줄, 필자강조)

따라서 리드의 교육사상은 교사에 의해 주도되는 어떤 프로그램이나 통제가 일절 없이, 일상의 경험과 연계하여 충만하게 고양된 자신의 미적 경험을 예술의 원천으로 삼아 스스로 표현하도록 하는 한국의 창의성 중심 조형교육의 사상적 토대가 된 것이라 볼 수 있을 것이다. 이러한 교육 방침은 잘 그리고 못 그리고의 기준으로 학습자가 그린 그림을 판단하지 않는 것이다. 학교의 조형교육을 통해 학습자의 본성을 옳게 파악하고 도덕적으로 순화된 민주적 인간의 심성을 길러내는 것을 교육목표로 삼았고, 이것은 해방 직후의 한국의 조형교육의 주요 골자에 해당하는 것이었다.

마지막으로 교수요목기에서부터 듀이의 민주주의교육과 함께 그의 경험주의 미학과 예술교육이 한국의 '새교육운동'의 주요 사상적 기초가 되었음에 확인해 보고자 한다. 듀이는 가르쳐야 할 학습자으로서 아동에 주목하여 '아동의 자발적인 흥미'에 관심을 두기 시작했다. 그리고 학습자의 '일상의 진지한 사건과 경험'을 예술의 원천으로 보고 이를 자유롭게 도출하여 표현하는 것을 주요 교육철학으로 표방했다. 이것은 듀이의 『경험으로서의 예술(Art as Experience)』(1934)에서 주장하는 삶과 예술을 동일시하는 미학과 예술교육에 근거한 것이다. 듀이는 20세기 미학에서 '미술이란 무엇인가'라는 정의의 문제보다 '삶을 위해 예술이 무엇을 할 수 있나?'라고 하는 '생활 경험'에 관심을 두었다. 듀이의 경험주의 미학에 대해

219 양민영, 앞의 논문, 181쪽.

연구한 허정임은 이에 대해 다음과 같이 논했다.

> 듀이는 삶에 영향을 미칠 수 있는 예술의 의미와 가치의 문제를 다루는 의미적 차원(sementic dimension)과 삶을 위해 예술이 무엇을 할 수 있고 또 삶은 예술에 어떠한 영향을 미치는 것인지에 대한 실천적 차원, 그리고 예술가나 감상자가 "행하고(doing)" "겪는(undergoing)"(AE:54) 생생한 경험의 현장성, 즉 경험의 직접적 현존의 문제를 다루는 현상적 차원(phenomenological dimension) 등에 주된 관심을 갖는다. 이 모든 것이 '경험으로서의 예술'개념에 녹아들어 있다.[220]

듀이는 산업화와 기계적 시스템의 전문화로 인해 인간의 정감적 본성과 '하나의 경험'이라는 통합적 경험을 상실해 가게 된 것을 한탄하며, 예술의 힘은 분리보다는 '통합'을 꾀하는 성질이 있어 예술적 실천활동을 통해 '하나의 경험'이 완성되고 이로써 삶은 예술이 되어 참된 인간성을 성숙시킬 수 있다고 논했다. 그리고 이것이 바로 예술교육이 추구해야 할 목적이라고 언급했다. 이를 반영하듯 특히 한국의 제2차 교육과정의 미술과의 내용을 보면 학습자의 생활 경험과 관련된 조형 활동을 중시했음을 알 수 있다. 다음의 제2차 교육과정의 원문(1963년, 2월) 중 '교육과정의 내용'과 '지도상의 유의점'을 보면 일상생활의 경험과 밀접하게 연결될 수 있는 미의식을 함양하고, 이를 창의적으로 자유롭게 표현도록 지도하고 있다. 이를 통해 인격을 배양하고 정서를 순화하면서 지역 생활을 함께 발전시키는 태도를 기르는 것을 제2차 교육과정의 주된 목표로 제시하고 있음을 확인할 수 있다.

---

220 허정임, 『존 듀이의 경험주의 미학과 예술교육』, 교육화학사, 2022, 34쪽.

> 그러므로 교육 내용과 방법이 일상 생활과 직결되어야 하며, 학습지도는 지식(이해)의 습득에만 그칠 것이 아니라, 실제로 활용할 수 있는 기술(기능)의 습득과 인격(태도)의 배양에 중점을 두어야 한다.(제2차 교육과정, 교육과정의 내용)[221] (밑줄, 필자 강조)

> 미술과는 표현 활동을 중심으로 하여, 조형에 대한 종합적인 지도를 한다. 항상 자발적인 활동을 하도록 하여 학생의 창의성과 개성 지도에 힘쓴다. 그리기의 표현재료는 제한하지 않고, 크레용, 크레파스, 그림물감, 풀물감, 잉크, 먹 기타 필요한 것을 자유롭게 사용한다. …(생략)… 조형 활동을 통하여 자기 생활과 지역 사회 개선의 마음을 싹트게 하며, 유능한 생산자와 소비자의 태도를 가지게 한다 …(생략)… 협동 제작에 있어서 특히 협조를 통한 근로 정신의 함양과 정서 순화에 힘쓴다. 미술과의 지도는 노작을 통하여 환경을 정비 관리하고, 지역 생활을 개선 발전시키는 습관과 태도를 가지도록 유의하여 지도한다. (제2차 교육과정, 미술과, 지도상의 유의점)[222] (밑줄, 필자 강조)

일제강점기에서 해방된 지 1년 후인 1946년, 일본의 식민지교육체제 아래 사용했던 '도화'나 '수공'이라는 교과목명을 버리고 '미술'이라는 새로운 정식명칭을 사용하기 시작했다[그림67]. [그림67]은 교수요목기에 발행된 교과서인 『미술과 그림』(1946)으로 교수요목기부터 '미술'이라는 명칭을 사용하였다는 사실을 교과서의 제목을 통해 확인할 수 있으다. 『미술과 그림』의 7과에서는 학습자가 '좋아하는 풍경(거리)'이라든가 '자신의

221 국가교육과정정보센터, "2차시기 > 국민학교(1963.02) > 총론 > 교육과정 개정 취지 > 교육과정의 내용" https://ncic.re.kr/mobile.kri.org4.inventoryList.do;jsessionid=FDD9028A4BB0AEBDF12CBBD7BC608807, 1963, (검색일: 2023년 5월 23일)

222 국가교육과정정보센터, "2차시기 > 국민학교(1963.02) > 미술과 > 지도상의 유의점" https://ncic.re.kr/mobile.kri.org4.inventoryList.do;jsessionid=FDD9028A4BB0AEBDF12CBBD7BC608807, 1963, (검색일: 2023년 5월 23일)

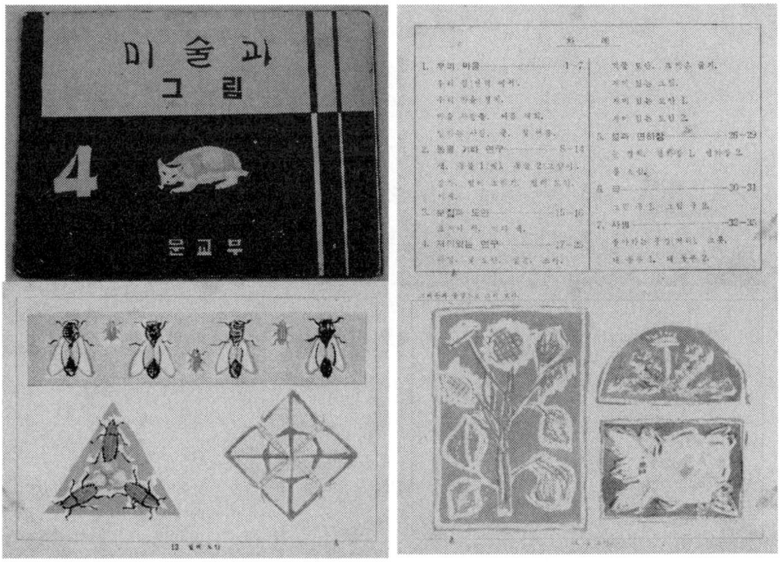

[그림 67] 교수요목기 『미술과 그림』(1946) 교과서. 출처: 『우리의 고전과 옛 교과서 629책』, ebook 필자 소장. (필자 촬영)

친구와 관련된 경험'을 주제로 다루고 있음을 확인할 수 있는데 이 또한 앞서 살펴보았듯이 해방 후 미국의 경험주의 미학과 예술교육, 창의성 중심의 조형교육의 영향을 받아 새로운 교육 방향을 모색해 보고자 했던 것임을 파악할 수 있다. 그러나 이러한 열정에도 불구하고 1950년에 일어난 한국전쟁 등으로 현실은 폐허가 되었고, 이로 인해 충분히 그 교육내용이 실제 교육현장에서 활발히 실천되지는 못하였다는 한계점 역시 지적되고 있기도 하다.[223] 다음 장에서는 제1차와 제2차 교육과정에서 창의성 중심

223 "53년에 휴전했으니까 학생들이 공책을 가지고 다니기 어려울 정도였으니까, 공책 학습장을 갖고 다니기가 어려웠어요…(생략)…공책이 없으면 그때는 뭘 공책으로 썼냐면 밀가루포대 있잖아요. 그런 걸 잘라다가 밀가루 포대가 분홍색 비슷한 갈색이잖아요…(생략)…공책 못 가져오는 아이들이 있고, 연필은 가져오면 몽땅연필이 되고 형편에 초등학교 다녔으니까 1차 교육과정이 세분화되지 않았지만 제 기억에는 크레용은 색이 잘 안돼요. 그레파스가 바로 색 입히기가 좋은데, 크레용은 단단하니까 벗겨져서 색칠하기도 힘들고…"(강경원 교장과의 면담, 2018년 8월 2일), "어려워서 1차 때는 '나가서 그려라'라고 했는데 이때 준비물 안 가져오면 화장실 청소하는 거죠…(생략)…그때만 해도 시골 애들이라서 그런지 정말

조형교육을 이끌어갔던 박휘락의 실험적인 교수지도안의 자료를 살피며 구체적으로 그 내용을 분석하고 고찰해 보고자 한다.

3. 박휘락 『새교육 과정에 의한 우리학교 미술교육②』(1964)

이번 장에서는 박휘락의 『새교육과정에 의한 우리 학교 미술교육②』을 분석하여 해방 후 미국으로부터 도입된 민주주의교육을 기조로 하여 어떻게 창의성 중심의 조형교육으로 전환하게 되었는지 구체적으로 살펴보고자 한다.

박휘락은 해방 후 한국의 교수요목기를 거쳐 제1차와 제2차 교육과정에서 시행하고자 했던 창의성 중심 조형교육을 한국에 뿌리내리게 하는데 앞장섰던 교육자이자 연구자이다. 1935년 일제강점기에 태어나 대구사범학교를 졸업한 후 초등학교 교사, 교감을 거쳐 대구교대 미술교육과에 재직하였고, 갑오개혁기부터 일제강점기를 거쳐 해방 후 1990년대 중반까지의 한국의 조형교육에 대해 정리하고 연구하여 1998년에 『한국미술교육사: 미술교육 100년의 흐름(1895-1995)』을 발표했다. 또한 일제강점기에서 해방된 직후 미국의 민주주의교육과 창의성 중심의 조형교육이 한국에 소개되며 새롭게 정립된 한국의 교육현장을 직접 경험하고 이를 실천한 살아있는 역사적 증인이기도 하다.

2019년 2월에 발표된 양민영의 한국교원대학교 박사학위 논문 『제1차·제2차 미술과 교육과정에 대한 역사적 탐구』를 재구성한 『제1차·제2차 교육과정기 한국미술교육의 역사적 풍경』에서는 박휘락의 생애사적 연구

'그림 그려라' 하며 천편일률적으로 수업받지, 특별한 표현기법이 없었어요. 선생님들도 관심이 없고 '가서 그려라' 하고 놀고 한 시간 쉬었지."(김선태 교장과의 면담, 2018년 8월 19일), (양민영, 『제1차·제2차 교육과정기 한국미술교육의 역사적 풍경』, 한국학술정보, 2019, 77-81쪽, 제1차 교육과정당시 교사인터뷰 기록을 참조.)

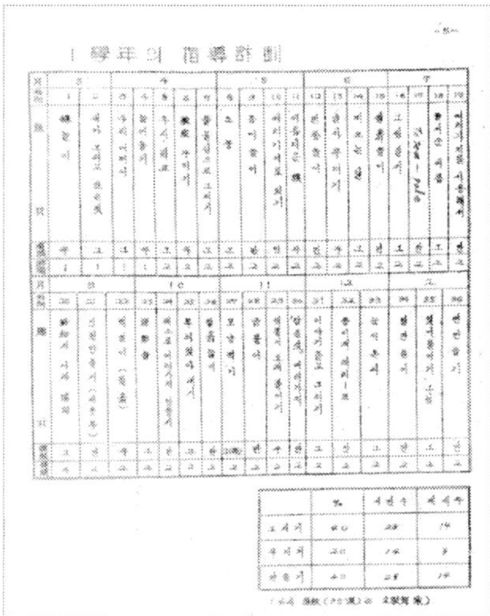
1學年의 指導計劃

[그림 68] (왼쪽) 박휘락의『새교육과정에 의한 우리 학교 美術敎育②』(1964)의 표지. 출처: 박휘락 소장. (필자 촬영)
(오른쪽) 박휘락의『새교육과정에 의한 우리 학교 美術敎育②』(1964)의 초등 1학년 교수세목 예. 출처: 박휘락 소장. (필자 촬영)

방법론에 의한 선행기록들을 파악할 수 있다. 같은 해 양민영의「미술교육자 박휘락 교수 생애사적 탐색」이 발표되었으며, 1년 후인 2020년에 대구를 중심으로 활동한 작고·원로 예술인 중 박휘락에 대해서 쓴 신경아의「창의성 교육, 교사교육에서 출판해야」가 발표되면서, 박휘락은 2020년 전후로 해방 이후 한국의 조형교육에 대한 역사연구를 검토하는데 있어 연구대상으로 주목받기 시작했다.[224]

미술교육 분야에서 박휘락의 업적은 괄목할만하다. 우선 그는 한국미술교육의 산증인이다. 박휘락은 미술교육에 대한 관심이 적고, 불모지였을 때 소신

224 박휘락 교수님은 1935년생으로 일제강점기에 태어나 본 연구를 진행한 현재까지 생존해 계시며 근대기 한국 미술교육 역사에서 산 증인과 같은 분이다. 본 연구자에게 일제강점기의 조선교육령 및 해방 직후 새로 정립된 학제와 관련된 조형교육의 역사연구의 방향 관련 사료를 소개해주시며 도움을 주셨다. 덕분에 이와 같은 실증적 역사자료를 근거로 한 본 연구가 가능했다.

을 가지고 미술교육의 근간을 세운 인물로 평가받고 있다. 1955년 학교 현장 교사에서부터 미술교육학자로 연구를 지속하고 있는 현재에 이르기까지 65년이라는 긴 시간의 교육경력은 타의 추종을 불허하다. 그는 국민학교(현 초등학교) 재직시절 선구적으로 창조 표현주의 미술교육을 도입하기 위해 노력했으며…(생략)…[225]

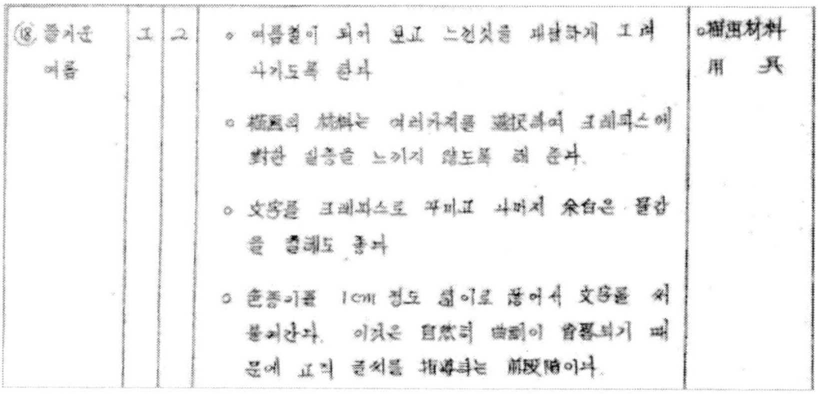

[그림 69] 박휘락의 『새교육과정에 의한 우리 학교 美術敎育②』(1964)의 학생의 생활 경험에 대한 조형교육 교사지도안. 출처: 박휘락 소장. (필자 촬영)

[그림69]는 박휘락의 『새교육과정에 의한 우리 학교 미술교육②』의 표지와 초등 1학년 교수지도안을 보여주는 일부 페이지이다. 『새교육과정에 의한 우리 학교 미술교육②』은 박휘락이 1963년부터 경북대학교사범대학부속국민학교에서 교사로 재직하면서 연구, 개발한 교사지도세목이다. 박휘락은 학습자 스스로 자신의 생활 경험을 되돌아보고 자신의 생각을 자유롭게 표현하는 창의성 중심 조형교육을 실제로 연간지도계획안으로 개발하여 재직하고 있던 경북대학교사범대학 부속국민학교의 미술수업에서 시행했다. [그림69]를 보면 학습자가 모사본을 보고 따라 그리는 연습을 하도록 수업안이 제시되어 있지 않다. 여름철에 겪은 생활경험을 소재

225 신경아, 앞의 논문, 1쪽.

로 자신이 느낀 것을 다양한 재료를 선택하여 자유롭게 그려나가도록 교사지도안에서 제시하고 있다.

당시 경북대학사범대학 부속국민학교에서 발행된『새교육과정에 의한 우리 학교 미술교육②』의 서문에서 보면 "本教는 文教部의 美術科 指定研究學校로서 새教育課程을 實際로 어떻게 運營하느냐를 硏究할 義務를 가지고 있고 또 더 切實히 必要性이 있는 것이다. 그래서 本教에서 作成한 科程이 本教의 教育課程으로서 價値를 갖는 것은 勿論이지만, 이 実이 널리 使用되기 爲해서는 우리나라 實情으로 보아 最低限 새교육과정의 目的을 達成할 수 있게 되는 同時에 一般的인 普遍性을 갖고 널리 使用되어야겠다는 것이다"[226]라고 명시하고 있는데, 이를 통해 당시 경북대학교사범대학 부속국민학교는 문교부에서 '미술과 지정연구학교'로 지정되어 새교육과정에 맞는 창의성 중심의 조형교육을 국내의 실정에 맞춰 개발하고 운영할 수 있도록 연구하는 기관이었음을 알 수 있다. 따라서 학습자들이 귀가한 후 박휘락은 학교의 동료교사들과 연수회를 만들어 미술이론에 대해 연구하고 토론하며 연구수업 개발에 매진할 수 있었다. 이러한 연구수업을 위한 연수회 활동에 힘입어 창의성 중심 교육을 학교 현장에 직접 도입하여 실천해 볼 수 있는 연간지도계획서인『새교육과정에 의한 우리 학교 미술교육②』가 독자적으로 개발되어 교육현장에서 실제로 실천해 볼 수 있었던 것이다.[227]

226 박휘락,「우리 학교의 美術教育②를 내면서」,『새교육과정에 의한 우리 학교 美術教育②』, 경북대학교사범대학 부속초등학교, 1964년 3월.

227 양민영, 앞의 책, 208-209쪽 참조.

[표 11] 박휘락의 『새교육과정에 의한 우리 학교 美術教育②』(1964)의 '각 학년별 지도 내용 특징' 정리표.
(분석 및 작성자: 서희정)

학년	생활 경험	창의성	지역사회개선 민주주의교육
1학년	- 우리어머니 - 우리 학교 - 소풍 - 비와 눈오는 날 - 그림일기 - 즐거운 여름	- 내가 그리고 싶은 것 - 풀물감으로 그리기 - 종이놀이, 빈통놀이, 찰흙놀이 - 여러재료 자유발상 - 동물나라 상상해서 그리기 - 채소로 여러 가지 만들기 - 찢어붙여서 표현하기	- 교실꾸미기 - 벽걸이 만들기
2학년	- 친구들 - 신체검사 - 좋아하는 꽃, 동물 - 심부름하기 - 그림일기 - 여름방학 - 즐거운 가을 - 눈 관련 경험 - 즐거웠던 일	- 여러재료로 가방만들기 - 빈통이용해서 만들기 - 즐거운 놀이,찰흙놀이 - 여러가지 종이사용하기 - 찢어붙여 표현하기 - 움직이는 탈 것 만들기 - 여러가지 가구 만들기	- 아름다운 방 꾸미기 - 포장지 사용해서 집만들기 - 공동제작 동물화 - 단체에서 학습발표회 알려주는 그림 그리기
3학년	- 친구들 - 우리고장 - 보고와서 그리기 - 좋아하는 꽃 - 어제 경험 - 일하는 사람 - 크리스마스경험 - 3학년 학교경험	- 도화지 사용해서 좋아하는 것 자유롭게 만들어보기 - 이상한 나라 이야기를 듣고 그림 그려서 표현해보기 - 색모으기와 놀이 - 찰흙으로 사람의 모습 자유롭게 만들기 - 사진틀 자유롭게 만들기 - 여러 무늬 자유롭게 그리기 - 여러 재료로 옷 자유롭게 만들기 - 여러 자연물재료로 만들기 - 동화의 한 장면을 무대로 꾸미기	- 찰흙으로 우리고장 만들기 - 공동제작 '팔려가는 당나귀' 그림연극 꾸미기
4학년	- 우리나라 - 친구들 - 학교생활 - 아기 - 꽃보고 그리기 - 어머니,아버지 - 모내기	- 신문지, 찰흙으로 자유롭게 그릇 만들기 - 간단한 통의 전개도 그려서 자유롭게 만들기 - 다양한 재료로 집만들기 - 먹물판화 자유롭게 작업 - 나무로 뭐든지 만들기	- 공동제작, 찰흙으로 상상의 동물 만들기 - 공동제작, 미래의 세계 여러 가지 재료로 만들기 - 공동제작, 옛날 사람들의 생활에 대해서 상상

	- 소나기 - 아침바다 - 가을, 호두, 대추 - 겨울생활	- 여러 재료로 사람, 동물, 집 만들고 그리기 - 고무판화 자유롭게 그리기 - 못과 실로 입체구성 자유롭게 만들기	해서 만들기 - 공동제작, 우리들의 생활할 수 있는 이상적인 마을을 큰 화면에 나눠 그리기
5학년	- 삼일정신 - 친구들 - 우리 학교 - 우리집 - 가을풍경 - 보름달, 한가위 - 시장과 사람들	- 단볼종이로 여러 가지 건물 자유롭게 만들기 - 학교·사회생활을 주제로 자유롭게 포스터 만들기 - 전개도와 설계도 그리기 - 여러 재료로 다리와 탑 만들기 - 석조, 찰흙으로 자유롭게 조각 만들기 - 여러 자연물을 재료로 자유롭게 표현하기 - 목판으로 자유롭게 만들기 - 자유로운 무늬 구성해보기 - 깡통과 철사로 자유롭게 만들기 - 다양한 재료로 여러 모형 만들기	- 공동제작, 학교벽화 제작하기
6학년	- 무궁화 - 봄풍경 - 6년간 학교생활중 가장 인상깊은 일	- 모자이크로 자유롭게 표현하기 - 종이, 포장지, 찰흙 사용해서 자유롭게 표현하기 - 빠른 스케치인 크로키방식으로 자유롭게 그리기 - 도르레, 벨트로 움직이는 장난감 자유롭게 만들기 - 미래의 시장 상상해서 자유롭게 그리기 - 목판화 기법으로 자유롭게 그리기 - 찰흙, 석고로 사람의 형상 만들기 - 깡통, 합판으로 생활에 필요한 물건의 모형 자유롭게 만들기 - 책표지 자유롭게 만들기 - 목판으로 실생활에 필요한 물건 만들기	- 학교행사나 학급미화에 필요한 디자인 자유롭게 제작하기 - 공동제작, 집단화로 공동벽화 제작

[표11]은 본 연구자가 『새교육과정에 의한 우리 학교 미술교육②』에서 볼 수 있는 창의성 중심 교육에 따른 연간지도계획서의 교수지도안을 분석하여 세 가지 주요개념을 도출한 후 초등학교 1학년부터 6학년까지 각 학년별로 그 특징을 본 연구자가 정리한 것이다. 이 세 가지 주요개념은 첫째, 학습자의 생활 경험과 관련된 조형 활동(표11-생활경험), 둘째, 자기 생각을 교사의 어떤 지시 없이 자유롭게 표현하도록 하는 창의적 수행과제(표11-창의성), 그리고 셋째, 공동작업을 수행하면서 상호협동을 배우고 공동체 사회의 개선에 이바지하도록 하는 민주주의 사회의 시민의식 함양을 목적으로 한 교수지도안(표11-지역사회개선, 민주주의교육)이다.

계속하여 [표11]의 본 연구자가 도출한 세 가지 주요개념과 듀이와 리드의 영향 관계를 대조하여 구체적으로 분석해 보도록 하겠다. [표11]에서 '생활경험'이라고 분류된 내용을 보면 1학년부터 6학년까지 가족, 학교, 친구, 심부름하기, 계절과 날씨의 경험 등 학습자가 일상생활에서 겪은 경험을 예술의 원천으로 삼고 있다. 그리고 교사는 학습자들이 자유롭게 자신이 느끼고 생각한 바를 도출하여 그림을 그리거나 만들도록 독려하며 어떤 규제나 제한사항을 주지 않도록 하고 있다.

예를 들어 2학년 1학기인 6월 2주차의 교수지도안으로 제시되고 있는 '심부름하기'(그림70)를 보면 '아동들의 가정이나 학교생활에서 자기들이 경험한 심부름한 내용을 표현한다(가정을 도우고 생활의 영역을 넓힌다)'라고 명시하고 있다. 누구의 어떤 심부름을 해봤으며 심부름을 하면서 본 것은 무엇이고 심부름을 할 때의 기분은 어떠했는지 학습자들의 일상경험을 조형 활동의 주된 소재로 다루고자 한 것이다. 학습자의 경험을 주요 예술적 원천으로 다루고, 조형 활동을 통해 개인의 인격을 완성하고자 하는 교육의 근본적인 취지는 듀이의 경험주의 미학과 예술교육론의 영향이라고 볼 수 있다.[228] 또한 교실에서 교사는 학습자들간에 생각을 나누고 대화하는 시간을 이끌어 학습자가 무엇을 그릴지 도와주는 '조력자'의 역

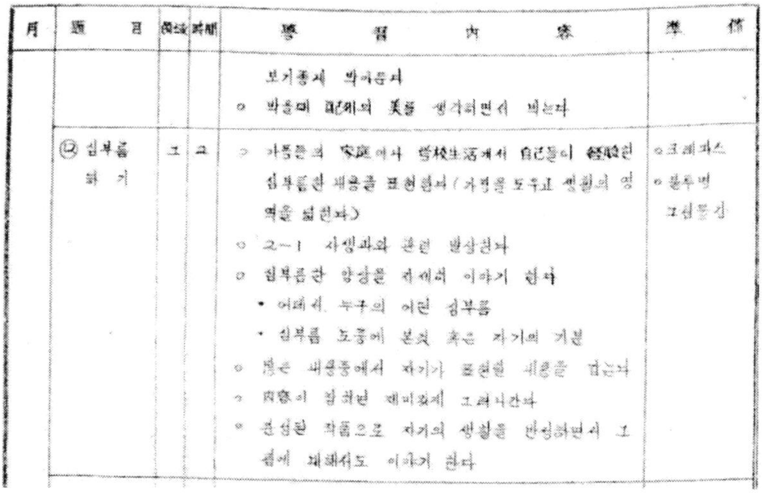

[그림 70] 박휘락의 『새교육과정에 의한 우리학교 美術教育②』(1964)의 2학년 12주차 '심부름하기' 교사지도안. 출처: 박휘락 소장. (필자 촬영)

할을 수행한다. 이 또한 듀이가 언급한 생활을 통한 직접적인 경험을 교실 안에서 끊임없이 의견을 나누어야 한다는 교수-학습활동과 동일하다.[229] 그리고 '심부름하기'라는 학습자의 경험은 가정을 돕고 공동체의 일원으로 함께 협력해야 한다는 도덕교육이 내포되어 있는데, 이것은 다음과 같이 리드가 『평화를 위한 교육』에서 주장했던 예술활동을 통해 학습자에게 선한 생활 태도를 가르친다는 '전인교육으로서의 조형 활동'이라는 그의 교육철학의 영향을 받은 것임을 확인할 수 있다.

---

228 "그러므로 인간이 존재하는 한 그 삶속에 함께 겪게 되는 모든 경험이 예술창작이나 감상의 결과를 낳지 않더라도 인간의 삶에 의한 활동에서 일어나는 상황이므로 미적 경험이 된다는 결론을 얻게 된다. 그러므로 어떤 종류의 경험이든 완성된 경험이 되었을 때 듀이가 말하는 '하나의 경험'이 성립된다. 완성된 경험은 예술교육에서 자아성취감을 안겨주는 즐거움을 만들어 낸다."(허정임, 앞의 책, 145-146쪽)

229 "생활은 아동들에게 항상 직접적인 경험을 제공하므로 학교에서의 학습과 외부세계의 학습을 연결한다. 학습의 연속성을 제공하게 되는 활동 중심학습은 교실 안에서 교사들뿐만 아니라 아동들 간에도 끊임없이 교수-학습활동에 관해 의견을 나누어야 한다."(허정임, 앞의 책, 156쪽)

藝術이란 오늘날 特殊한 것은 아니다. 우리들은 극히 小數인 藝術的 天才를 타고난 어린이만 뽑아내어서, 이 小數의 어린이만 藝術家로서 길어낸다는 생각을 해서는 안된다는 것이다. 우리들은 모든 어린이가 一種의 藝術家라고 본다. 藝術家인 온갖 어린이의 正常的인 創造的 活動을 激勵해 준다는 것은, 그 個性을 充分히 發達시켜 均衡을 이룬 發達을 하게 하는데 必修不可缺하다는 것을 主張한다.…(생략)…그와 같은 教育法은 藝術의 實行을 通해서만 잘 될 수 있는 것이라고 우리는 믿는 터이다.[230]

다음으로 [표11]의 '창의성'으로 분류된 교수지도안의 내용을 살펴보도록 하겠다. [표11]에서 '창의성'이라는 개념으로 구분하여 정리한 교수지도안 내용은 다양한 재료를 학습자들에게 주되 그 재료를 어디에 어떻게 사용해야 한다는 규칙이나 제한을 학습자에게 주고 있지 않다. 심지어는 재료조차 자유롭게 학습자가 선택하여 자유롭게 조형 활동을 하도록 제시된 교수지도안도 있다. 여러 가지 다양한 재료로 자신의 경험과 자유로운 발상을 기반으로 하여 자유롭게 표현하는 것은 리드의 '자유인의 교육'의 개념과 일맥상통한다. 리드는 '교육에 있어서 자유'의 가치를 강조하며 학습자의 자유롭고 자발적인 활동의 중요성에 대해 『평화를 위한 교육』에서 다음과 같이 논했다.

國家는 어떤 抽象에 依해서 이들 集團의 全一性 — 여기서 全人性이라고 하는 것은 그들의 自然스러운 自發的인 成長의 能力을 말함이다 — 에 干涉하게 되었을 때만, 그만큼 國家는 그들의 市民의 生命과 健康을 否定하고 있다는 것이 된다. 自由란 아주 單純히 말해서 自發的인 活動을 할 수 있는 餘地를 준다는 것이다…(생략)…「教育에 있어서 自由」또는「平和를 위한 教育」에 對해서 말하는 것

230 허버트 리드, 앞의 책, 176-177쪽.

이 얼마나 옳은 일인가를 보다 잘 理解할 수 있었으리라 생각한다.…(생략)… 그러나 그와 같은 訓練이 갖는 가장 重要한 點은 그러한 訓練이 人間의 性品에 맞는 것이라는데 있다…(생략)…그것은 學校敎師나 下士官에 依해서 强制당하여서도 안 될 性質의 것이다…(생략)…敎育의 目的은 어린이가 가지고 있는 心理의 型를 찾아내어서 저마다 틀리는 型를 自然스러운 發達의 線에 따라서 自然스러운 完成에 이르는 樣式을 쫏아 成長시킨다는 것을 말함이다. 이것은 敎育에 있어서 自由가 지닌 眞正한 意味이다.[231]

박휘락의 『새교육과정에 의한 우리 학교 미술교육②』의 교수지도안을 보면 교육에 있어서 학습자의 '자유'를 존중하는 것을 중요시한다. 교사는 학습자의 경험을 토대로 아이디어를 창의적이고 자유롭게 도출할 수 있도록 도와주는 조력자의 역할만을 해야 하며 학습자들에게 주입하듯 일괄적으로 가르치려고 하는 방식은 일체 배제되어 있다. 예를 들어 교사는 학습자에게 크레파스나 물감과 같은 전통적인 미술도구 외에도 생활에서 사용하는 골판지, 빈깡통이나 철사 등을 다양한 재료로 사용하여 그리기와 만들기의 경계를 넘나들며 자유롭게 표현하도록 하였다. 그리고 산과 들로 나가 얻을 수 있는 나뭇잎이나 솔방울, 풀잎, 채소 등을 사용하여 창의적으로 자신이 생각하는 것을 표현하고 만들어보도록 하기도 했다. 이러한 조형 활동의 교수지도안은 전인교육을 위한 창의성 중심 조형교육의 일면을 명료히 보여주는 것이다. 듀이 역시 산과 들로 나가 모아온 나뭇잎을 화폭에 붙여 재미있는 형상을 만들거나 나무의 단면을 긁어 표현하는 조형 활동 등을 하나의 훌륭한 교육방식으로 제시했는데, 이는 조형교육의 목적이 솜씨 좋은 디자이너나 위대한 예술가를 양성하기 위함이 아닌 자연물을 관찰하고 사용해 봄으로써 그 질성에 대해 배우게 되는 전

231 허버트 리드, 앞의 책, 228-229쪽.

인교육에 있음을 보여주는 것이다. 다음 글에서 듀이의 이러한 교육사상을 확인해 볼 수 있다.

> 미술교육의 일례로 교실 안에서만 이루어지는 그리기와 만들기 이외에 산과 들로 나가 나뭇잎을 화폭에 붙여서 재미있는 형상을 만들어보고 여러 상이한 나무들의 단면을 스크레칭함으로써 각각의 나무들의 재질을 직접 터득해 보기도 하며, 바람을 직접 맞아보고 느낌을 이야기하고 그것을 시각적으로 표현하는 학습방식은 질성을 '지배적으로' 담아낼 수 있는 사례들이 될 수 있을 것이다. 수강생들은 시간을 갖고 지긋이 대상에 몰두하고 탐구하고 관찰하도록 하며 실적인 태도를 길러 줄 때 질성이 작용하는 지적 탐구, 즉 질적 사유가 탄생되는 것이다.[232]

더불어 [표11]의 '창의성'으로 분류된 교사지도안에서 '종이놀이, 빈통놀이, 찰흙놀이, 즐거운 놀이'라고 명시되어 있는 '놀이'라는 단어에도 주목해야 한다. '놀이'의 개념은 듀이가 『민주주의와 교육』에서 주장한 '교육과정에서의 놀이와 일'의 개념과 상통하는 것으로 듀이의 교육철학의 영향을 엿볼 수 있기 때문이다. 듀이는 학습의 경우 "외부로부터 압력, 강제로 수행되는 활동은, 그 행위와 결부되어 있는 어떤 의미를 이해 실행되는 것이 아니다. 그 행동의 과정 자체가 민족을 가져다주는 것이 아니라, 그 결과로서 뭔가 처벌을 피하거나 대가를 얻기 위한 단순한 수단에 지나지 않는다"[233]라고 언급하였는데 이는 강제로 수행하는 활동은 어떤 의미를 위해서 실행하는 것이 아니라 뭔가의 처벌을 피하거나 다른 사람이 제시한 이득을 얻기 위해서 하는 것이기 때문에 싫지만 참고하는 것에 지나지

---

232 존 듀이, 앞의 책, 136쪽.
233 위의 책, 224쪽.

않는다고 논한 것이다. 그리하여 그는 교육안에서 '레크레이션'이 될 수 있는 '놀이'의 개념으로 여가를 즐기듯 학습자가 학습에 몰입할 수 있게 하여 학습의 내적동기를 부여받는 환경이 되도록 하는 것이 학교가 해야 할 일이라고 제시했다.[234] 박휘락의 교사지도안에서 볼 수 있는 '놀이'의 개념에서도 이러한 듀이의 교육철학의 영향을 볼 수 있다.

마지막으로 [표11]의 '지역사회개선, 민주주의교육'으로 분류된 교수지도안의 내용에 대해 분석해 보고자 한다. 학교의 공동체 생활을 하는 교실과 학교, 가정의 공동체 생활을 하는 집, 지역의 공동체 생활을 하는 마을을 주제로 하여 공동으로 조형물을 제작하거나 그리도록 하고 있는데, 이는 듀이와 리드가 공통적으로 교육의 가치로 제시하였던 '협력체의 공동의 행복이라는 감각'[235]을 함양하는 것과 연결된다. 이러한 공동체의 삶과 환경의 개선을 위한 교육으로 교실꾸미기 활동, 학교의 벽을 아름답게 꾸미는 공동벽화 작업, 거주하고 있는 지역 사회의 모습을 찰흙이나 그리기 재료로 자유롭게 이상적인 환경을 상상하며 제작해 보는 것은 '협력체의 공동의 행복'에 대한 감각을 키워주는 것이다. 또한 공동제작을 하는 과정에서 서로 상의하고 협조하여 하나의 공통작품을 완성해 냄으로써 참된 민주주의 사회를 경험해볼 수 있게 된다. 그리하여 학습자들은 민주주의사회의 구성원인 민주시민으로 성장할 수 있게 된다는 것이 궁극적인 교육의 목표로 깔려 있는 것이다.

이상으로 한국의 실정에 맞게 연구되고 개발된 박휘락의 『새교육과정에 의한 우리 학교 미술교육②』의 연간계획서와 교사지도안을 듀이와 리드의 교육철학과 비교, 분석하여 그 영향 관계를 살펴보았다. 또한 해방 후 미국으로부터 민주주의교육이 도입되면서 학습자 개인의 창의성과 경

234 위의 책, 225쪽.

235 허버트 리드, 앞의 책, 216쪽.

험을 존중하고, 조형 활동을 통해 민주시민으로서 성장시키는 전인교육으로서의 조형교육의 양상을 구체적으로 확인할 수 있었다.

■ 나가며

본 연구는 1945년에 일본 제국주의 식민지 상황에서 해방되면서 조선총독부를 중심으로 계획되고 구성되었던 일제의 식민지교육의 틀을 청산하고 대한민국이라는 민주주의 국가수립과 민주주의교육이 어떻게 학교의 조형교육으로 도입되어 전환점을 맞이했는지 고찰한 것이다. 일제강점기 조선의 근대교육의 학제와 해방 후 대한민국이 미국의 교육원조를 받으며 새롭게 재정비하여 만든 6-3-3-4제의 비교를 통해 해방 이후 민주주의교육 이념 아래에 세워진 현재의 한국의 교육제도의 전환점을 명료히 확인할 수 있었다.

일제강점기 일본식 도화교과서에 실린 모사본을 따라 그리던 일본식 임화교육의 방식에서 벗어나 해방 이후 듀이와 리드가 추구하던 학습자 개인 중심의 '경험'과 '자유'를 중시하는 교육방식으로 학제가 재정비된 것은 대한민국이라는 독립된 민주주의 국가의 건설이념을 반영한 것이다. 본 연구는 지금까지 한국의 근대연구에서 개항기와 일제강점기와 해방공간을 각각의 단독적인 주제로 삼아 지엽적으로 논의해 오던 연구와 달리, 일제의 식민지 잔재 청산이라는 연장선에서 해방공간의 대한민국이라는 민주주의 독립국가건설의 전환점을 아울러 살펴봤다는 점에서 새로운 시사점을 제공해 줄 수 있다고 본다.

또한 '새교육운동'의 맥락에서 시작된 1960년대의 한국의 '창의성 중심 조형교육'의 실천을 당시 실증적인 역사자료인 박휘락의 교사지도안 『새교육과정에 의한 우리 학교 미술교육②』을 통해 듀이와 리드의 교육이념의 영향 관계를 비교, 분석한 것은 한국의 조형교육의 역사연구에 있어서 주목할 만한 사례연구로 의의가 있다고 생각한다.

글을 마치며: 우연과 운명의 만남과 함께

¶ 일본의 구성교육(構成教育)과 바우하우스를 경험하며

근현대미술비평이론으로 석사과정을 마치자마자 평소에 공부해오던 일본어로 문부성국비장학생이라는 시험을 봤다. 석사논문을 쓰자마자 2달간 겨울에 어려운 한자어들을 정리하며 본 시험이었는데 생각지 않게 한 번에 합격을 하고 이듬해에 비행기를 타고 떠나 도착한 곳은 도쿄 옆의 연구도시인 츠쿠바라고 하는 도시였고 이렇게 해서 국립츠쿠바대학교에서 석박사 통합과정에서 공부를 하게 되었다. 디자인이 워낙 유명한 학교이면서 일본근대미술사의 권위자이신 교수님도 계셨다. 처음으로 내가 접한 학과명은 '구성학(構成學)'이었다. 사실 석박사 통합과정에서는 자신의 주제에 따라서 연구를 하는 것이기 때문에 예술학군이라고 하면 미술사다, 디자인사다 이런 구분이 없이 개별 주제의 연구로 진행해서 크게 신경쓸 일은 아니었지만 재료와 기초조형의 원리에 대한 이론을 코스워크로 듣게 되면서 일본이라는 나라가 조형원리와 바우하우스에 대해 관심이 많다는 것을 알게 되었다. 엉겁결에 카메라라는 것을 사면서 바우하우스 워크샵 형태의 수업을 들었고, 암실에서 포토그램이이라든가 솔라리제이션같은 것도 만들어보기도 했다. 그리고 도서관에는 1930년대에 번역된 바우하우스총서들이 고스란히 역사를 간직하며 1930년대의 일본어로 번역되어 모두 소장되어 언제든지 펼쳐서 볼 수 있었다. 일본에 와서 바우하우스의 충격은 상당했다. 논문을 지도해주시던 교수님을 통해 일본에게 있어서 '구성교육(構成教育)'이란 역사적으로 특별한 의미를 가진 것이라고 졸업시즌쯤에 말씀을 듣게 되었다. 디자인기초나 조형이론 이상의 일본의 역사가 담겨있다는 것이다. 그러면서 '구성(構成)'이라는 용어의 의미를 아냐고 근본적인 질문을 던지셨다. 그리고 그것은 박사졸업후 바우하우스이론을 기반으로한 동아시아, 특히 일제강점기의 일본과 한국을 아우르며 내가 찾아야 할 주제라고 생각이 되었다. 일제강점기에 '구성(構成)'이라는 이름하에 일본에서는 미술과 디자인을 아우르는 근대적 조형교육으로써 바우하우스가 뿌리를 내린 것까지는 알았으나 일본의 선행연구를 뒤지고 무엇이 담론으로 오갔는지는 찾아봐야 그것이 눈에 들어오겠다는 생각이 들었다. 어디서부터 찾아야 할까? 박사과정이 끝날 무렵부터 늘 막연히 생각하고 있던 차였다.

¶ 우연한 마주침의 인연, 키노시타 교수님을 통해 시작한 구성교육 연구의 시작

일본어를 제법 구사할 수 있어 한국의 학부시절부터 석사과정까지 종종 자잘한 통번역 아르바이트를 하기도 했다. 일본의 문부성국비장학생 시험이 합격한 이후 출국까지 6개월의 대기 시간이 있었는데 한 명의 한국인 교수님께서 한국에 자료조사차 오신 키오시타 나오유키(木下直之) 교수님께 일본에 미술사계통의 전공으로 공부하러 갈 학생이 있다하여 나를 소개해주셨고, 키노시타 교수님의 연구조사를 위한 한국 안내를 한번 도와드린 적이 있었다. 그리고 시간이 지나 박사과정을 졸업할 무렵, 논문도 마무리되고 하여 도쿄의 아사쿠사(浅草)에 혼자 기분전환차 전통공연을 보러 갔다. 그런데 아사쿠사의 골목길에서 우연히 학생들과 함께 공연을 보러오신 키노시타 교수님을 다시 마주치게 된 것이다. 한국에서 한번 본 얼굴을 기억해주셨고 생각지도 못한 곳에서 마주친지라 반갑게 인사드리고 일본의 전통공연을 홀로 봤다. 그리고 이어서 학교의 방학이 되어 한국으로 들어가 서울에 광화문 거리를 걸으며 교보문고의 책방을 둘러보는데 또다시 우연히 키노시타 교수님을 바로 그 시간 그 책방에서 마주쳤다. 아사쿠사에서 본 지 얼마 되지 않아 또 마주치게 된 것이다. 그리고 이후 어디선지 기억이 나지 않지만 한국의 어디선가 생각지도 못한 장소에서 키노시타 교수님을 또 마주쳤다. 너무도 신기해서 그날은 키노시타 교수님과 함께 식사를 했고, 교수님도 신기한 인연이라고 이메일주소를 알려주시면서 연구에 도움이 필요하면 연락하라고 말씀을 주셨던 것이 훗날 키노시타 교수님이 재직하고 계시던 도쿄대학교 문화재자원학과의 방문학자로 연구조성금이 선정되면서 방문하여 일본의 '구성교육'의 선행연구와 1차 문헌을 적극적으로 찾아볼 기회를 가지게 되었다.

2011년에 키노시타 교수님은 도쿄대학교 문화재자원학에 방문학자로 초청해 주셨고 객원연구원의 신분증으로 부지런히 자료를 찾은 것을 토대로 쓴 논문이 2013년에 발표한 「근대 일본의 바우하우스 디자인교육의 수용과 특징」이다. 일본의 디자인교육에 대한 역사이기에 일본에서는 어떻게 논의되어 왔는지 면밀히 선행연구를 모으고 읽어봐야 한다고 생각했고 도쿄대학교 객원연구원으로 일본에 체류하며 관련 성행연구를 조사하고 모았다. 한가득 복사한 자료를 큰 여행가방에 가득 채워 힘들게 한국으로 들고 들어갔던 기억이 난다. 입을 옷은 한두 벌만 가지고 갔고 여행가방에 복사한 자료를 가득 담아 공항까지 들고 오는데 무거워서 진땀을 뺐다. 박사졸업 무렵 우연히 한국과 일본을 오가며 키노시타 교수님과 계속 마주칠 수 있었던 것은 큰 우연이었고, 교수님과의 우연한 인연으로 일본의 '구성교육'의 역사를 연구할 수 있었던 큰 기회를 받게 되었다. 만약 키노시타 교수님을 박사졸업 무렵 한국과 일본의 생각지도 못한 곳에서 여러 번 마주치는 일이 없었다면 내가 일본의 '구성교육'에 대한 선행연구 자료를 이렇게까지 수집하고 읽을 수 없었을 것이다. 이것은 운명이었을까? 하는 생각이 든다.

¶ 다시 찾아온 인생의 우연, 베를린의 바우하우스에서 만난 데사우의 독일인 남편

한국에 귀국하여 강의와 논문을 써가면서 한 가지 꿈이 있었다. 근대기 일본역사를 배경으로 일본과 한국의 바우하우스교육과 구성교육에 대해 공부했으면서도 정작 독일의 바우하우스와 관련된 곳은 가보지 못한 것이다. 소위 가방끈이 길면서 학교에서 책을 보는 대학원생 시절이 길었던 만큼 공부나 해외조사에 관해서는 장학금이나 조성금에 공모하여 받은 돈이나 강의하여 모은 돈으로 움직였던지라 독일의 베를린까지 가보는 데에는 재정적으로나 시간적으로나 계획이 필요했다. 그리고 드디어 준비하던 여행계획에 따라서 베를린의 바우하우스 아카이브를 중심으로 몇몇 미술관과 자료실을 돌아보게 되었다. 설레는 마음으로 베를린에 도착하면서 그곳에서 우연히 독일인 회사원을 만났다. 그는 베를린의 지리를 나에게 안내해줬고 베를린에서 만난 독일인 친구가 되었다.

그 독일인이 바로 지금의 나의 남편이다. 남편은 한국이나 일본 등 한 번도 아시아에는 온 적이 없는 유럽 토박이였기에 결혼의 인연까지 생각할 수도 없었다. 그런데 어느 날 나는 영어를 사용할 것 같은 한국회사의 이메일이 인터넷에 올라온 것을 보고 독일인 남편에게 건네주었고, 막연한 마음으로 남편은 이력서를 한국회사에 이메일로 보내보았다. 그런데 나는 정말 아무것도 모르고 건넨 이메일이었기 때문에 우연이라고 생각했지만, 스카이프로 한국에서 독일로 접속하여 여러 번 면접을 회사에서 신중히 진행하더니 한 달 안에 인터뷰에 합격하여 남편이 서울의 회사로 취직한 것이다. 순식간의 일이었다. 그 인연으로 독일인 남편은 한국회사의 지원으로 한국으로 입국하게 되고, 한국에서 결혼하여 지금의 행복한 가족도 꾸리게 되었다. 바우하우스를 연구하고 그것을 계기로 이렇게 지구촌 반대쪽 유럽에서 인생의 동반자를 만났다.

혼인신고를 할 때 고향을 쓰는 공란이 있어서 남편의 서류를 보게 되었는데 남편의 고향이 데사우(Dessau)였다. 바우하우스의 데사우 교정의 건물을 남편은 알고 있었고, 아주 어린 시절 베를린으로 이사하여 대부분 베를린에서 자랐지만 태어난 곳은 데사우였던 것이다. 남편의 서류를 봤을 때 베를린의 바우하우스 아카이브를 보러 갔다가 인연을 만난 것도 신기한데, 고향이 바우하우스 교정이 있는 데사우에서 태어난 사람이라고 하니 기분이 정말 묘했다. 나에게 있어서 바우하우스는 그렇게 연구 이상의 의미를 가진다. 데사우가 고향인 독일인을 베를린의 바우하우스 아카이브를 잠깐 보러 간 것이 인연이 되어 평생의 동반자로 만나게 된 것을 생각하면 인생에는 어떤 운명의 힘이라는 것이 있다는 생각이 들기도 한다.

¶ 8년이 지나 한국의 바우하우스교육자, 최유련 선생님을 알기까지

일본의 바우하우스교육의 도입에 대한 연구가 어느 정도 마무리되면서 한국의 바우하우스교육의 도입에 대한 자료를 찾기 시작했다. 박휘락 교수님과 손영범 박사님의 선행연구 2편이 있었고 최유련이라는 사람이 누구인지는 모르지만 1938년에 발행된 최유련 저작의 교사지침서인 『도화과지도세목』을 보면 관련 연구의 내용을 찾을 수 있다고 생각했다. 일제강점기에 태어나신 박휘락 교수님이 생존하고 계셔서 어렵게 연락이 닿았지만, 퇴직하신 후 모아두신 자료가 라면박스에 넣어져 베란다에 쌓여있기 때문에 허리가 아파서 찾을 수가 없다는 것이었다. 라면박스를 다 뒤져서 어떻게 찾을지 난감하던 차에 일본에서 거주중이신 손영범 박사님의 고베예술공과대학 박사논문을 국립중앙도서관에서 열람할 수 있었고 그 뒤에 적힌 이메일주소로 메일을 보낸 것이 연락이 닿았다. 병원 관련 업무가 있어 한국에 오실 일이 있다고 하시어 손영범 박사님을 병원의 대기실에서 만났고 『도화과지도세목』의 복사본을 어렵게 구해 읽어볼 수 있었다. 최유련이라는 사람이 누구인지는 알 수가 없으나 『도화과지도세목』에 모홀리나기의 이론과 일본의 구성교육에 대한 참조에 대해 언급한 것을 보고 일제강점기 당시 매우 획기적인 일이라고 생각했다. 한국에도 바우하우스 교육이론을 접한 사람이 있다는 사실을 알게 되어서 기쁨에 많이 흥분되었다. 그리고 『도화과지도세목』을 면밀하게 읽고 분석하여 쓴 논문이 2015년에 발표한 「일제강점기 한국의 바우하우스 디자인교육의 수용과 특징-최유련의 『도화과지도세목』(1938)의 분석을 중심으로」이다. 그러나 일제강점기에 바우하우스관련 이론을 조선에서 접하여 이를 교육 프로그램으로 재구성했다는 것은 정말 획기적인 일이라고 생각했지만 최유련이라는 인물에 대해서 그 당시까지만 해도 알 수가 없었다.

그리고 최유련이라는 인물에 대한 수수께끼가 풀린 것은 그로부터 8년후인 2023년이다. 어렵게 최유련 선생님의 유족을 수소문하여 찾을 수 있었고, 아드님들은 어린 시절의 아버지의 모습을 기억하는 것이 전부였지만 유족분들은 항상 그림을 그리고 만드셨던 아버지의 그림습작과 사진들을 그대로 가지고 계셨다. 또 일제강점기에 발행된 여러 증명서류도 모두 보관하고 계셨다. 유족분들은 의미를 알지 못하셨으나 〈동광회〉의 여름 단기 도과화 강습회 수료증, 그리고 당시 대구의 서점에서 구매한 것과 같은 일본의 여러 권의 도화교육책들을 보관하고 계셨다. 구매한 책을 보고 따라 그린 여러 장의 습작작품들이 남아 있어 어떻게 하여 최유련이라는 개인이 당시로서는 조선인들에게 낯선 바우하우스와 구성교육을 접할 수 있었는지 눈에 그려졌다.

¶ 관립공업전습소와 한국사연구휘보D/B, 그리고 한국의 근대 연구를 생각하며

2020년경부터 성신여대 인문과학연구소의 학술연구교수로 재직하게 되었다. 연구소는 조용하지만 알찬 연구환경을 갖추고 있어 연구자들의 연구, 학술대회, 학회지 발표 등을 안정적으로 제출할 수 있었다. 2022년 1월경 꿈에 그리던 한국의 근대 디자인 역사에 대한 연구자들의 연구발표를 연구소의 첫 학술대회 기획특집으로 기획하게 되었다. 〈한국근대디자인사의 지평〉이라는 학술대회를 진행하였고 주옥같은 근대기 한국의 디자인 역사에 대한 연구물이 모여 발표되어 연구소의 2022년 2월 발행된 제45집에 4편의 연구물이 특집호로 실렸다. 나는 그때 「관립공업전습소의 용기화교육과 주체성 고찰－농상공부소관『관립공업전습소일람(官立工業傳習所一覽)』(1909)의 검토를 통해서－」를 발표했다. 이러한 작은 바람 덕분인지, 2022년에 1월에 열렸던 〈한국근대 디자인사의 지평〉에 발표된 조현신 교수님, 조혜영 교수님, 강혜승 박사님, 그리고 나의 4편의 논문이 국사편찬위원회의 한국사데이타베이스 '한국사연구휘보 제197호 2022년 제2호'에 모두 아카이빙된 것을 우연히 알게 되었다. 한 학술대회에서 발표된 논문들, 그것도 디자인의 근대역사와 관련된 논문들이 한국에 관한 우수 인문학 연구로 모두 아카이빙으로 된 경우는 매우 드문 일일 것이다. 참여해주신 연구자분들께 작게나마 보답을 드린 것 같아서 기뻤다. 나는 그때까지 국사편찬위원회에 '한국사연구휘보'라는 데이터베이스가 웹사이트로 구축되어 있는지도 몰랐다. 모르는 사이에 이렇게 국가가 운영하는 국사편찬위원회에서 매년 한국의 역사와 관련된 우수논문들을 조사하고 수집하여 각 논문의 목차, 그리고 그와 관련된 다른 논문리스트들을 한 페이지씩 정리하고 웹사이트에 공개하고 있다는 것은 실로 큰 감동이었고, 한국의 연구제도의 큰 발전으로 생각되어 자랑스럽게 생각한다.

관련하여 필자의 2020년 한국연구재단의 인문사회학술연구교수 프로젝트가 시작되면서 공업전습소의 선행연구와 자료를 찾고 있던 중 김달진미술자료박물관에 소장된『관립공업전습소일람』(1909)을 알게 되었다. 미술사와 관련이 없는 역사학자들은 김달진미술자료박물관의 웹사이트를 알기 어렵기에『관립공업전습소일람』이라는 자료의 존재를 이전 한국사분야에서 공업전습소에 대해 발표하셨던 연구자분들은 알 수 없었을 것으로 여겨진다. 또한 제목만 덩그러니 웹상에 공개되고 폐관식으로 열람하게 되어 직접 멀리 찾아가 100년 전 자료를 조심스럽게 고무장갑을 끼고 한 페이지씩 넘겨보면서 읽어야만 했기에 더더욱 잘 알려지지 못했을 것이다. 나 역시 2020년 당시에 자료를 찾던 때에는 서울대학교 도서관에서 검색하여 볼 수 있었던『조선총독부 공업전습소 일람』(1915)을 중심으로 읽었고, 따라서 기존 공업전습소에 대한 선행연구가 일제강점기의 자료를 중심으로 대한제국기의 활동까지 아울러 논해져 왔던 것을 알게 되었다. 나 역시 처음에는 막연히 조선총독부 공업전습소와 관립공업전습소가 별반 차이가 없을 것이라고 생각했고 도면과 건물도 모두 같을 것이라고 생각했었다.

'관립공업전습소'의 존재와 애국계몽운동과 연계된 당시 조선인학생들의 '공업연구회'와 『공업계』에 대한 자료조사와 연구를 하면서 일제강점기를 중심으로 한국의 근대시대를 살피는 것은 일제강점기 이전의 조선의 근대화를 위해 주체적으로 노력했던 조선인의 노력을 잊고 마는 오류가 발생할 수도 있다는 생각을 가지게 되었다. 1876년 조선의 개항 이후부터 1910년 일제강점기 이전까지의 34년간 조선인이 주인으로 살아간 조선 시대와 대한제국 시대에도 근대화가 진행되었다. 이것은 1910년부터 1945년까지 일제강점기라는 35년간 진행되었던 식민지 경영을 위한 근대화의 진행과 거의 같은 시간적 길이이다. 따라서 개항기 이후부터 일제강점기 이전의 한국의 근대화와 연관된 사료에 대해 좀 더 관심을 두고 한국의 모더니티를 연구하고 고찰해야 한다는 생각을 가지게 되었다.

이후 연구를 조금이나마 진행하여 발표했던 관립공업전습소와 고종의 용기화교육에 대한 열정(「관립공업전습소의 용기화교육의 주체성고찰」, 2022년 발표), 그리고 관립공업연구서의 조선인 학생들의 모임이었던 공업연구회에서 발표한 근대적 의생활과 주생활에 대한 과학적 개량의지(「잡지 『공업계』(1909-1910)을 통해 본 한국 산업디자인의 시원 고찰」, 2024년 발표)를 연구하였고, 본 책에서 집대성하였다. 조선인의 주체적 근대화에 대한 초창기 열정, 개항 이후 일제강점기 이전까지의 한국의 근대적 변화를 주목하여 고찰하는데 조금이나마 학문적으로 기여되기를 바란다.

이에 대한 바람에 세상에 통한 것일까 2022년 초 『관립공업전습소일람』(1909)에 대한 논문을 발표한 지 2년 반이 지난 2024년 9월경 서울공예박물관에서 국한문혼용체로 집필된 『관립공업전습소일람』(1909)과 1910년대의 일본어로 집필된 『조선총독부 공업전습소일람』(1915)이 모두 현대한국어로 번역되어 사료집으로 정리되었다는 신문기사를 읽게 되었다. 초창기 한국의 공예, 디자인의 근대적 발전에 대해 연구를 할 때, 공업전습소의 존재는 중요한 역사적 사례이다. 후속연구가 진행될 때에는 서울공예박물관의 자료실에 소장된 현대한국어 번역사료집을 통해 보다 손쉽게 그 내용을 접근할 수 있을 것으로 사료된다.

또한 아울러 관립공업전습소 당시 활동한 조선인들의 잡지『공업계』를 보면 근대적 과학을 활용하여 의생활과 주생활을 개량하고자 한 연구뿐만 아니라, 여러 기초과학과 도자기의 제작에 관련된 조선인 학생들의 연구물들이 많이 담겨 있다. 본 책의 부록으로 남긴 잡지 『공업계』의 목차를 보면 그 사료의 내용을 확인할 수 있다. 특히 한국의 도자기의 근대적 제작을 위한 조선인 학생들의 연구물이 눈에 띄는데 나는 도자기의 역사와 관련된 전문지식을 가진 연구자는 아니기에 근대기 한국의 도자기와 관련된 연구를 하시는 연구자분들께 잡지 『공업계』의 도자기 관련 사료 또한 한국의 근대공예사를 살피는 데 중요한 사료임을 말씀드리고 싶다.

¶ 역사의 시간으로 돌아가듯 과거와 현재의 마주침에 대해

대구에 들러 조사를 할 때 아직도 정정하게 살아계시는 박휘락 교수님과 많은 대화를 했다. 박휘락 교수님은 일제강점기부터 대한민국 건국과 함께 민주주의교육을 새롭게 뿌리를 내리던 시기 모두 교육계에 계셨던 살아있는 역사의 증인이시다. 최유련 선생님은 한창 자기보다 나이가 많던 선배 교사였다고 말씀을 주시기도 했다. 지금까지 문서로만 보던 것은 소위 100년 전부터 이 땅에서 살아온 삶의 기억이었다. 그리고 그것은 후대에 의해 기록되고 정리되어 하나의 역사로 다시 마주하게 된다는 것이

피부로 와닿았다. 박휘락 교수님은 해방직후의 피바디사절단을 기억하고 계셨고 그때 식민지교육을 청산하며 대한민국을 민주주의로 건국하고자 하는 교육계의 열의를 기억하고 계셨다. 민주주의라는 말을 여러 번 반복하시며 하버트 리드의 『평화를 위한 교육』이 안동민에 의해서 번역되었으니 도서관에 가서 찾아 읽어볼 것을 권유하셨다. 하지만 대한민국의 어떤 도서관에도 이 책은 청구기호가 매겨져 검색되지 않았다. 그것은 1950년대 후반의 박휘락 교수님의 기억의 책이었다. 교수님과 대화를 나눈 것은 2023년 초였고 『평화를 위한 교육』 번역서는 70년 전 기억 속의 책이었던 것이다. 역사 속으로 사라진 책이라 보여 고서점을 뒤지기 시작했는데 우연히 누군가 이 책을 고서점에서 판매하려고 한 권 올려놓은 것을 발견했다. 책은 빛바랜 노란빛으로 변해 그야말로 서점이 아닌 박물관에 진열될 법한 분위기를 풍겼다. 책장이 부서질라 조심스레 펼쳐 한줄 한줄 읽어갔다. 그리고 박휘락 교수님께 책을 구해서 읽었노라고 소식을 전했다. 교수님은 재차 서점과 도서관에 가면 있는 책이라고 말씀하셨으나 이 책은 이미 역사속으로 사라졌고, 고서점에서 유물처럼 올라온 것이 있어 샀다고 대답을 하니 교수님께서 놀라워하셨다. "교수님, 지금은 2023년이에요. 1959년은 어언 70년으로 세월이 흘러가서 골동품점에 돌고 있던 것을 다행히 한 권 찾아내서 구매할 수 있었습니다."라고 하니 박휘락 교수님은 재차 "그 책 도서관에 가면 다 놓여 있는데…" 하시면서 지나간 세월의 틈을 못 믿겠다고 하시는 목소리셨다. 나 또한 70년 전 과거의 역사 속으로 돌아가 그 당시의 사람과 대화하는 것 같은 묘한 느낌이 들었다.

근대기의 자료들은 이렇게 우연히 마주하는 만남으로 운명처럼 기록되고 세월의 흐름에서 잊혀진 것들을 다시 짜 맞추며 전체를 볼 수 있게 되는 것 같다. 이번에 정리하여 발간하는 이 책은 이와 같이 발로 뛰고 만나고 찾아가며 모아간 오래된 문헌과 인연들을 통해 기억과 운명이 반영된 것이다. 한 주제를 따라 우연과 운명을 기반으로 하여 연구를 해오면서 시간 속에 묻힌 타인의 삶을 보게 되고, 현재의 내 삶과 운명을 마주하기도 한다. 그리고 계속하여 나는 한 명의 학자로 찾고 읽고 써나가며 나의 미래의 시간을 개척해 나갈 것이다.

부록자료:

귀중 자료 소장처, 목차, 주요 내용 한국어 번역

1. 공업연구회, 『공업계』(1909-1910) 5권: 권별 필자와 목차, 이화여자대학교 도서관 소장, 국립중앙도서관 전자책 구축

1909년부터 1910년 발행된 『공업계』 중 국내소장으로 현존하고 있는 것은 총 5권으로 제1권 제1호, 제1권 제2호, 제1권 제4호, 제1권 제5호, 제2권 제7호가 현존한다. 현재 영어로 사용되는 디자인, 공예에 관한 전문용어가 당시에는 한자어로 사용되었으며, 국한문 혼용체의 근대국어로 집필되어 있다. 각 권별로는 염직과, 금공과 도기과, 목공과, 응용화학과, 토목과, 물리학, 화학에 관한 강연 내용이 수록되어 있으며 권별로 연구 발표된 주제를 필자는 다음과 같이 한글로 번역하여 표로 정리하였다. 1909년 당시에 사용하던 용어에 대한 설명은 권별 미주에 설명을 추가하여 목차 정보에서 언급한 내용의 이해를 돕고자 했다. 현존하는 국내소장의 『공업계』 5권 전체의 목차를 현대 한국어로 번역하여 공개한 것은 본 연구서가 처음이다. 향후 대한제국 시기의 관립공업전습소에서 학습한 조선인 학생들의 근대산업에 대한 관심과 활동에 대해 연구할 경우, 『공업계』 자료가 참조되어야 하며, 본 책에서 제공하는 현대 한국어 번역 목차가 국내의 후속연구의 기초적인 자료로 활용되기를 바란다.

권, 호 (연도)	강연주제
제1권 제1호 (1909년 1월 28일)	윤정섭, 염직개론 임항재, 직물원료의 종류와 성질 및 제법 박찬익, 색채의 이치와 염료의 혼합법 최익진, 도기개론 김인섭, 자기제조법 이필하, 응용화학개론 정해설, 화학총론 정해설, 비누의 총론 윤정섭, 물리학 총론(*본문, 물리학 총설로 표기) 김연필, 금공개론 *(박영진, 금공재료 – 목차에 빠져있으나 본문있음) 김원식, 목공개론(*본문, 목공개설로 표기) 이기호, 목재방부법 박승진, 토목개론 한석우, 측량술 필요 본회 역사 및 결의안
제1권 제2호[236] (1909년 2월 28일)	〈논설〉 황성자, 공업계의 신광선 황영수, 공업의 필요 〈염직과〉 석송환, 염직의 큰 의의 장익현, 염색용수의 주의 및 수질의 시험법 〈금공과〉 최천필, 아연에 대한 전반적인 논의 이용훈, 동에 대한 전반적인 논의 〈도기과〉 김정희, 자기의 원료 김성준, 가마의 개량 및 소성(燒成)의 변화 〈목공과〉 이종승, 건축의 범론 및 실례 안병욱, 건축에 대한 역학 응용의 필요 〈응용화학과〉 박승익, 비누의 정밀제조 배상언, 비누의 원료정제 및 각 종류 별 조합법 〈토목과〉 윤을병, 측량술의 구별 심상대, 나침반 측량법 〈물리학〉 윤정섭, 물리학의 연구 〈화학〉

권, 호 (연도)	강연주제
	정해설, 화학총론
제1권 제4호[237] (1909년 5월 28일)	〈염직과〉 이승규, 갑비견(甲斐絹)과 축면과 수자(繻子)와 조직법 이창림, 목면의 정련표백(精練漂白)의 필요 〈금공과〉 홍세환, 암모니아의 소재 및 제조법, 그리고 성질 성홍석, 철(鐵)의 제조법 및 용도 〈도기과〉 장서규, 소성(燒成)하는 중의 색의 변화 박상순, 요업(窯業)에 종사하는 사람이 꼭 해야 할 연구 〈목공과〉 손형순, 목재건조법의 필요 동인(손형순). 목재건조법에서 천연과 인공이 구별 〈응용화학과〉 홍종우, 안료(일명 그림물감) 정한진, 제지(製紙, 종이를 만듦) 간략한 설명 〈토목과〉 남회희, 목재의 성질 한익동, 도로학 일반(一斑) 〈물리학〉 윤정섭, 술어의 설명 〈화학〉 정해설, 화학각론
제1권 제5호[238] (1909년 6월 28일)	〈염직과〉 김재현, 직접염료의 침염법 이태희, 원료가 되는 실(原絲)의 착호(着糊) 및 조제법 〈금공과〉 심일표, 백금제법과 성질 및 용도 박은양, 금의 소재제법 및 성질용도 〈도기과〉 구영필, 소성(燒成)할 때의 색의 변화(속편) 이응열, 점토시험법 〈목공과〉 강택선, 공구의 개론 송요돈, 목재의 성질 및 부분 〈응용화학과〉 김문회, 안료속(연백, 鉛白) 박정준, 연백(鉛白) 〈토목과〉 이종옥, 벽돌제조 및 종류

권, 호 (연도)	강연주제
	고희철, 도로부지를 설치하는 것의 동념(動念) 〈물리학〉 윤정섭, 술어의 설명(속) 〈화학〉 정해설, 화학각론(속)
제2권 제7호[239] (1910년 4월 28일)	〈염직과〉 유한홍, 염색에 관한 일반적인 주의 박윤병, 역직기 김기홍, 단기성염료의 침염법 임훈상, 목면실의 조정법 〈금공과〉 김원진, 동의 합금법 이용기, 니켈(속칭 닛게루) 및 기합금 최진찬, 합금속재료의 일반성질 전상준 창연(蒼鉛)의 통론 〈도기과〉 한태익, 법랑(琺瑯)철기의 제조 및 소성법(燒成法). 권응민, 모형법 안종우, 각종 도자기 흙의 화학적 성질 이남구, 점토의 물리적성질 및 시험 〈응용화학과〉 문재명, 녹색 오석문, 종이를 만드는 것에 대한 간단한 논의 김순봉, 흙색안료의 제조법 성경운, 인조색조의 예 – 열쇠(침전 안료) 〈토목과〉 선영익, 경위의(經緯儀)의 구조 오학홍, 도로의 배수법의 간단한 논의 장민현, 경위의(經緯儀)의 사용법 김영시, 경위의(經緯儀)의 수평각을 정밀히 관찰하는 법 〈목공과〉 조병태, 곡척(曲尺)은 목공의 좋은 스승 임공완, 연와(煉瓦)감정법 및 방적법 이무상, 지석(砥石)의 필요 유상렬, 목재도료(塗料)의 목적 및 시행법 〈물리학〉 김연필, 미동활차(滑車) 〈화학〉 박승익, 화학각론

236 용어설명: 소성(燒成)은 광물 가공 공업에서 널리 사용되는 고온 처리의 한 방식이다.

237 용어설명: 갑비견(甲斐絹)은 네덜란드인이 일본으로 싣고 왔던 견직물이다. 1661년부터 1673년까지 현재의 야마나시현에 위치했던 갑비국(甲斐國)의 지방에서 모방하여 만든 직물에서 유래했다. 얇고 표면이 매끄럽고 광택이 나는 것이 특징이며, 일본에서 조선으로 수출한 것은 무늬가 없는 하늘색, 분홍색, 홍색, 청색, 황색, 남색, 백색, 자주색 등이었다. 조선에서 수요가 꾸준히 증가하자 야마나시현에서 갑비견을 파는 일본인 상인들 중 일부가 경성으로 이주하여 갑비견을 판매하는 상점을 개업하기도 했다. (한국민속대백과사전, "왜증" 참조, (검색일: 2023년8월29일), https://folkency.nfm.go.kr/kr/topic/detail/7123)

수자직(繻子織)은 수자직은 경사와 위사의 조직점이 분산되어 옷감의 표면에서는 경사 또는 위사가 돋보이는 옷감으로, 주자직이라고도 한다. 수자직은 경사가 표면에 두드러지게 나타나는 경수자와 위사가 두드러지게 나타나는 위수자로 구분되고, 한쪽이 경수자이면 반대쪽은 위수자의 구조를 띄는데, 일반적으로 겉을 경수자로 하는 옷감이 많다. 수자직 직물은 강도가 약하고 실용적이지 않은 단점도 있으나, 매끄러우며 광택이 있고 구김도 덜 생긴다. 수자직의 견직물은 특유의 광택과 부드러움으로 겨울용 남녀한복의 소재로 꾸준히 사용되고 있다. (네이버지식백과, "수자직으로 된 우리 옷감" 참조, (검색일: 2023년8월29일), https://terms.naver.com/entry.naver?docId=2838730&cid=55765&categoryId=55765)

238 용어설명: 연백(鉛白)은 납의 화합물 용액에 탄산소다를 넣고 데우면 침전물로 얻을 수 있는 흰 결정물질이다. 흰 칠을 하는 물감으로서 쓰인다.

239 용어설명: 창연(蒼鉛)은 질소족에 속하는 약간 붉은 빛을 띤 은백색의 금속 원소이다. 법랑(琺瑯)은 광물을 원료로 하여 만든 유약으로 불투명 유리질 물질이다. 경위의(經緯儀)는 천체나 지상의 다른 문체의 방위각과 앙각을 재는 기계이다. 곡척(曲尺)은 대한제국 시기부터 일본 장인들에 의해서 사용되기 시작한 자로 나무나 쇠를 이용하여 90도 각도로 만든 'ㄱ'자 모양의 자이다. 연와(煉瓦)는 진흙과 모래를 차지게 반죽하여 틀에 박아서 600~1,100℃에 구워 만들어 낸 네모진 건축 재료이며 표준 크기는 길이 190mm, 너비 90mm, 두께 57mm이다. 지석(砥石)은 숫돌로 칼이나 낫 따위의 연장을 갈아 날을 세우는데 쓰는 돌이다. 도료(塗料)는 물건의 겉에 칠하는 재료이다. 활차(滑車)는 대한제국시기에 사용한 도르레를 일컫는 용어이다.

2. 최유련 『도화과지도세목』(1938) 주요 원문과 한국어 해제: 박휘락 개인 소장

第二週一月

題材　氷すべり　（想畫）

時間配當　一時間

氷すべりを主題とした生活情景を觀念的に記憶的に描現させて表現の趣味を持たせる

指導者
1參考書
2スケートの種々
兒童
クレヨン
教師用三十二課
兒　十七圖

1題材の決定について調査
多く氷すべりを中心とした生活素材より題材を決定した者が大多數の時はそのまゝ描現に入らせるが多くない時は他の季節生活の類究の爲問答しあふ
出發、友達とスケートをもつて急ぐ、氷すべりの仕方、たふれるもの、坐つてやるもの、よくすべれる人、こは〱やる人、氷すべりをするところの景色、歸路……………
2題材の決定と描現
指導指一本指
個別助成
3學習態度の反省と鑑賞
4豫　告

1きら〱光るもの半分透明な氷面の材料的な感覺やその表現についても暗示してやること
2動的人物の表現は黑板畫によつて表現法を暗示し興味をそゝぐこと

제1학년 2학기: 제2주 1월, 얼음 지치기

1) 요지: 얼음 지치기를 주제로 한 생활 풍경을 기억을 떠올려 묘사.
2) 지도상 주의점: 반짝이며 빛나는 것, '반투명한 얼음의 표면이 가지고 있는 재료적 특징'을 시각적으로 알아볼 수 있도록 표현하도록 지시하고 있다.
   빛과 투명, 반투명, 불투명한 물체 간의 시각적 상호작용을 포착하고 재료적 특징을 조형적으로 표현하고자 하는 것은 바우하우스 교사인 모홀리나기의 저서 『회화, 사진, 영화(Malerei, Fotographie, Film)』(1925)에서 언급된 '색채의 조형(Gestaltung der Farbe)'에 해당한다. 모홀리나기는 물체에 비추어진 라이팅의 시각효과를 '빛조형'으로 다루어 표현하도록 지도했다.

第八週五月

題材　美しい人形〔圖案〕

時間配當　一時間

美しい人形をかゝせて二色の配合練習をなさせる

1色手帳(大型)
2謄寫刷
　八一四に區切つて人形の外廓をすつたもの
兒童
1クレパス
2色手帳

1色名の復習
　色手帳(大型)によつて答させる
2目的指示
3色手帳によつて、もつとも強く引立つて美しい色を見つけさせる
4描現
5鑑賞批評
　種々の配合のものを貼つて見せる
　強いシュパメンクの配合をさせたが弱いシュパメンクのもある、さういふのも出して・調和的であることにふれる

1濁つぽくならぬこと
2クレパスのぬり方にも常に留意
　明、淡、色よりぬる。

第九週六月

題材　靴と草履〔寫生〕

時間配當　一時間

ゴム履と草履或は皮靴と草履とを組合せたのを精密描寫をさせて材料感覺を捷る

1ゴムと上草履五六組
2參考畫
兒童

1ゴム靴、上草履の觀察
○形
○色 ＞平面的なもの立体的なもの
○材料　つる〳〵かたいおもい
　　　　ざら〳〵やはらかかるい

1光による明暗とかにあまり拘泥しない様にする
2鉛筆、毛筆をつかつてもよいことにする

제3학년 1학기: 제8주 5월, 아름다운 인형

1) 요지: 아름다운 인형을 그려 2종류 색배합을 연습시킨다.
2) 지도상 주의점: '강한 슈파눙(シュパヌンク)'의 배합을 하면서도 '약한 슈파눙(シュパヌンク)'이 있는 것을 골라내어 조화로운 구성을 하도록 지도하고 있다. '슈파눙(シュパヌンク, Spannung)'이라는 용어는 가와키타 렌시치로의 '구성교육'과 그의 교육방침을 집대성하여 엮은『구성교육대계』의 주요개념이다. 슈파눙은 현대 디자인교육에 있어서 '디자인감각'에 근접한 개념이라고도 볼 수 있다.

○その前に参考書の鑑賞
○花の前にいつて、見ながらかく
○生き〱した生きた感じを出させる
○構圖に充分氣をつけて
○歌、枝、葉花の状態等について理科的指導も個人的に必要

4處理
5講評

第十四週七月

題材　支那事變（想畫）

時間配當　一時間

支那事變記念日に當つて、支那事變を回想して之を表現せしめ事變に對する正しい理解を與へ（皇軍のありがたさつよさをしらせる）

指導者
1参考書（毛筆　クレパス　繪卷）
2事變關係の諸寫眞等の資料

兒童
1毛筆、又はクレパス
2蒐集せる資料
鉛筆

1支那事變について話し合ふ
發端
その原因
經過、結末（戰地　銃後）

2もう決定して來た場面を構成させる
材料を用意したものは、フォトモンジュア
切抜のないものは、毛筆又はクレパスで表現さす
○構成を考へさせることと

3處理

1豫告して
フォトモンタージュの材料をあつめたり、支那事變史をしらべさせたりする
したがつて教師の方でも、可成資料を與へねばならぬ
2毛筆畫を主体として繪巻物をかゝせてもよい

제3학년 1학기: 제14주 7월, 중일전쟁(支那事変)

1) 요지: 중일전쟁기념일을 맞이하여 중일전쟁을 되돌아보고 (일본의 관점에서) 바르게 중일전쟁에 대해 생각하도록 하며, 천황의 군대의 강인함과 감사를 생각하게 한다.
2) 지도상 주의점: 중일전쟁에 대한 발단, 그 원인, 경과와 결말에 대해서 이야기한 후 전쟁에 대해 표현하는 방법으로 '포토몽타주'로 표현하도록 한 것은 바우하우스의 모흘리나기의 교육방식에 영향을 받은 것이라고 볼 수 있다. '포토몽타주(フォトモンタージュ)'를 재료로서 다룬 것은 바우하우스의 교사인 모흘리나기의 『회화, 사진, 영화(Malerei, Fotographie, Film)』(1925)에서 볼 수 있는 개념이다.

題	材題	目標	準備	過程	注意	時間配當
第五題十月	石から土まで（畠の土が出来るまで）（圖案）	石から次第に風化して晶土となるまで、の過程を点線面によって表現させ、点線面による、材料表現を指導する	指導者 1 資料掛圖（風化過程） 2 材料表現の資料 兒童 鉛筆 クレヨン、クレパス、毛筆	1 石土までについて問答する 大石—小石—礫 小砂利—大きい砂—小さい砂 —細砂—土—粘土 2 石、砂、土について材料的感觸を理解させる、特に、細な程、かたくすべつこくなることを 3 表現の問答 各自創作させる 4 種々の場合 （土に石がまじつたとき）の材料表現を練習させる 5 整理 6 豫告	1 表現材料によってもその感じの違ふことを知らせる	一時間
第六題十月	鍛錬遠足（想畫）	鍛錬遠足をした事を表現せしめて、構想力を豊かにし忍苦鍛錬の生活を	指導者 1 参考畫 兒童	1 鍛錬遠足の場面回想 2 参考畫 イ、畫の表現 ロ、部分描寫の確實さ	1 畫面構成の裏面指導をあまり強ひて想畫（中學年）の本質を忘れないこと	一時間

제3학년 2학기: 제5주 10월, 돌에서부터 흙까지

1) 요지: 돌에서부터 점차적으로 풍화작용에 의해 흙으로 잘게 쪼개지는 과정을 점, 선, 면에 의해서 표현하도록 하게 하여 점, 선, 면에 의한 재료표현을 지도한다.
2) 지도상 주의점: 돌, 모래, 흙에 대해서 재료적 감촉을 이해시키고 재료가 단단하고 매끈매끈하게 되는 표현, 그리고 돌에서 모래를 거쳐 흙이 되는 각각의 과정을 숙지하고 각각이 가질 수 있는 재료적 표현을 연습시키도록 한다고 명시하고 있다. 이것은 바우하우스의 기초교육에서 재료의 체험을 학습하는 것과 연결되는 부분이다. 특히 돌, 모래, 흙에 대해서 재료적 감촉을 학생들에게 이해시키고자 하는 지도상의 유의점은 모홀리나기의 『재료에서 건축으로(von material zu architektur)』(1929)의 2장에서 재료의 체험과 촉각훈련 교육법은 제시한 바우하우스의 기초교육의 내용과 동일하다.

5行儀よい態度ー表現よう〈ある
と
かね
個別助成
6整理
わすれものない様

第十一週十一月

材題 色あそび (圖案)

時間配當 一時間

色紙をつかって、色の明暗による排列、濃淡による排列をさせて色彩の明暗濃淡の同時的練習をして、色彩感覺をねる

指導者
1色彩教具
2色彩圖表
3色紙
兒童用として
四開四方
二開四方のもの
各色各四枚
4台紙(兒童用)
白、十・二三
5糊
兒童
1繪受用具
2新聞貼付台紙

1色彩圖表によって
色彩名と濃淡明暗について
問答
2背と色との關係を研究
3目的の確實な指示後色紙を配布して
(色紙は、白、黄、橙、赤、紫、青、緑、黒の八色)
台紙の上に配列させる
(形をかんがへるものには△等に切らせてもよい)
イ、單なる濃淡色による明暗配列は白紙上に

1時間の關係から教師の方で、四開二開四角に切って與へることにしたが兒童に勞作させる上からは大きい紙を與へて鋏で切らせたい
2單なる色彩配列のみでなく形のコンポジションにも留意して行きたい

제3학년 2학기: 제11주 11월, 색의 유희

1) 요지: 색지를 이용하여 색의 명암에 의한 배색, 한색과 난색에 의한 배색을 동시적으로 연습하여 색채의 감각을 훈련한다.
2) 지도상 주의점: 단순한 색채배열이 아닌 '형태의 콤포지션(コンポジション, composition, 구성)'도 함께 유의한다고 언급하여 디자인의 '구성'의 개념을 제시하고 있는 것이 주목할 만하다.

は大切である、この生活は描現といふ労作を通してより強く印銘される行事生活を描現させ、想の發表させ構成力を養ふ

てした生活改善の事項、部落での奉仕作業
2 題材の決定と表現
参考書によって、構成のよさを立論させるクレパスで主眼から、つよくかいて行かせる
3 鑑賞指導
構成のよさ、生活へ

題材の價値は描現中における、無意識的生活にある、情緒的体験である色による深化である

第三週四月

題材　色の明暗練習（図案）

時間配当　一時間

八色の色紙によって、重ねて列べて見て、色彩の明暗感覚の指導をする

指導者
1 色彩圖表
2 色紙
3 糊
4 台紙
（灰色）（黒色）
兒童
1 鋏
2 新聞紙擦付用

1 白、黒、黄、橙、赤、紫、青、緑の八色によって色の明暗練習をすることを指示する
2 八色を明暗によって排列させる
白、黄、橙、緑、赤、青、紫、黒となる
之を灰色の台紙にならべた時黒色の台紙上の時とについてその感覚の異ることをしらせる
順に順に組合せてその配合をしらせる
3 貼らせる

1 三年の十一月十一週参考のこと
復習表現の立体をもつ
2 はるとは平面構成であることを意識して構成させる

제4학년 1학기: 제3주 4월, 색채의 명암연습

1) 요지: 8가지 색지를 겹쳐 나열하여 보면서 색채의 명암, 난색과 한색을 지도한다.
2) 지도상 주의점: 흰색, 검정, 노랑, 주황, 빨강, 보라, 바랑, 녹색의 8가지의 색을 가지고 색의 명암연습을 할 것을 지시하고, 회색 바탕과 검정색 바탕에 놓았을 때 각각의 색의 감각이 어떻게 다른지 학습하도록 한다. 지도안에서 '평면구성이라는 것을 의식하며 색채의 구성을 시키도록'하는 것을 유의사항으로 제시하고 있다. 이를 통해 당시 디자인의 기초교육으로서의 '평면구성'이라는 근대적 디자인교육의 용어를 수업에서 사용하고 있었음을 알 수 있게 한다.

○パタクは材料的に、明暗の上から自由に構成させる

第五週五月

前時教材によつて明暗（白、灰、黒三段）の効果を凡そ分つた、とゝでは明暗を驅使して図案を構成させる

題材　明暗の圖案　（図書）

指導者
参考書

用具
毛筆等の裏方道具、鉛筆

1前時練習した明暗具効の反省
段階的－おちつき、まろやか
飛躍的－つよさ、かど〳〵しい
2自由に構成を工夫させる
具体的な形でもよいが抽象的な形によつて、自由な、リズム的な平面構成をさせる
毛筆で面をぬらせる
3鑑　賞
立体感の出る所をでしらせる
三年の時の白黒のみでは不満的だが灰が加つて、立体的に見えること

時間配当　一時間

1子供ははじめから、つよい濃い墨で塗つて行くくせがあるが、充分考へた上ならともかく灰色をつくる上からいつて先づ弱い灰色のところからぬつて行く様にする

第六七週五月

家庭で手傳つた事や、観察した事を表現させて構想構

題材　家の仕事　（想書）

指導者
参考書

1想の整頓をはかる
苗代つくり、草刈、ポプラの葉おとし、薪取、水汲、庭の掃除、牛

時間配当　二時間

1三年の時より、より綿誤され鉄められたのである

제4학년 1학기: 제5주 5월, 명암의 도안

1) 요지: 앞의 수업교재에서 명암(흰색-회색-검정색의 3단계)의 효과에 대해서 전반적으로 배워 숙지했다. 이번 시간에는 명암을 구사하여 도안을 구성하도록 지도한다.
2) 지도상 주의점: 학생들에게 자유롭게 디자인을 구성하도록 하되, 구체적인 형태를 그리기보다는 추상적인 형태로 자유롭고 리듬이 느껴지는 평면구성으로 작업하도록 지도한다. 이 지도안에서 언급하고 있는 밝게 빛나는 흰색에서부터 무한히 변화하는 회색조의 밝기를 거쳐 가장 어두운 검은빛으로 변해가는 명암의 그라데이션 (gradation)의 아름다움을 하나의 조형요소로 주목하여 다루는 것은 바우하우스 교사였던 모홀리나기의 주요 조형개념이다. 이에 대하 조형적 가치에 대해 모홀리나기는「시각의 새로운 장치: 시각적 가치란 무엇인가?(A New Instrument of Vision: What is Optical Quality?)」라는 자신의 논문에서 언급하고 있다.

3 畫紙に自由に構成させる。三色づゝのみをつかつて着色させる
○参考圖を見せて三色配合の妙味を知らせる
4 處理、鑑賞

色との構成につかはせてよい

第七週 十月

題材 農具（寫生）

時間配當 一時間

農具を寫生させて形体の進捗練習をさせ、尙、農具に對する理解を深める

（略畫指導）

指導者
1 三種鉄
ホミ
レーキ
ホーク
除草機

兒童
1 鉛筆（3B以上）
2 クレヨン

1 目的指示
遠寫、形のシユパヌンクを捉へて略描する事を知らせる
2 農具觀察
名稱、構造、機能的構造を理解させる事によつて觀察は深まる
○線が直角になつてゐては用を充分になさぬそこに鋭角が必要
レーキもホミもすべてさうだ
3 略畫の仕方の指導
○形のシユパヌンクを捉へる
○黒板に示範して見せる
4 練習
順々に一定時間をきめて速描させる
5 處理

見る時間は
1 次第にはやめて行く樣にする
最初は四五分位
2 用紙は表裏共に使はせる
3 處理においては筆のタツチとかより、機能的なところを中心としていく
そして良農は農具の光ることを知らせる

제4학년 2학기: 제7주 10월, 농기구

1) 요지: 농기구를 보고 그리도록 하면서 형태의 빠른 소묘 연습을 하고 농기구에 대한 이해를 깊이 한다.
2) 지도상 주의점: 3B이상의 연필이나 크레용으로 농기구의 형태가 주는 슈파눙(シュパヌンク, Spannung)을 포착하여 농기구의 형태를 빠르게 크로키하도록 지도한다. '슈파눙'이라고 하는 개념은 앞의 해제에서 언급했듯이 일본식 바우하우스교육인 구성교육에서 주요하게 다루는 조형개념이다.

第十週六月

材題　折紙の寫生（寫生）

時間配當　二時間

折紙でも低學年の手工作品の様なものでなく、畫用紙を折り曲げて立体をつくつて寫生させるのである之を種々の角度から自由に寫生させ、直線と明暗とによる立体表現の練習をさせる
○直線のコンポジション
○明暗による立体表現

指導者
1畫用紙　六切か四切八切
（兩刃、實畫見）
2鋏
兒童
1鋏
2鉛筆（中軟のもの）

1折紙による立体の構成
八切畫紙を半切して、その一片を二折したり、三折したりする
2先づ二面か、三面だけのものを種々の角度から表現させる
直線の面白さを味はせる
3鋏を入れて、庇がついたりする稍複雜なものを構成する

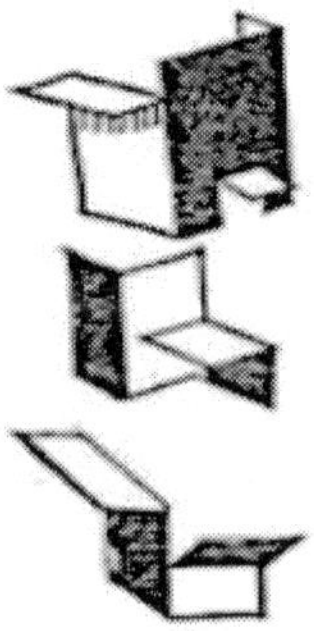

それを寫生させる
4今度は想像でかゝせる
5處理

1遠近圖法に反する表現をして氣が付かずにゐる事が多い、特に面が殖えると面相互がくひちがつてゐやすい
その喰違を發見させて訂正して行く様にする

제5학년 1학기: 제10주 6월, 접은 종이의 사생

1) 요지: 도화지를 접어 구부려 입체적으로 만든 후 이것을 보고 여러 각도에서 보고 그려, 직선과 명암에 의한 입체표현을 연습하게 한다. 직선의 구성(コンポジション, composition), 명암에 의한 입체표현을 한다.
2) 지도상 주의점: 도화지를 2단, 3단으로 접거나 구멍을 내거나 자르거나 한 후 다양하게 보이는 명암과 형태를 관찰하여 그리는 방식은 모홀리나기가 물체의 표면에 닿은 빛의 밝기의 다양한 변화를 관찰하기 위해 제작한 도구인 라이트모듈레이터(Light Modulator)의 활용과 같은 내용이다. 라이트모듈레이터란 한 장의 흰 종이를 자르고, 접고, 구부리는 등의 행위를 통해서 보이는 빛의 양상을 관찰하고자 모홀리나기가 제안했던 교육적인 목적으로 만든 도구였다.

第八週 三月

題材 住宅 （説話 圖案）

時間配當 四時間

人間生活にもつとも必要なものの一つである住宅についての知識を與へ讀圖力を得しめる

○住宅知識・

○讀圖力

指導者

1住宅設計圖

2間取圖

3製圖用具

4兒童作品

5細目グラフ用紙

兒童

1定規尺度

2コンパス

3鉛筆

4下描用紙

5水彩繪具、道具

連絡

○小學圖畫第二十五、間取圖

○九週の建築の話

1次の時間には住宅について學習するから、自分の家の平面圖をかいて來ること（豫告）

2説　話

　1敷地について、常識的なところをまとめる

　2建物について、その構成する部分は、ふくものは

　　各部屋の目的

　3間取の注意

　　衛生的經濟上から、國防上から種々の方から眺め、且つ、現代の朝鮮家庭の間取は狹隘にすぎ通風採光上から悪いことを指摘して生活改善に及ぶ

3準備の間取圖、住宅設計圖を示して、觀察させ批評を試みる

4敷地全体を考へて設計させる間取許りでなく庭園、豚舍、鷄舍、柿の木、灰小屋等すべてを考慮して鳥瞰的に圖案させる

色の上から、材料感の上から、綜合的な構成をさせる

5間取の表現上の細部について表現記號符號について知らせる

　柱、板の間、廊下、壁、引戸、開戸、方角、便所、井戸、簀子板、たゝき等

6製　圖

　題をきめて、即ちどんな家で幾間の家といふことをきめて間取圖をかゝせる、個人的相談に應じてや

1住宅知識は、朝鮮の一般家庭が主であるが、特殊な家庭及び、内地の家庭にも及ぼして、内鮮の生活を共に理解させる、その長短を比較させて、生活改善を計ること

2住宅設計は、面の分割でもり、色材料に形の綜合構成でもあるからそのところを意識的に構成させる

3尚、敷地の廣さを制限して、五十坪、八十坪或は、間數を制限し、設計せられるべきものをきめて設計させてもよい、農村向を忘れずにしたい

4製圖は正確であつて少しの不正なところは許さない

間取については内地のものについてもやること

제5학년 2학기: 제18주 2, 3월, 주택

1) 요지: 인간 생활을 영위하는데 필요한 것 중 하나인 주택에 대한 지식을 주고 도면을 읽는 능력을 가르친다.
2) 지도상 주의점: 최유련의 『도화과지도세목』(1938)에서 일본의 구성교육의 핵심이라고 할 수 있는 '생산구성'의 개념에 의거한 교육안의 특징이 5,6학년의 지도세목에 많이 발견된다. 생산구성의 교육방향은 그 사회와 관련성을 두고 필요한 것을 검토하여 공동사회를 발전시킬 수 있는 실용적인 디자인훈련에 초점을 둔 것이다. 5,6학년의 지도세목에는 한국농촌의 주생활 개선을 겨냥한 실용적인 디자인작업을 과제로 다루고 있다는 것을 이와 같이 확인할 수 있다. 건축사수업과 용기화교육을 편성하여 자신이 살고 있는 주택평면도를 그리고 통풍과 챙광이 잘 되고 있는지, 잘 안되고 있다면 어떻게 개선하여 방을 배치할 것인지 등을 검토하고자 하고 있다. 소학교(현재 초등학교)의 5,6학년이라는 어린 학생들에게 너무 어려운 내용인 아닌가 하겠지만, 당시 소학교에 재학하고 있는 조선인들의 나이는 앞서 본 책의 본문에서 살펴본 바와 같이 7살부터 20살까지 다양하게 섞여 근대적 교육을 받았기 때문에 지금의 초등학생과 같이 어린나이가 아닌 재학생들도 많이 있었다.

第六週十月

題材：青寫眞による材料練習（說話 圖案）

時間配當：二時間

フォトグラムによつて材料の構成と明暗配置をなさしめ、寫眞に對する知識の初歩を與へる

準備者
1 枸櫞酸鐵アンモニウム五〇瓦
2 赤血鹽、十八瓦
3 水有二十瓦
4 右の液保存用罎三ケ
暗箱に入れておく
5 刷毛又は綿
6 印畫用紙
（校正紙、畫用紙）
7 參考作品例
8 出來るなら感光枠
9 バケツに清水
兒童
1 材料構成資料様物見整理用品
2 畫板と押ピン
3 手拭

1 現代生活と寫眞について
2 本時は青寫眞について學習することを知らせる
○圖案資料蒐集に
○造形的基礎練習に使ふ
○圖案構成練習方法として
○繪畫研究に
○製圖を複製するのに
等につかはれ簡便であり生活と關係が深い
3 青寫眞の原理について話す感光劑の感光性による
4 豫め用意した紙を配布して、構想しておいた通りに資料を手早く配置して日光に約く四、五分で、露出部が青くなつて灰色をおびて來た時やめる
5 バケツの清水につけて、非感光部を洗ひおとす
6 陰で靜かに乾燥させる
7 整理
材料感、明暗の美しさ

1 印畫紙は前日の夕刻か夜、準備中の1液と2液とを混合して、紙にぬつておく
2 配布まで暗箱又は暗袋に入れておくこと
3 配布してから、物を配置するのにあまり、時間をとつてはいけない
又、日向でやつてはいけない
4 水洗の時、鹽酸を少し入れたら、もつと鮮明になる
5 水洗後、日光に曝したり、手をつけたりしたら變色しやすいラツクスニスをぬつておけば永持する

제6학년 2학기: 제6주 10월, 청사진에 의한 재료연습

1) 요지: 포토그램(フォトグラム,photogram)에 의한 재료의 구성과 명암의 변화를 감상하여 사진에 대한 초보지식을 가르친다.
2) 지도상 주의점: 지도세목을 보면 인화지와 감광작용에 의한 사진의 원리에 대해 학생들에게 설명하고 명암의 그라데이션이 주는 아름다움을 하나의 조형적 가치로 주목하여 새로운 조형 요소로 다루도록 지도하고 있다. 이는 모홀리나기의 포토그램에 의한 교육방식을 그대로 자신의 도화과 교육프로그램에 적용했음을 보여주는 자료이다. 일본의 구성교육에 관한 책에서도 최유련의『도화과지도세목』(1938)만큼 포토그램작업을 통한 조형표현연습에 대해서 자세히 정리하여 제시하고 있지는 않다. 따라서 위의 지도세목을 통하여 최유련은 일본의 구성교육뿐만 아니라 당시에 일본에서 주목받고 있던 모홀리나기 저작의 바우하우스총서 등을 공부하여 상당한 지식을 섭렵하고 있었음을 확인할 수 있다.

第十二週十二月	題材	温突焚口考案 (說話 圖案)	時間配當	二時間

目標	材料	過程	注意
温突の焚口を工夫考案せしめ生活の實相に對して反省と工夫の態度を興	指導者 1温突の焚口の圖 2火災統計	1十二月一日は防火日であることに話をはじめて、全國や、朝鮮の火災統計を示して、防火の思想を深くする、特に半島農村の火災はこ	1兒童作品や模型等は豫告の時に見せておく樣にする 2焚口のみならず温突や
[illegible]をなさしめる。併せて、投影圖法、截斷圖法になれしめる ○生活改善への企圖 ○投影圖法截斷圖法の指導	[illegible] 消費に關する參考表類 (理科と關係させる) 4兒童作品 5改良焚口模型 兒童 1鉛筆 2尺度定規 3コンパス 4水彩繪具 5改良案	[illegible]ことを話す 2朝鮮や本、慶北道の燃料消費統計表を示して、實に莫大な消費をしてゐること、その中には無駄の非常に多いことを話して、學習指標を鮮明にし意義を自覺せしめる 3自分の工夫した改良焚口を製圖せしめる 正面圖、側面圖、平面圖、畫き方を簡單に話し、釜の下等の見えないところは截斷させて畫かゝせる 4淡作させる 5整理 改良案について檢討作品鑑賞、生活改善へ	[illegible]にもふれたい 3防火日に因って全作品の展覽會を開くのもよい 4用紙は四切がよい 余力あるものは見取圖もかゝせたい 5製圖はやはり嚴正綿密清潔であるべきことを知らせる

제6학년 2학기: 제12주 11월, 온돌아궁이 고찰

1) 요지: 온돌의 아궁이에 대해 살펴보고 생활개선에 이바지할 수 있는 방향으로 기획해 보면서, 투영도법과 재단도법을 지도한다.
2) 지도상 주의점: 6학년에 올라가면 더 구체적으로 근대적 주거환경의 개선에 대한 디자인과제를 『도화과지도세목』에서 제시하고 있다. 전기사용에 따른 근대적 조명기구에 대한 디자인이라든지 온돌아궁이를 어떻게 만들면 좋을지 등 생활개량에 대한 의식을 학생들과 검토하면서 보다 개선된 조선가옥의 온돌아궁이 도안을 투영도법과 재단도법으로 기획하여 디자인할 수 있도록 과제를 제시하고 있다. 조선가옥의 온돌아궁이의 실용적인 개선을 검토, 기획하여 디자인하고자 제시한 이와 같은 과제는 독일과 일본의 바우하우스 교육에서는 볼 수 없는 한국만의 독특한 바우하우스교육의 성과로 역사적 의의가 있다고 할 수 있을 것이다.

3. 박휘락의 주요 이론참고서, 『평화를 위한 교육』(1959): 목차, 서희정 개인 소장

장별 원전 목록

다음은 본 책에 수록된 글의 장별 원전 목록이다. 본 책은 2013년부터 2024년까지 발표한 8편의 논문을 부분적으로 수정, 보완하여 썼으며, 그중 제3장의 글의 경우, 세 개의 논문을 합쳐서 재구성하였다. 제4장의 경우 발표했던 논문과 함께 이후 최유련의 유족을 통해 수집한 최유련의 1938년 이후 도안, 스케치, 수채화, 유화, 사진작품을 정리하여 국내에서 최초로 공개한 귀중 자료가 포함되어 있다.

제1장

「관립공업전습소의 용기화교육과 주체성 고찰 – 농상공부소관 『관립공업전습소일람(官立工業傳習所一覽)』(1909)의 검토를 통해서」, 『인문과학연구』 제45집, 2022년 2월.

제2장

「잡지 『공업계(工業界)』(1909-1910)를 통해 본 한국 산업디자인의 시원 고찰」, 『인문과학연구』 제50집, 2024년 8월.

제3장

1) 「근대일본의 '바우하우스 사진' 수용과 국가선전: 야마와키 이와오의 '포토몽타주'에 대한 재조명을 통하여」, 『미술과 현장』 제9호, 2010년 상반기.
2) 「근대 일본의 바우하우스 디자인교육의 수용과 특징」, 『한국근현대미술사학』 제25집, 2013년 상반기.
3) 「제국미술학교 조선인유학생의 재학 양상과 김재석의 도예디자인의 독자성 – 1935년이후 공예도안과에서 도안공예과로 개편된 학제를 중심으로」, 『기초조형학연구』 22권 4호 통권 106호, 2021년 8월.

제4장

「일제강점기 한국의 바우하우스 디자인교육의 수용과 특징 – 최유련의 『도화과지도세목』(1938)의 분석을 중심으로」, 『한국근현대미술사학』 제30집, 2015년 하반기

제5장

「지방도시를 통해 본 식민권력의 지역개발과 근대도화교육 – 대구와 용인의 사례를 중심으로」, 『인문과학연구』 제47집, 2023년 2월.

제6장

「해방 후 한국의 '새교육운동'과 창의성 중심 조형교육으로의 전환 고찰 – 박휘락의 『새교육과정에 의한 우리학교 美術教育②』」, 『인문과학연구』 제49집, 2024년 2월.

참고문헌

제1장 개항기 고종의 관립공업전습소, 부국강병을 꿈꾸며 시작한 근대 도화교육

『農商工部所管 官立工業傳習所一覽』, 1909년.

『朝鮮總督府工業傳習所一覽』, 1915년.

김근배, 「대한제국기-일제초 관립공업전습소의 설립과 운영」, 『한국문화』 제18호, 1996.

김영우, 「기독교가 한국교육사상의 근대화에 미친 영향」, 『한국교육사학』 제2집, 1978.

김자중, 「갑오·광무개혁기 정부의 고등교육기관의 설립 구상과 실현」, 『교육사상연구』 제32권 4호, 2018.

김종석, 「한국근대교육과정의 변천과정1: 1880-1910-개화기부터 한일합방까지」, 『교육발전논업』 제9권 1호, 1998.

광무개혁연구반, 「연구동향 '광무개혁' 연구의 현황과 과제」, 『역사와현실』 2권, 1992.

도면희, 「내재적 발전론의 '건재'와 새로운 역사연구 방법론의 정착」, 『역사학보』 10호, 2016.

박소영, 「대한제국기의 중등용기화법 연구-내용분석을 중심으로」, 『미술교육논총』 제24권 2호, 2010.

______, 「한국근대(1897-1945) 미술교육에서의 용기화교육 연구」, 서울대학교대학원 미술교육전공 박사논문, 2010.

______, 「한국 근대 중등미술교과서 연구-용기화교과서의 내용분석을 중심으로」, 『미술교육논총』 제25권 1호, 2011.

______, 「한국근대공업학교에서의 용기화교육의 내용 및 졸업생들의 활동과 사회적 역할」, 『조형교육』 제48권, 2013.

박휘락, 『한국미술교육사: 미술교육100년의 흐름(1895-1995)』, 예경, 1998.

신기욱 외, 『한국의 식민지 근대성: 내재적 발전론과 식민지 근대화론을 넘어서』, 삼인, 2006.

심진섭, 「대한제국기 미국선교사들의 실업교육 도입에 관한 연구」, 고려대학교 대학원 한국사학과 석사논문, 2019.

오영근, 『中等用器畫技法』, 京城:興文社, 1908.

이태진, 『고종시대의 재조명』, 태학사, 2000.

정연태, 『한국근대와 식민지 근대화 논쟁-장기근대사론을 제기하며』, 푸른역사, 2011.

최공호, 「관립공업전습소 연구」, 『한국근현대미술사학』 제8호, 2000.

______, 『산업과 예술의 기로에서』, 미술문화, 2008.

홍덕창, 「개화기의 실업교육」, 『한국교육사학』 제15권, 1993.

황혜정, 「한국근대 도화교과서 연구」, 홍익대학교 대학원 미술사학과 석사논문, 2003.

제2장 공업연구회와 『공업계』에서 보는 한국 산업디자인 개념의 시원

〈1차문헌〉

工業硏究會, 『工業界』第1卷 第1号, 工業月報社, 1909年.

________, 『工業界』第1卷 第2号, 工業月報社, 1909年.

________, 『工業界』第1卷 第4号, 工業月報社, 1909年.

________, 『工業界』第1卷 第5号, 工業月報社, 1909年.

________, 『工業界』第2卷 第7号, 工業月報社, 1910年.

農商工部所管, 『官立工業傳習所一覽』, 1909年.

〈2차문헌〉

김근배, 「대한제국기－일제초 관립공업전습소의 설립과 운영」, 『한국문화』 제18집, 1996년.

박소영, 「한국 근대 공업학교에서의 용기화(用器畵)교육의 내용 및 졸업생들의 활동과 사회적 역할」, 『조형교육』 제48호, 2013년.

박휘락, 『한국미술교육사: 미술교육 100년의 흐름(1895-1995)』, 예경, 1998년.

서희정, 「관립공업전습소의 용기화교육과 주체성고찰: 농상공부소관 『관립공업전습소 일람(官立工業傳習所一覽)』(1909)의 검토를 통해서」, 『인문과학연구』 제24집, 2022년.

최공호, 「관립공업전습소연구」, 『한국근현대미술사학』 제8집, 2000년.

제3장 동경 유학을 통한 일본식 바우하우스 교육과의 만남

https://blog.goo.ne.jp/sque/e/dfb2c14f5272c569b49a1d5e55151593

https://blog.naver.com/icryu210/221357250655

https://terms.naver.com/entry.nhn?docId=3577642&cid=58790&categoryId=58790

한국근현대미술기록회, 『제국미술학교와 조선인 유학생들:1929-1945』, 눈빛, 2004.

久保田圭石, 『高等立體圖學』, 丸善株式会社, 1908년.

노유니아, 「근대 디자인 개념과 양식의 수용–동경미술학교 도안과 유학생 임숙재(任璹宰)를 중심으로」, 『서울대학교 대학원 석사논문』, 2009년.

신희경, 「한국에 있어서의 근대 디자인 수용에 관한 고찰 : 제국미술학교의 도안공예교육과 조선인 유학생(1920-1945)을 통하여」, 『디자인학연구』 제18권 2호, 2005년.

서경식, 「무언관 방문기」, 한겨레신문, 2012년 8월 22일, (출처: http://www.hani.co.kr/arti/opinion/column/548246.html)

서희정, 「일제강점기 한국의 바우하우스 디자인교육의 수용과 특징–최유련의 『도화과 지도세목』(1938)의 분석을 중심으로」, 『한국근현대미술사학』 제30집, 2015년.

강현주, 「한홍택」, 『네이버캐스트 디자이너 열전』, 2014년 2월 6일.

〈단행본〉

川喜田連七郎·武井勝雄, 『構成教育大系』, 学校美術協会出版部, 1934年.

川喜田連七郎, 『構作技術大系』, 圖画工作株式會社, 1940年.

武井勝雄, 『構成教育による新図画』, 学校美術協会出版部, 1936.

________, 『構成教育入門』, 造形芸術研究会, 1955年.

井手則雄, 『造形美育論 : 創造美育から構成教育へ』, 共同出版社, 1954年.

間所春, 『こどものための構成教育』, 造形芸術研究会, 1955年.

『建築工芸 アイシーオール』, 港洋社, 1931年11月-1936年8月.

『bauhaus: 1919-1933』展, セゾン美術館, 1995年4月15日一6月11日.

『東京一ベルリン/ベルリン-東京』展, 森美術館, 2006年1月28日一5月7日.

〈논문〉

梅宮弘光, 「川喜田連七郎によるデザイン教育活動の消長」, 『デザイン理論』 第29号, 1990年11月.

_______, 「川喜田連七郎によるデザイン教育活動の展開方法について」, 『日本建築学会概要集』, 1991年.

_______, 「川喜田連七郎によるデザイン教育カリキュラムについて」, 日本建築学会近幾支部研究論文集, 1991年.

_______, 「川喜田連七郎による "構成教育" 開始前によけるバウハウス受容」, 『日本建築学会概要集』, 1993年.

_______, 「新建築工芸学院の組織と活動」, 『人間科学研究』 第6券, 1号. 1998年8月.

常見美紀子, 「桑沢洋子と新建築工芸学院の"構成教育"」, 『基礎造形』, 2001年.

_________, 「川喜田連七郎の構成概念について」, 『基礎造形』, 2002年.

_________, 「桑沢デザイン研究所の構成教育」, 『デザイン学研究』 第51券, 4号, 2004年.

_________, 「石元泰博による桑沢デザイン研究所の構成教育」, 『基礎造形』, 2004年.

勝村謙一, 「川喜田連七郎の"構成教育"について」, 『デザイン学研究』(32), 1980年.

_______, 「川喜田連七郎の"構成教育"について(2)」, 『デザイン学研究』(39), 1982年.

_______, 「バウハウスと日本のデザイン教育(5)」, 『大月短大論集』 第8号, 1977年2月.

_______, 「バウハウスと日本のデザイン教育(7)」, 『大月短大論集』 第11号, 1980年8月.

福田隆真, 「川喜田連七郎の構成教育について」, 『人文論究』 第50号, 1990年.

山野てるひ, 「造形主義美術教育の系譜1」, 『美術科教育学会誌』 第14券, 1993年.

日野栄一, 「構成教育の黎明期」, 『デザイン学研究特別号』 第10券, 3号, 2003年.

河野裕子, 「"構成教育大系"の研究 : 出版背景とその理念を中心に」, 『日本建築学会大会学術講演概要集』, 2008年9月.

제4장 국내 일본식 바우하우스 교육의 고독한 탐색

〈1차자료〉

『各科目指導方針』, 全州公立高等普通學校, 1937年.

崔有鍊, 『圖畵科指導細目』, 大邱師範學校附屬小學校, 1938年.

崔有鍊, 『圖工敎育』, 大邱師範學校附屬小學校, 1938年.

川喜田連七郎·武井勝雄,『構成教育大系』, 学校美術協会出版部, 1934年.

武井勝雄,『構成教育による新図画』, 学校美術協会出版部, 1936年.

〈한국의 바우하우스에 대한 선행연구〉

박휘락,『한국미술교육100년사』, 예경출판, 1998.

孫聆範,『バウハウス教育方法の日本を経由した韓国への導入プロセスに関する研究』, 神戸芸術工科大学大学院, 博士論文, 2002年.

손영범·백금남,「한국에 있어서의 바우하우수조형교육의 도입과정에 대한 연구: 1930년대 조선총독부 산하에 있어서 소학교의 교육시스템과의 관계에 대하여」,『디자인학연구』 제50호, Vol.15, No.4, 2002.10.

〈일본의 구성교육에 대한 선행연구〉

서희정,「근대일본의 '바우하우스사진'수용과 국가선전」,『미술이론과 현장』 제9호, 2010년 6월.

______,「근대 일본의 바우하우스 디자인교육의 수용과 특징」,『한국근현대미술사학』 제25집, 2013년 6월.

『bauhaus: 1919-1933』展, セゾン美術館, 1995年4月15日-6月11日.

『東京-ベルリン/ベルリン-東京』展, 森美術館, 2006年1月28日-5月7日.

梅宮弘光,「川喜田連七郎によるデザイン教育活動の消長」,『デザイン理論』 第29号, 1990年11月.

______,「川喜田連七郎によるデザイン教育活動の展開方法について」,『日本建築学会概要集』, 1991年.

______,「川喜田連七郎によるデザイン教育カリキュラムについて」, 日本建築学会近畿支部, 1991年.

______,「川喜田連七郎による"構成教育"開始前によけるバウハウス受容」,『日本建築学会概要集』, 1993年.

______,「新建築工芸学院の組織と活動」,『人間科学研究』 第6券, 1号. 1998年8月.

常見美紀子,「桑沢洋子と新建築工芸学院の"構成教育"」,『基礎造形』, 2001年.

______,「川喜田連七郎の構成概念について」,『基礎造形』, 2002年.

______,「桑沢デザイン研究所の構成教育」,『デザイン学研究』 第51券, 4号, 2004年.

常見美紀子, 「石元泰博による桑沢デザイン研究所の構成教育」, 『基礎造形』, 2004年.

勝村謙一, 「川喜田連七郎の"構成教育"について」, 『デザイン学研究』 第32巻, 1980年.

_______, 「川喜田連七郎の"構成教育"について(2)」, 『デザイン学研究』 第30巻, 1982年.

_______, 「バウハウスと日本のデザイン教育(5)」, 『大月短大論集』 第8号, 1977年2月.

_______, 「バウハウスと日本のデザイン教育(7)」, 『大月短大論集』 第8号, 1980年8月.

福田隆真, 「川喜田連七郎の構成教育について」, 『人文論究』 第50号, 1990年.

山野てるひ, 「造形寿伎美術教育の系譜1」, 『美術科教育学会誌』 第14巻, 1993年.

日野栄一, 「構成教育の黎明期」, 『デザイン学研究特別号』 第10巻, 3号, 2003年.

河野裕子, 「"構成教育大系"の研究 : 出版背景とその理念を中心に」, 『日本建築学会大会学術公園概要集』, 2008年9月.

〈모홀리나기에 관한 책〉

서희정, 『모홀리나기와 빛공방활동』, 한국학술정보출판사, 2008.

Laszlo Moholy-Nagy, *Von Material zu Architekt*, Bauhausbucher14, 1929

Rechard Kostelanetz(ed), *Moholy-Nagy*, Allen Lane, 1970.

第5장 식민권력의 지방도시 개발과 도화교육의 맨 얼굴

崔有錬, 『圖工教育』, 大邱師範學校附屬小學校, 1938年.

_____, 『圖畵科指導細目』, 大邱師範學校附屬小學校, 1938年.

孫聆範, 『バウハウス教育方法の日本を経由した韓国への導入プロセスに関する研究』, 神戸芸術工科大学大学院, 博士論文, 2002年.

川喜田連七郎·武井勝男, 『構成教育大系』, 学校美術協会出版部, 1934年.

武井勝男, 『構成教育による新図画』, 1936年.

梅宮弘光, 「川喜田連七郎の「構成教育」開始前におけるバウハウス受容」, 『日本建築学会大会学術講演概要集』, 1993年 9 月.

고석규, 「지방사 연구의 새로운 모색」, 『지방사와 지방문화』 제1권 제1호, 1998.

_____, 「근대도시 목포의 대중문화를 통해 본 식민지 근대성」, 『지방사와 지방문화』 제9권 제1호, 2006.

김도형, 『민족과 지역 – 근대개혁기의 대구, 경북』, 지식산업사, 2017.

김종경, 『용인, 그 위대한 여정: 포토 & 히스토리 100년』, 용인신문사, 2015.

김취정, 「근대기 지방화단 연구–서울화단과의 영향 관계를 중심으로」, 『한국근현대미술사학』 제20집, 2009.

김희엽, 『한국근대 초등도화교과서에 수용된 서양 근대미술교육 요소: 제1-2차 조선교육령기를 중심으로』, 서울대학교 미술교육전공 석사논문, 2020.

박휘락, 『한국미술교육사: 미술교육 100년의흐름(1895-1995)』, 1998, 예경.

서희정, 『모흘리나기의 빛공방 활동』, 한국학술정보출판사, 2008.

______, 「일제강점기 한국의 바우하우스 디자인교육의 수용과 특징 —최유련의 『도화과지도세목』(1938)의 분석을 중심으로」, 『한국근현대미술사학』 제30집, 2015.

______, 「관립공업전습소의 용기화교육과 주체성 고찰: 농상공부소관 관립공업전습소일람(官立工業傳習所一覽)』(1909)의 검토를 통해서」, 『인문과학연구』 제45집, 2022.

심영옥, 「한국근대교육령 변천에 의한 초등미술교육 시행규칙 분석–1895년부터 1945년까지를 중심으로」, 『교육발전연구』 제21권 제1호, 2005.

송전초등학교동창회, 『송전초등학교 100년사』, 책과나무, 2019.

신갈초등학교동창회, 『신갈초등학교 개교70년사』, 인쇄계명사, 1981.

오성만, 「용인미술의 동향」, 『용구문화』 제28호, 1999년 1월, 45-48쪽.

용인초등학교동문회, 『용인초등학교100년사』, 인현인쇄종합기획, 2015.

이병찬, 『대구·경북산업경영사』, 북랜드, 2006.

장문정, 『대구 근대의 화단성립과 발전기 연구: 1910-1930년대 중심으로』, 대구가톨릭대학교 예술학과 석사논문, 2003.

하종성, 『사진으로 보고 읽는 대구 근대의 발자취』, 삼일출판사, 2008.

제6장 1950년대 후반 미국의 창의성 중심 조형교육의 도입과 전환

〈1차 문헌〉

박휘락, 『새 교육과정에 의한 우리학교의 美術教育②』, 경북대학교 사범대학 부속국민학교, 1964년 3월.

______, 「현대 미술교육의 사조와 방향」, 『兒童美術』, 1965년 9월.

______, 「創造性 伸張을 爲한 美術教育」, 경북대학교 사범대학 부속국민학교 연구발표회. 1965년 5월 21일.

존 듀이, 이제언 옮김, 『경험으로서의 예술』, 책세상, 2003.

______, 김성숙 외 옮김, 『민주주의와 교육/철학의 개조』, 동서문화사, 2016.

허버트 리드, 안동민 옮김, 『平和를 爲한 教育』, 을유문화사, 1959.

______, 황향숙 외 옮김, 『예술을 통한 교육』, 학지사, 2007.

로웬필드·브리튼, 김인숙 외 옮김, 『창의적 정신적 성장』, SGS서진교육, 2022.

〈2차 문헌〉

김성숙, 「피바디(Peabody)사절단에 관한 연구(Ⅰ) – 미술교육학의 관점에서 한국의 Peabody Project의 성립과정과 Don Sudlow에 관한 고찰」, 『造形教育』 제15호, 1999.

______, 「피바디(Peabody)사절단에 관한 연구(Ⅱ) – Peabody의 미술교육활동사례 및 영향」, 『造形教育』 제20호, 2002.

김지연, 『전후 미국의 한국 교육원조 1956-1962: 피바디프로젝트 사례분석』, 서울대학교대학원 교육학과 석사논문, 2012.

김형숙, 『한국미술교육의 지평』, 교육과학사, 2018.

남호엽, 「한국 사회과의 정착기에 나타난 피바디 사절단의 활동과 영향」, 『사회과교육연구』 제28권 제1호, 2021.

류지형 외, 『미술교육의 기초』, 교육과학사, 2016.

박휘락, 『한국시술교육사: 미술교육 100년의 흐름(1895-1995)』, 예경, 1998.

신경아, "창의성 교육, 교사교육에서 출발해야", http://daemun.or.kr/?p=5596, 2020, (검색일: 2023년 5월 19일)

심영옥, 「Franz Cizek의 미술교육방법론 연구」, 『현대미술연구소소논문』 제1호, 1999.

오천석, 『한국신교육사』, 현대교육총서출판사, 1964.

윤건차, 『한국근대교육의 사상과 운동』, 청사, 1987.

양민영, 『제1차·제2차 교육과정기 한국미술교육의 풍경』, 한국학술정보, 2019.

______, 「미술교육자 박휘락 교수 생애사적 탐색」, 『교원교육』 제35권 제2집, 2019.

이상록, 『미군정기 '새교육운동'과 초등학교 규율연구 – 일제말기 초등학교 규율과의 비교를 중심으로』, 한양대학교대학원 사학과 석사논문, 1999.

허정임, 『존 듀이의 경험주의 미학과 예술교육』, 교육과학사, 2022.

도판목록과 출처

제1장 개항기 고종의 관립공업전습소, 부국강병을 꿈꾸면 시작한 근대 도화교육

그림1 1895년 7월 1일 선포된 '홍범14조' 출처: 부산일보

그림2 (왼쪽) 관립공업전습소 교무계와 서무회계계 직원명. 출처: 『관립공업전습소일람』, 44쪽.
(오른쪽) 조선총독부공업전습소 서무계와 교무계 직원명. 출처: 『조선초독부공업전습소일람』, 67-68쪽.

그림3 (왼쪽) 농상공부 소관의 『관립공업전습소일람』 표지, 1919년. 소장: 김달진미술자료박물관. (필자 촬영)
(오른쪽) 『조선총독부공업전습소일람』 표지, 1915년. 소장: 서울대학교 중앙도서관. (필자 촬영)

그림4 (왼쪽) 농상공부 소관의 『관립공업전습소일람』 시설배치도(1919). 소장: 김달진미술자료박물관.
(오른쪽) 『조선총독부공업전습소일람』 시설배치도(1915). 출처: 서울대학교 중앙도서관.

그림5 농상공부소관 관립공업전습소 전경, 1909년. 출처: 『관립공업전습소일람』.

그림6 조선총독부소속 공업전습소 전경, 1915년. 출처: 『조선총독부공업전습소일람』.

그림7 조선 제26대 왕이자 대한제국 제1대 광무황제(고종, 재위 1863~1907) 출처: 한미사진미술관.

그림8 오영근, 『중등용기화기법』(1908)의 표지. (필자 촬영)

그림9 『관립공업전습소일람』 커리큘럼 중 목공과의 예로 1학년 1,2,3학기 공통과정으로 '용기화'과목이 1년내내 기초과목으로 편성되어 있다.
출처: 『관립공업전습소일람』, 38쪽.

표1 농상공부 소관과 조선총독부 소속의 『공업전습소일람』 비교표. (작성자: 서희정)

제2장 공업연구회와 『공업계』에서 보는 한국 산업디자인 개념의 시원

그림10 농상공부소관 관립공업전습소 전경, 1909년. 출처: 『관립공업전습소일람』.

그림11 『공업계』 창간호 제1권 제1호 표지, 1909년. 출처: 한국잡지백년1.

그림12 『공업계』 창간호 제1권 제1호, 공업연구회취지문, 1909년. (필자 촬영)

그림13 『공업계』 제1권 제1호(1909)의 「色彩의 理」와 染色의 混合法」, 15쪽.

그림14 『공업계』 제1권 제4호(1909)의 「人工乾燥法」, 18쪽.

제3장 동경 유학을 통한 일본식 바우하우스 교육과의 만남

그림15 잡지 『건축보』(1924)의 표지. (필자 촬영)

그림16 (왼쪽) 바우하우스의 교육과정을 보여주는 동심원도식.
(오른쪽) 『건축신조』에 소개된 동심원도식. 출처: 『건축신조』. (필자 촬영)

그림17 월간잡지 『건축공예아이씨올』의 표지. (필자 촬영)

그림18 『건축공예아이씨올』(1934년 5월호)에 실린 신건축공예학원 학생모집 광고. (필자 촬영)

그림19 가와키타 렌시치로, 『구성교육대계』(1934)의 표지. (필자 촬영)

그림20 가와키타 렌시치로, 『구작기술대계』(1942)의 표지. (필자 촬영)

그림21 가와키타 렌시치로의 '생산구성'개념과 영역. 출처: 『건축공예아이씨올』의 1932년 제2권 11호. (필자 촬영)

그림22 강철파이프로 만든 가구광고. 출처: 『국제건축(国際建築)』의 1932년 3월호. (필자 촬영)

그림23 시마다 요시나리, 헌상용화식조문양책장견본(獻上御書棚見本,花食鳥), 1928년. 소장: 도쿄예술대학대학미술관; 재인용, 노유니아, 「한국근대 디자인 개념과 양식의 수용: 동경미술학교 도안과 유학생 임숙재를 중심으로」, 미술이론과 현장, 제8호, 2009, 24쪽.

그림24 (왼쪽) 제국미술학교 수업광경, (오른쪽) 제국미술학교 도안공예과 학년별 커리큘럼. 출처: 『제국미술학교와 조선인 유학생들: 1929-1945』, 눈빛, 2004, 28쪽.

그림25 (왼쪽) 제국미술학교 「교과서표」, 1937년. 출처: 『제국미술학교와 조선인 유학생들』, 29쪽.
(오른쪽) 『고등입체도학』(1908)의 책표지. 소장: 국립부경대학교. (필자 촬영)

그림26 『고등입체도학』, 1908년, 상중하 3권 원본. 소장: 국립부경대학교. (필자 촬영)

그림27 기억의 팔레트 기념비, 일본 나가노현 소재. 출처: https://blog.goo.ne.jp/sque/e/dfb2c14f5272c569b49a1d5e55151593

제4장 국내 일본식 바우하우스 교육의 고독한 탐색

제5장 식민권력의 지방도시 개발과 도화교육의 맨 얼굴

출처: 『용인초등학교100년사』.

표9 1941년 제3차 조선교육령 당시 김량장공립보통학교 교육과정 주시간 배당표. 출처: 『용인초등학교100년사』.

제6장 1950년대 후반 미국의 창의성 중심 조형교육의 도입과 전환

그림65 (왼쪽) 일제강점기 조선의 근대교육 학제. 출처: 오천석, 『한국신교육사』(1964). (오른쪽) 해방후 대한민국 6-3-3-4제 근대교육 학제. 출처: 오천석, 『한국신교육사』(1964).

그림66 (왼쪽) 존 듀이, 『민주주의와 교육』(초판, 1916)의 속표지. 출처: openlibrary. (필자 촬영)
(오른쪽) 하버트 리드, 안동민 옮김, 『평화를 위한 교육』(국내 번역 초판, 1959)의 표지. 출처: 필자 소장. (필자 촬영)

그림67 교수요목기 『미술과 그림』(1946) 교과서, 출처: 『우리의 고전과 옛 교과서 629책』, ebook 필자 소장. (필자 촬영)

그림68 (왼쪽) 박휘락의 『새교육과정에 의한 우리 학교 美術教育②』(1964)의 표지. 출처: 박휘락 소장. (필자 촬영)
(오른쪽) 박휘락의 『새교육과정에 의한 우리 학교 美術教育②』(1964)의 초등1학년 교수세목 예. 출처: 박휘락 소장. (필자 촬영)

그림69 박휘락의 『새교육과정에 의한 우리 학교 美術教育②』(1964)의 학생의 생활 경험에 대한 조형교육 교사지도안. 출처: 박휘락 소장. (필자 촬영)

도판70 박휘락의 『새교육과정에 의한 우리 학교 美術教育②』(1964)의 2학년 12주차 '심부름하기' 교사지도안. 출처: 박휘락 소장. (필자 촬영)

표10 『조선총독부통계연보』 1918년도 서당수에 대한 자료, p.1004 참조. (표의 일부 정리자: 서희정)

표11 박휘락의 『새교육과정에 의한 우리 학교 美術教育②』(1964)의 '각 학년별 지도내용 특징' 정리표. (작성자: 서희정)

저자 소개

서희정

성신여자대학교 의류학과·사학과(부전공) 학사졸업.
홍익대학교 예술학과, 미술비평 전공 석사졸업.
일본 문부성국비장학생 연구생.
일본 국립츠쿠바대학교 근현대미술사·디자인사 전공 석사졸업.
일본 국립츠쿠바대학교 근현대미술사·디자인사 전공 박사졸업.

경력

성신여자대학교 인문과학연구소 연구교수.
경기대, 단국대, 동방문화대학원대, 건양사이버대, 서울디지털대 등 강의.
일본 츠쿠바대학교 박사후연구원, 도쿄대학교 문화재자원학과 방문학자, 성신여자대학교 인문과학연구소 연구원, 상명대학교 박사후연구원, 노아테크놀로지 미술사업부 선임연구원 역임.

주요 논문 및 저서

2026 • 공저, *Modern Design History and Life in Korea: Rethinking of Bauhaus, Modern House & Kitchen Design*, Cambridge Scholars Publishing.

2024 •「잡지『공업계(工業界)』(1909-1910)를 통해 본 한국 산업디자인의 시원 고찰」,『인문학연구』 제50집.

•「해방 후 한국의 '새교육운동'과 창의성 중심 조형교육으로의 전환 고찰－박휘락의『새교육과정에 의한 우리학교 美術教育②』(1964) 분석을 통해서－」,『인문과학연구』 제49집.

- 공저, 「물아일체의 생성자: 이상섭」, 『K-SCULPTURE Ⅱ – 세계로 가는 K-조각의 미래1』, 아이리치출판사.
- 공저, 「신식으로 놀자, 놀아야 한다 – 신문관 속의 근대적 놀이」, 『신문관 오마주 – 한국 근대 그래픽 디자인의 원류』, 국민대학교 출판사.

2023
- 「지방도시를 통해 본 식민권력의 지역개발과 근대도화교육 – 대구와 용인의 사례를 중심으로」, 『인문과학연구』 제47집.

2022
- 「관립공업전습소의 용기화교육과 주체성 고찰 – 농상공부소관 『관립공업전습소일람』(1909)의 검토를 통해서」, 『인문과학연구』 제45집.
- 공저, 「자연과 함께 한 콧수염의 예술가, 장욱진」, 『용인의 고택과 옛사람들 이야기』, 책과나무.

2021
- 「제국미술학교 조선인유학생의 재학 양상과 김재석의 도예디자인의 독자성 – 1935년 이후 공예도안과에서 도안공예과로 개편된 학제를 중심으로 – 」, 『기초조형학회』 22권 4호.

2019
- “The Origin of ‘Chicago School’ photography - By exploring about Moholy-Nagy’s Expression of Lighting Circle at 《LIS》(1922)”, *Humanisties Research Journal* Vol.40.

2018
- 「해방한국여성작가의 독립영상작품에 표현된 여성노동자의 이미지분석: 여성주의 문화운동관련 1990년대-2000년대 작품을 중심으로」, 『미술이론과 현장』 제25집.

2015
- 「일제강점기 한국의 바우하우스 디자인교육의 수용과 특징」, 『한국근현대미술사학』 제30집.
- 공저, 「홀씨, 가부장적 권력 밖에서」, 『한국여성과 미술: 권력의 안과 밖 그리고 경계에서』, Kari Art.

2013
- 「근대일본의 바우하우스디자인 교육의 수용과 특징」, 『한국근현대미술사학』 제23집

2012 •「탈영토적 시각에서 볼 수 있는 한국여성미술의 비평적 가능성: 재일동포3세 여성화가의 '디아스포라'의 경험과 작품해석을 중심으로」, 『미술이론과 현장』 제14집.

2011 •「해방이후 재일동포여성 1,2세의 미술활동에서 보는 조국의 표상」, 『한국근현대미술사학』 제22집.

2010 •「근대일본의 '바우하우스사진' 수용과 국가선전: 야마와키 이와오의 '포토 몽타주'에 대한 재조명을 통해서」, 『미술이론과 현장』 제9집.

2008 • 단독, 『모홀리나기의 빛공방 활동』, 한국학술정보출판사.

2006 •「모홀리나기의 영화매체를 이용한 시공간의 조형표현, 일본: 『형의문화연구』 제2집 1호.

•「뉴바우하우스에 있어서 빛공방활동」, 일본: 『예술학연구』 제10호.

2005 •「모홀리나기의 빛조형의 시각적 의의」, 일본: 『디자인학연구』 제52집 2호.

2004 •「모홀리나기의 '빛의 조형'개념의 형성」, 『미학예술학연구』 제20집.

문화비평칼럼

2023.11.30. 파이낸셜뉴스, 페르난데스 아르망 조각비평.

2023.12.12. 문화일보, 이상섭 조각비평.

2023.12.22. 파이낸셜뉴스, 조엘 사피로 조각비평.

2001.12. 〈어둠속의 키스, 일본의 현대사진〉 전시비평, 『계간 사진비평』.

한국 근대 산업디자인 교육의 역사적 시원

개항기부터 해방 직후까지

초판 1쇄 인쇄 2025년 2월 20일
초판 1쇄 발행 2025년 2월 28일

지은이 서희정
펴낸이 박성복
펴낸곳 도서출판 월인
주소 01047 서울특별시 강북구 노해로25길 61
등록 1998년 5월 4일 제6-0364호
전화 (02) 912-5000
팩스 (02) 900-5036
홈페이지 www.worin.net
전자우편 worinnet@hanmail.net

ISBN 978-89-8477-739-2 93600

값은 뒤표지에 있습니다.